中国文化遗产研究院·文物保护科技系列·2020年

海洋出水木质文物中的硫铁化合物

中国文化遗产研究院　沈大娲　著

科学出版社

北京

内 容 简 介

本书系统总结了国内外海洋出水木质文物硫铁化合物的研究现状，并详细阐述了作者在该领域的研究成果：南海Ⅰ号等国内重要海洋出水木船中硫铁化合物的存在情况、脱除试剂的选择、脱除过程动力学特征、脱除效果的评价以及硫铁化合物脱除过程对木材本体的影响。

本书可供各博物馆、文物考古研究所、文物保护机构专业人员，设有文物、考古、文物保护等专业的高校师生阅读和参考。

图书在版编目（CIP）数据

海洋出水木质文物中的硫铁化合物 / 沈大娲著. —北京：科学出版社，2020.8

ISBN 978-7-03-065865-4

Ⅰ. ①海… Ⅱ. ①沈… Ⅲ. ①木结构—文物保护—研究—世界 Ⅳ. ①K86

中国版本图书馆CIP数据核字（2020）第156124号

责任编辑：雷　英　李　静 / 责任校对：邹慧卿
责任印制：肖　兴 / 封面设计：金舵手世纪

科 学 出 版 社 出版
北京东黄城根北街16号
邮政编码：100717
http://www.sciencep.com

北京九天鸿程印刷有限责任公司　印刷
科学出版社发行　各地新华书店经销
*

2020年8月第 一 版　　开本：787×1092　1/16
2020年8月第一次印刷　印张：13
字数：300 000

定价：228.00元
（如有印装质量问题，我社负责调换）

序

　　沈大娲同志撰写的这本《海洋出水木质文物中的硫铁化合物》是在"海洋出水木质文物硫铁化合物脱除方法研究"课题成果的基础上完成的,该课题是中国文化遗产研究院承担的国家文物局"文物保护科技优秀青年研究计划"课题之一,也是首个通过国家文物局结项验收的优秀青年研究计划课题。

　　近年来,国外著名的海洋出水木质沉船如瓦萨号、玛丽·罗斯号相继出现了由于硫铁化合物导致的酸化、盐析、降解等问题,这些问题一直困扰着国际同行,是饱水木质文物保护领域国际性的热点和难点。中国文化遗产研究院自2009年开始进行海洋出水文物的保护,先后承担、参与了华光礁Ⅰ号、小白礁Ⅰ号及南海Ⅰ号等古代木质沉船的保护及相关研究工作。工作伊始就遇到了硫铁化合物问题:上述的每一艘木船都存在大量硫铁化合物,特别是南海Ⅰ号,由于船载大量铁条、铁锅、铁刀等铁器,埋藏过程中发生腐蚀,导致船体表面绝大部分都被含铁化合物覆盖,一些铁元素甚至渗透到木材中,发生矿化。这些问题不但给发掘工作造成了非常大的困难——过于坚硬难于破解提取,而且对于以沉船木质船体为核心的保护工作来说,更是巨大的挑战。

　　面对这些在发掘和现场保护中就必须解决的紧迫现实问题,中国文化遗产研究院的出水文物保护团队抱着认真负责、科学严谨的态度,在国内最先开展了针对海洋出水木质文物硫铁化合物的系统科学研究。首先是院里通过"中央级公益性科研院所基本科研业务费"对相关研究给予了大力支持。在此基础上,2014年又获得了国家文物局"文物保护科技优秀青年研究计划"的支持,继续开展深入、系统的研究。通过若干年的持续工作,该项研究获得了丰富的成果,不仅提出了针对海洋出水木质文物保护实际需求的解决思路及技术方法,更解决了硫铁化合物脱除过程中的一些基础理论问题,也回答了一直以来对于硫铁化合物脱除试剂安全性的疑问,并在这一领域达到国际水平。与此同时,相关研究成果付诸文物保护实践,在华光礁Ⅰ号、南海Ⅰ号的保护过程中均应用了硫铁化合物脱除技术,取得了良好效果,解决了文物保护的实际问题,体现了理论与实践相结合、以科学研究支撑保护实践、以保护实践带动科学研究的理念。科学研究与文物保护实践密不可分,二者互相依托、互相促进。只有在科学保护的道路上持续探索,不断认识文物保护中的科学问题,形成一系列对文物保护实践具有指导意义的科学理论和方法,在文物保护实践过程中,从保护方案的制订到保护修复的具体实施,始终将科学研究的理念贯穿其中,才能使文物得到最有效、合理的保护。

《海洋出水木质文物中的硫铁化合物》一书通过大量翔实的数据揭示了我国海洋出水木质文物中硫铁化合物的存在形式及发展变化特征,系统介绍了硫铁化合物脱除方法、脱除效果评价方法,以及脱除过程对于木材本体的影响,同时详细介绍了研究过程中建立的一些有针对性的研究方法、研究手段及系统科学的实验方法。该书的内容特别是其中涉及的研究方法对于饱水木质文物的保护,以及其他文物保护研究均可起到借鉴作用。

除了文物保护中的共性问题,海洋出水木质文物,特别是木船的保护还具有复杂性和长期性的特点,保护过程中尚有诸多问题有待揭示,也不断面临新的挑战,其中的硫铁化合物问题更加剧了保护的难度。随着相关工作的不断深入,针对这些问题的研究也将继续开展。希望该书的出版能够起到抛砖引玉的作用,使更多专业人员能够参与到海洋出水木质文物的保护、研究中来,积极探讨,充分交流,逐步实现海洋出水木质文物的科学保护。

二〇二〇年七月

目　录

序

第 1 章　海洋出水木质文物保护中的硫铁化合物问题……………（001）

　　1.1　引言…………………………………………………………（001）

　　1.2　硫铁化合物的影响…………………………………………（002）

　　1.3　硫铁化合物的来源及形成原因……………………………（003）

　　1.4　硫铁化合物的危害及作用机理……………………………（010）

　　1.5　硫铁化合物的分析方法……………………………………（012）

　　1.6　目前硫铁化合物的控制方法………………………………（013）

　　1.7　硫铁化合物控制方法对木材本体的影响…………………（017）

　　1.8　海洋出水木质文物硫铁化合物研究现状及目标…………（018）

第 2 章　中国海洋出水木质文物中的硫铁化合物…………………（025）

　　2.1　华光礁Ⅰ号……………………………………………………（025）

　　　　2.1.1　华光礁Ⅰ号背景介绍……………………………………（025）

　　　　2.1.2　华光礁Ⅰ号木材树种鉴定……………………………（026）

　　　　2.1.3　华光礁Ⅰ号木材样品化学组分分析…………………（027）

　　　　2.1.4　华光礁Ⅰ号盐分分析…………………………………（029）

2.2 南海Ⅰ号 ·· (040)
    2.2.1 南海Ⅰ号背景介绍 ·· (040)
    2.2.2 南海Ⅰ号木材样品树种鉴定 ·· (040)
    2.2.3 南海Ⅰ号盐分分析 ·· (041)

2.3 泉州湾宋代海船 ··· (049)

2.4 其他古代木船 ·· (056)
    2.4.1 南澳Ⅰ号 ·· (056)
    2.4.2 山东菏泽元代古船 ·· (062)

2.5 中国海洋出水木质文物中硫铁化合物分布特征 ······································· (064)

第 3 章 木材中硫铁化合物脱除方法研究 ···························· (066)

3.1 硫铁化合物脱除试剂的研究 ·· (066)
    3.1.1 硫铁化合物脱除试剂选择依据 ·· (066)
    3.1.2 去离子水浸泡对硫铁化合物的作用 ·· (069)
    3.1.3 络合剂溶液浸泡对硫铁化合物的作用 ·· (070)

3.2 海洋出水木质文物硫铁化合物脱除过程表观动力学特征研究 ············· (077)
    3.2.1 表观动力学 ··· (077)
    3.2.2 浸出过程动力学 ·· (078)
    3.2.3 海洋出水木质文物中硫铁化合物脱除过程表观动力学特征 ············· (080)

3.3 硫铁化合物脱除体系及其表观动力学特征 ··· (095)

第 4 章 硫铁化合物脱除效果的评价 ···································· (098)

4.1 定量 X 射线衍射方法分析海洋出水木质文物中盐分含量 ···················· (099)
    4.1.1 定量 X 射线衍射方法 ·· (099)
    4.1.2 XRD K 值法定量分析的实验方法及数据处理 ································ (100)
    4.1.3 海洋出水木质文物中盐分含量的定量分析 ······································· (106)

4.2 ICP-MS 方法分析硫铁化合物脱除溶液中铁元素脱除量 ···················· (115)

  4.2.1 研究方法与实验条件 ……………………………………………（115）
  4.2.2 华光礁Ⅰ号北部脱盐池木船构件铁脱除量分析 ………………（116）
  4.2.3 华光礁Ⅰ号南部脱盐池木船构件铁脱除量分析 ………………（123）

 4.3 木材本体中残余硫铁化合物的分析 ………………………………………（130）
  4.3.1 微观形貌的变化 …………………………………………………（130）
  4.3.2 木材中残余硫、铁元素含量分析 ………………………………（138）

 4.4 硫铁化合物脱除效果评价的三个方面 ……………………………………（141）

第5章 硫铁化合物脱除过程对木材本体的影响 ……………（144）

 5.1 饱水木材降解程度的表征方法 ……………………………………………（144）
  5.1.1 饱水木材降解程度表征的解剖学方法 …………………………（144）
  5.1.2 饱水木材降解程度表征的物理参数 ……………………………（147）
  5.1.3 饱水木材降解程度表征的化学方法 ……………………………（149）
  5.1.4 饱水木材降解程度的仪器分析方法 ……………………………（150）

 5.2 红外光谱半定量方法研究木材降解程度 …………………………………（151）
  5.2.1 红外光谱定量分析的理论依据 …………………………………（151）
  5.2.2 木材红外光谱解析 ………………………………………………（153）
  5.2.3 红外光谱方法的建立 ……………………………………………（154）
  5.2.4 红外光谱方法分析硫铁化合物脱除过程中木材降解程度 ……（166）

 5.3 解剖学观察评判硫铁化合物脱除对木材本体的影响 ……………………（174）

 5.4 基本密度评估硫铁化合物脱除前后木材的变化 …………………………（175）

 5.5 硫铁化合物脱除过程对木材本体的影响 …………………………………（182）

第6章 研究结果的评述与展望 ……………………………………（187）

后记 ………………………………………………………………………………（194）

第1章 海洋出水木质文物保护中的硫铁化合物问题

1.1 引言

木材是人类最早利用的天然材料之一。在古代，人类大量利用木材作为原材料，建造建筑、制作生活器具、交通工具等。海洋出水木质文物是海洋考古文物的重要类型。海洋出水木质文物除各种类型的小型器物外，其中最为重要的可以说是古代木船。一直以来，海洋出水木质文物的保护都采取与陆上考古木质文物相同的方法进行保护，经过脱盐、填充加固脱水干燥等步骤。对于大型的木质沉船，一般情况下，根据船体打捞方式，分为整体保护和分拆保护后再拼装两大类[1]。对于整体打捞的船体，通常采用聚乙二醇（PEG）长期喷淋置换出大部分水分，然后在可控环境下进行干燥，使木材含水率逐步降低。比较有代表性的是瑞典斯德哥尔摩瓦萨（Vasa）博物馆展陈的17世纪战舰瓦萨号[2~4]，英国朴次茅斯玛丽·罗斯（Mary Rose）博物馆展陈的亨利八世时代战舰玛丽·罗斯号[5]。对于分拆打捞的船体，通常采取脱盐、脱水干燥、加固定型和拼装等程序进行保护[6]，如澳大利亚西澳海事博物馆的巴塔维亚（Batavia）[7]，韩国的新安沉船[8]。以色列海法大学Hecht博物馆的Ma'agan Mikhael[9]，意大利比萨的古罗马时期沉船[10]等，我国著名的泉州湾宋代沉船则没有经过脱盐，拆解后直接进行脱水干燥，之后再进行复原[11,12]（图1-1~图1-6）。海洋出水木质文物的脱盐过程一般采用在容器中用去离子水浸泡的方法或喷淋方法，脱除其中的可溶盐分，脱盐时间随盐分含量不同为一到几年不等[7,9]。PEG置换是饱水木质文物脱水加固最常用的方法（图1-6）。对于整体保护的木质沉船一般采用喷淋的方式实施，拆解之后的木船构件可以采用浸泡的方法，或者浸泡后冷冻干燥。此外Kuramin树脂、蔗糖、不饱和聚酯树脂等也应用于海洋出水木质沉船的保护。冷冻干燥也常用于体积较小的构件或小型船只的脱水干燥处理[1,13]。

21世纪伊始,世界上体量最大、保存最完整、最著名的海洋出水木质沉船瑞典瓦萨号开始发现硫铁化合物导致的破坏,之后英国朴次茅斯的玛丽·罗斯号等也出现类似的问题。

1.2 硫铁化合物的影响

瓦萨号沉没于1628年,于1961年打捞出水。之后采用PEG喷淋了17年,自然干燥了九年[2,3]。自从2000年开始,瓦萨号沉船出现白色或黄色盐析出的现象,经分析主要成分为黄钾铁矾[$KFe_3(SO_4)_2(OH)_6$]、绿矾($FeSO_4·7H_2O$)、石膏($CaSO_4$)、硫单质等;同时伴随有船体木材的酸化,pH低于3,局部甚至低于1。研究表明这些现象的主要原因是木材中沉积的硫铁化合物在空气中发生了氧化,生成硫酸及各种硫酸盐,而这一过程最终将导致船体本身崩解[14,15]。在玛丽·罗斯号和巴塔维亚号等木船上也发现了同样的问题[16]。自此,海洋出水木质文物中硫铁化合物问题逐渐引起了广泛关注。

2003~2006年瓦萨博物馆联合斯德哥尔摩大学、丹麦国家博物馆、英国朴次茅斯大学、瑞典农业大学等研究机构,开展了"保护瓦萨号"(Preserve Vasa)项目[17]。就瓦萨号中硫铁元素的含量、硫酸产生的原因、船体木材的降解、微生物相关问题、脱酸、脱铁方法,以及PEG稳定性等问题进行了系统研究。2008~2011年又设立了一个研究项目"瓦萨号的未来"(A Future for Vasa),与瑞典农业大学、丹麦国家博物馆,以及瑞典皇家理工学院等机构一起就瓦萨号沉船的长期保存开展研究[18]。"保护瓦萨号"项目结束后,2004年和2007年的国际博物馆协会-藏品保护委员会-湿有机考古材料(ICOM-CC-WOAM)会议均对瓦萨号沉船硫铁化合物相关问题开展了专题讨论[19,20]。2011年,瑞典皇家理工学院和瓦萨博物馆共同组织召开了主题为"沉船"(Shipwrecks)的研讨会,讨论饱水木质沉船保护中所涉及的化学问题[21]。

项目组通过对船体中含有硫和铁的物质组成、存在位置、存在形式等问题的研究,发现瓦萨号的木材中存在大量的还原态硫,既有有机硫如硫醇(R-SH),也有无机硫,如硫化物(FeS)、二硫化物(FeS_2)、单质硫(S_8)等。同时还含有氧化态硫,如各种硫酸盐。分析表明,有机硫主要位于木材中富含木质素的部位,特别是在胞间层和细胞的边角位置。据估算,每艘船中总硫含量有2~3t[22]。其中还原态硫氧化生成的硫酸会促进木材的降解;Fe^{2+}/Fe^{3+}通过Fenton反应会导致有机质降解;用于填充加固的PEG降解也将导致船体中甲酸和乙酸的含量增加[23](图1-7)。

研究表明，瓦萨号沉船的降解自从其沉没后就不曾停止，尤其是在打捞出水以后。研究人员也不得不承认瓦萨号沉船的降解不可避免，其永久保存是无法实现的，目前的工作方向是尽量减缓降解过程，尽量延长保存的时间[18]。

1.3 硫铁化合物的来源及形成原因

瓦萨博物馆的研究人员认为瓦萨号沉船中大量硫铁化合物的形成与斯德哥尔摩港口一段时期的严重污染所形成的厌氧环境有关[22]。事实上，除瓦萨号以外，在很多海洋出水的木船都发现了硫铁化合物的存在，例如澳大利亚西澳海事博物馆的巴塔维亚号沉船、英国朴次茅斯的玛丽·罗斯号沉船，而由德国威悉河中发掘出的木船不来梅柯克（Bremen Cog）沉船也采用PEG脱水加固，船体中并没有发现大量的硫铁化合物，这主要与其是淡水打捞的船只有关[1,24,25]（图1-8）。

硫铁化合物的生成在海洋环境中是非常普遍的现象。所有海水打捞的有机质文物几乎都会存在硫铁化合物的沉积，特别是黄铁矿。与铁密切接触的有机质文物会含有大量的FeS，特别是四方硫铁矿。事实上，海洋出水木质文物中硫铁化合物问题早在20世纪80年代就发现了[26,27]，但由于大型木船的保护主要从60年代开始，在此期间，硫铁化合物的影响尚处于潜伏期，因此并没有引起特别广泛的关注。

海洋近海表面富含氧气，有机质的腐败消耗氧，当氧消耗殆尽时（$[O_2]<10^{-6}$ mmol/L），就形成了低氧或无氧环境。在这种条件下，微生物在新陈代谢过程需要利用其他化合物代替氧作为电子受体。当氧气消耗完，硝酸盐、锰、三价铁依次成为电子受体，其中三价铁转化为可以溶于水的二价铁。当三价铁消耗完后，海水中的硫酸根离子会被还原成硫氢根离子，生成的HS^-可以与溶解的Fe^{2+}反应生成铁的硫化物。在这一过程中，除了生成二硫化亚铁外，还会生成其他中间产物如单质硫[28]。

在海水的不同深度层位，会形成典型的矿物沉积，如图1-9所示。在富氧区，铁会被氧化生成三价铁的氧化物或者氢氧化物。在低氧区，硫酸盐会与铁反应，生成四方硫铁矿（FeS），在硫酸盐还原区，这一反应会继续，除了FeS以外还会生成FeS_2，在甲烷区，铁会形成碳酸铁或者磷酸铁。

硫在生物体中广泛存在，可呈硫酸状或与蛋白质脂肪等结合成为有机化合物，它的生物地球化学作用主要是参与活有机体的功能，生物能引起或催化硫从一种氧化态变至另一种状态，因而影响硫的化学性质，以及硫在水中的沉积物、岩石和土壤生物中的分配。在硫的地球化学循环中，活的有机体特别是细菌起着改变物理化学环境的作用，这就决定了硫的种类和硫矿物的热动力稳定场，有机体中的硫在厌

图 1-1　瑞典瓦萨博物馆的瓦萨号沉船（Vasa）

图 1-2　英国玛丽·罗斯博物馆的玛丽·罗斯号沉船（Mary Rose）

图 1-3 意大利比萨罗马时期沉船

图 1-4 韩国海事博物馆的新安沉船
（本图由国家文物局水下文化遗产保护中心张治国研究员提供）

图 1-5 福建泉州海外交通史博物馆的泉州湾宋代海船
（本图由福建泉州海外交通史博物馆费利华研究员提供）

图 1-6 山东蓬莱水城 2 号古船船板 PEG 脱水填充

图 1-7　瓦萨博物馆硫铁化合物脱除试验构件

图 1-8　德国国家海事博物馆的不来梅柯克船

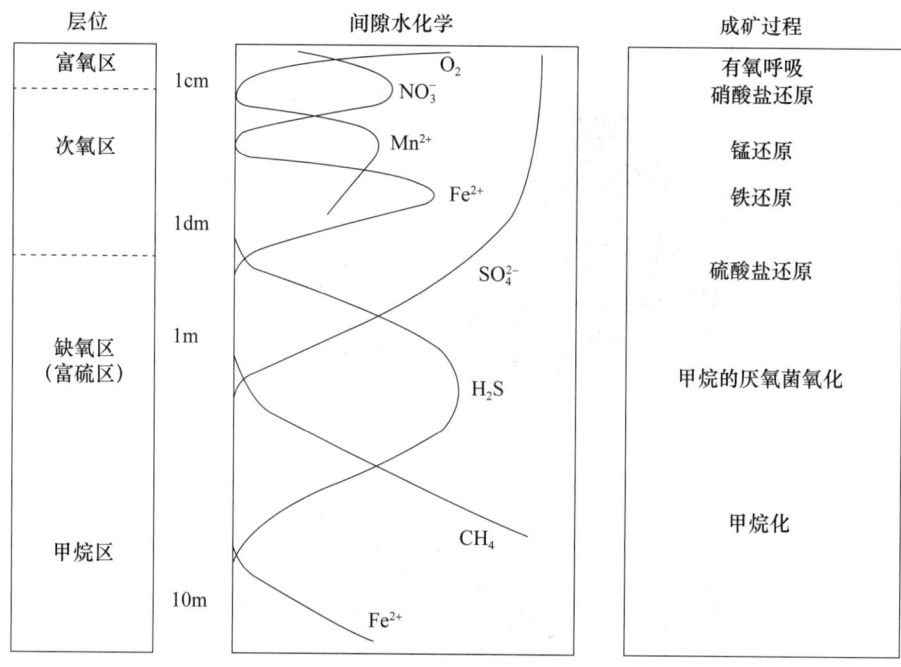

图 1-9 生物地球化学区划图[28]

氧菌作用下生产 H_2S，进而与金属离子反应生成硫化物，硫酸盐也可以因厌氧菌的活动还原为硫或 H_2S；相反在好氧菌的作用下，也可以将 H_2S 或天然硫氧化为自然硫或硫酸盐。硫的生物地球化学循环见图 1-10。生物循环可以形成两种地质产物：第一种是借助蒸发从溶液中排除可溶的硫酸盐，形成硫酸钙——石膏；第二种是硫化亚铁——黄铁矿。图 1-11 是黄铁矿在海相沉积物中形成的大致途径[29,30]。

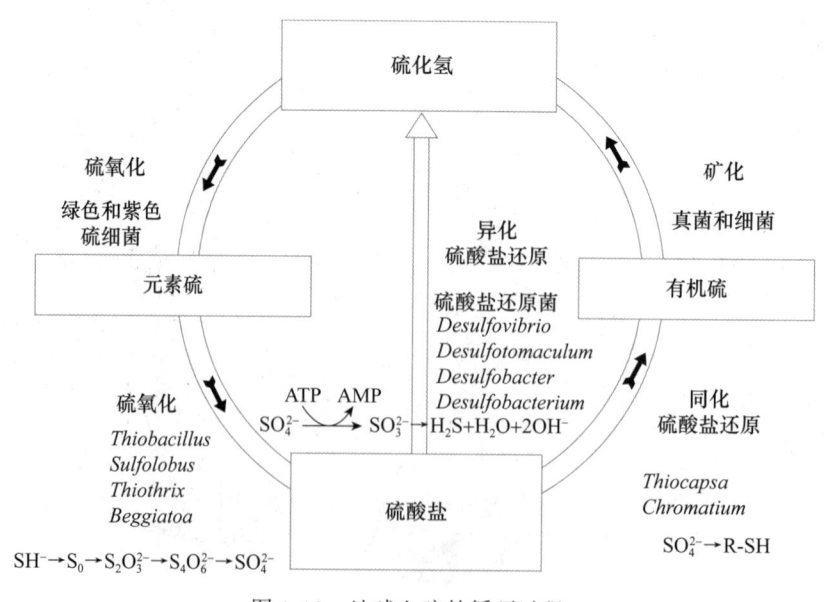

图 1-10 地球上硫的循环过程

在硫元素循环中起作用的微生物，既有能还原硫酸根离子产生 H_2S 等硫化物的，也有能将硫化物氧化成单质硫，进而氧化成硫酸盐的，并且包括厌氧、兼性厌氧及需氧菌。但因黄铁矿等硫化物能在有氧条件与中性 pH 下自发氧化，故多数通过硫化物氧化获取能量的微生物都是厌氧或者嗜酸的。

海水中硫酸根离子的平均浓度为 29mmol/L，是淡水中的上百倍（0.1mmol/L）[28]。海水中大量存在的硫酸根使之成为海水中最主要的电子

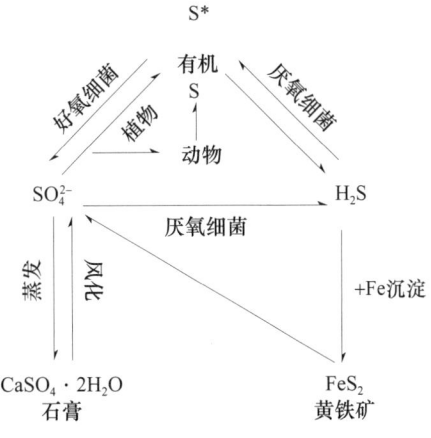

图 1-11 地球上黄铁矿的形成过程

受体。因此海水中硫酸盐在沉积物形成过程中的作用远远大于其在淡水中的作用。其中海平面以下 200m 以内的硫还原的量占海水中硫还原总量的 68%。

海相沉积物中硫化物的基本来源是海水（淤泥）中的硫酸盐；当海底沉积物中有足够的有机物时，硫酸盐形式的硫可以在细菌的作用下被还原成 H_2S。这种 H_2S 在沉积物中与某些矿物及有机物作用下形成下列形式的硫化物——黄铁矿、单质硫及有机硫等[29]。

海相沉积物中硫元素的循环与硫酸盐的细菌还原作用有关。各种硫的还原型化合物，包括黄铁矿（FeS_2）、水陨硫铁（$FeS \cdot nH_2O$）、游离硫，以及木材中的有机硫，其中硫的来源都是水体淤泥中所形成的硫化氢。硫酸盐还原菌在代谢有机小分子过程中，以硫酸盐作为电子受体，使之还原成硫化物。海水中富含硫酸盐，硫酸盐还原菌（sulfate reduced bacteria，SRB）作用原理[30]如下式所示：

$$2(CH_2O) + SO_4^{2-} + 2H^+ \longrightarrow H_2S + 2H_2O + 2CO_2 \tag{1-1}$$

还原态硫的形成与有机质的降解是密不可分的。饱水木材的腐蚀与腐蚀菌（erosion bacteria，EB）有关。腐蚀菌攻击富含纤维素的次生壁，导致纤维素降解，留下了富含木质素和半纤维素的中间层和初生壁[31,32]。细胞壁的主要组成部分 S2 层（次生壁中层）纤维素含量高，是 EB 首先攻击的部位，S2 层降解后，由 SRB 产生的硫化氢气体就容易渗透并与 EB 无法降解的木质素反应。

Yovonne Fors 等模拟海水环境开展了模拟试验，将由海水中分离的腐蚀菌群和硫酸盐还原菌群灌注到新鲜的松木中，采用 X 射线吸收近边结构谱（X-ray absorption near-edge structure，XANES）和 X 射线光谱显微成像分析，探讨了源自于细菌导致的硫沉积[33]。试验所用的松木也出现了与瓦萨号和玛丽·罗斯号中橡木样品观察到类似的现象，还原态硫主要是硫醇（R-SH），存在于富含木质素的部位。硫同位素分析结果表明还原态硫的生成过程是以细菌为介质的过程。SRB 的活性与 EB 有关，但

是其中的机理目前还不清楚。

除了硫酸盐还原为硫化氢外,在沉积物中还发生着生成游离硫,有时生成硫代硫酸盐的作用。硫化氢同活泼形式的低价铁相互作用形成了硫化铁,即水陨硫铁,后者同游离硫反应就形成了 FeS_2(黄铁矿、白铁矿)。黄铁矿矿化反应速度取决于游离硫的数量及作为硫"载体"的硫代硫酸盐的存在。当硫化氢的形成强度很弱时,它同活泼形式铁的相互作用就胜过了微生物的氧化作用。游离硫的不足使黄铁矿化作用变缓慢,沉积物中硫的主要形式就是水陨硫铁。当硫化氢的形成量很大时,将硫化氢氧化为游离硫的作用就胜过了水陨硫铁($FeS \cdot nH_2O$)的形成作用。当硫过剩时,黄铁矿化作用在沉积物的最上层就进行得很快,故而在这种条件下,硫化合物最主要的形式是黄铁矿[28]。

硫铁化合物在海洋出水文物中分布通常是不均匀的,在较小的范围内,硫铁化合物会富集在木材的表面或靠近表面的部分,但是木材的导管、孔洞及裂缝会聚集较多的硫铁化合物。如果船的体积比较大,船体可能会经过几个不同的氧化还原层位,导致硫铁化合物的分布不均。例如,船体部分在硫酸盐还原区,部分在甲烷区,则只有在硫酸盐还原区的部分会含有硫铁化合物,而在甲烷区主要是菱铁矿($FeCO_3$)。

对于沉船来说,船上往往装载有铁制品,如铁炮、铁锅、铁钉等,硫化氢会与铁发生反应,生成硫铁化合物。通常海洋出水沉船上硫铁化合物的分布是不均匀的,在储存铁制品,或者存在铁钉、铁栓的部位有更多的硫铁化合物形成。

1.4 硫铁化合物的危害及作用机理

以黄铁矿为代表的硫铁化合物的危害主要有三个层面。首先还原态的硫铁化合物在有水存在时极易发生氧化,生成硫酸,促进木材中本已受到破坏的纤维素发生进一步降解。其次,Fe^{2+}/Fe^{3+} 之间的氧化还原反应会对硫铁化合物的氧化及有机质的降解起到催化作用。另外,硫铁化合物氧化后形成的盐单位分子体积发生膨胀,一旦失水析出,会对纤维产生应力破坏。

黄铁矿在纯水中的溶解度很小。黄铁矿纯溶解的过程溶解平衡常数为 7.74×10^{-29},纯水中溶解出 Fe^{2+} 和 S_2^{2-} 的浓度为[34]

$$[Fe^{2+}] = [S_2^{2-}] \approx 8.8 \times 10^{-15} \text{mol/L}$$

但在含有大量游离氧的天然水溶液中,某些硫化物的溶解和氧化速度相当快:在室温下黄铁矿粉末经饱和游离氧的水处理,10 个月后发现全部(300g)物质有 0.29g 转入溶液,因此可以说硫化物在含氧水的作用下很容易发生溶解。首先是双硫化合物受氧化而形成硫酸[式(1-2)],此外,硫化物氧化后形成的硫酸盐,三价铁硫酸盐可以作为硫化物的氧化剂（1-3）[29]：

$$FeS_2 + 3\frac{1}{2}O_2 + H_2O = FeSO_4 + H_2SO_4 \qquad (1\text{-}2)$$

$$FeS_2 + Fe_2(SO_4)_3 = 3FeSO_4 + 2S \qquad (1\text{-}3)$$

黄铁矿在水分和氧的作用下会发生如下反应，生成硫酸如式（1-4）。硫酸再与文物中含有的各种阳离子结合生成硫酸盐。Dymphna Fellowes对黄铁矿氧化的条件、影响因素等，以及对与文物保护与展示的影响进行了评述[35]。

$$2FeS_2(s) + 7O_2 + 16H_2O \longrightarrow 2FeSO_4 \cdot 7(H_2O)(s) + 2H_2SO_4(aq) \qquad (1\text{-}4)$$

黄铁矿的氧化过程及形成的最终产物是非常复杂的，包括氧化铁、羟基氧化铁、硫酸、硫酸钙及黄钾铁矾等，但实际上反应过程中还会生成很多氧化不完全的中间产物，如水合硫酸亚铁、四水白铁矾、绿矾及单质硫等。这些中间产物也会在一个较长时间内存在于木材中。

Fe^{2+}/Fe^{3+}之间的化学势很小，因此氧化还原反应极易发生。Fe^{2+}/Fe^{3+}之间发生Fenton反应，对于还原态硫的氧化起到催化作用，还可以催化纤维素的氧化降解，引起PEG端基的降解而生成甲酸[36,37]，最终将导致船体崩解（图1-12、图1-13）。

$$Fe^{2+} + O_2 + H^+ \longrightarrow Fe^{3+} + HOO\cdot$$

$$Fe_2^+ + H_2O_2 + H^+ \longrightarrow Fe^{3+} + HO\cdot + OH^-$$

$$S + 3/2O_2 + H_2O \longrightarrow 2H^+ + SO_4^{2-}$$

$$RH + HO\cdot \longrightarrow R\cdot + H_2O$$

图1-12　Fe^{2+}/Fe^{3+}氧化还原反应的催化作用

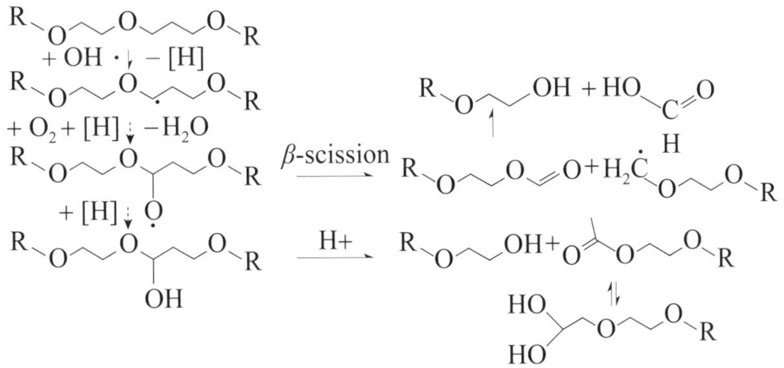

图1-13　Fenton反应导致PEG降解机理

随着硫的不断氧化和其价态升高，硫铁化合物的单位分子体积也不断增加（图1-14、表1-1）。氧化态硫化合物的单位分子体积是还原态硫化合物的10~20倍，甚至更高，这些化合物的溶解/析出过程将对木材造成应力破坏[14,38]。

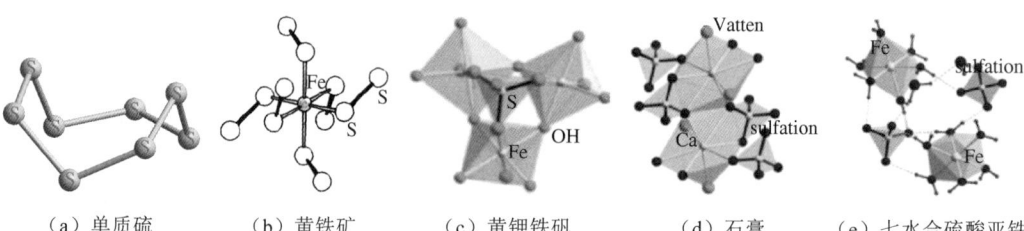

（a）单质硫　　（b）黄铁矿　　（c）黄钾铁矾　　（d）石膏　　（e）七水合硫酸亚铁

图 1-14　部分硫铁化合物的空间结构

表 1-1　硫化物氧化过程中体积的膨胀

矿物	化合物	单位硫原子体积（Å³）	体积因数
黄铁矿	FeS_2	20	1
四方硫铁矿	$Fe_{1-x}S$	34	1.7
单质硫	S_8	51.5	2.6
四水白铁矾	$FeSO_4 \cdot 4(H_2O)$	163	8.2
水绿矾皂矾	$FeSO_4 \cdot 7(H_2O)$	244	12.2
钠铁矾	$NaFe_3(SO_4)_2(OH)_6$	399	20
石膏	$CaSO_4 \cdot 2(H_2O)$	494	25

1.5　硫铁化合物的分析方法

木材中硫铁化合物的定量分析是硫铁化合物研究的重要内容。硫铁化合物通常位于木材细胞间隙、管胞，与木材混杂在一起，同时木材中还沉积大量其他的盐分，因此硫铁化合物的定量分析具有一定难度。X射线衍射、扫描电镜能谱、红外光谱等多种现代仪器分析方法都应用于木材中硫铁化合物的分析。此外，X射线荧光、XANES[39]、显微X射线扫描成像（scanning X-ray mircroscopy images，SXM）[26]、X射线光电子能谱（X-ray photoelectron spectroscopy，XPS）、化学分析电子光谱（electron spectroscopy for chemical analysis，ESCA）等分析技术也用于木材中硫铁化合物的分析，解决了一系列的科学问题，为保护技术的研究提供了基础[40]。

Magnus Sandström等采用同步辐射XANES分析了玛丽·罗斯号中硫的累积状况。结果表明，玛丽·罗斯号的样品中至少存在六种硫的化合物，包括硫醇（R-SH）、二硫基化合物（R-SS-R′）、单质硫（S_8）、黄铁矿（FeS_2）、硫酸盐（SO_4^{2-}）、亚砜［R_2SO 或 $R(SO)R'$］。分析了还原态的硫、亚砜及硫酸盐的含量，通过对大量样品的分析，表明玛丽·罗斯号中还原态的硫约占木材总质量的1%。此外通过X射线衍射（XRD）分析了一个舰炮防护装置的木材样品中由硫和铁形成的化合物，其中含有黄铁矿、四方硫铁矿（Fe_8S_9）、四水白铁矾（$FeSO_4 \cdot 4H_2O$）、水绿矾（$FeSO_4 \cdot 7H_2O$），以及黄钾铁矾[$NaFe_3(SO_4)_2(OH)_6$]，但是两年以后再次检测，发现所有的还原态的硫都氧化成为硫酸盐[16]。

此外，Magnus Sandström 等还采用 XANES、XPS 和 XRD 分析了瓦萨号的样品。结合三种方法的分析结果，可氧化的硫广泛存在于瓦萨号木材的表面下。瓦萨号的排水量约为 1210t，据此推算，其中所有可氧化的硫被氧化后，将生成 5000kg 硫酸[15]。

Yovonne Fors 等在开展海水中分离的腐蚀菌群和硫酸盐还原菌群导致木材降解的模试验过程中，采用 XANES 方法分析了有机硫特别是 R-SH 的分布，表征了无机硫铁化合物氧化的过程。采用 X 射线荧光成像分析了硫和磷的分布，从而推测了硫化氢仅在腐蚀菌导致降解的木材部位生成[33]。

Wetherall 等采用铁和硫的 X 射线吸收近边结构谱、X 射线衍射技术分析了玛丽·罗斯号的样品，结果表明木材中氧化态硫的含量随深度增加而逐渐降低，而三价铁离子的分布则随深度变化变小。采用 XRD 检测到了硫铁化合物氧化过程中的中间化合物，如磁铁矿、黄钾铁钒和碳酸钙等[41]。

A. D. Smith 等采用同步辐射 X 射线吸收精细结构谱（EXAFS）分析了玛丽·罗斯号的硫铁化合物。通常的 X 射线仪器所发射的 X 射线束斑约为 1mm，所得的结果是射线范围内的平均结果，而同步辐射光源具有亮度高、射线束斑小的特点，可以聚焦在非常小的尺寸上。采用高空间分辨率的 X 射线吸收精细结构谱分析了硫和铁在木材细胞壁中存在的位置[42]。

1.6 目前硫铁化合物的控制方法

针对硫铁化合物引起的木材酸化问题，世界各国研究人员展开了大量研究，提出了一些解决方法，主要有三种思路。第一种是采用碱性试剂中和生成的酸；第二种是采用螯合试剂（乙二胺四乙酸（ethylene diamine tetraace tic acid，EDTA）等）与铁离子形成稳定的配合物，去除铁离子；第三种是采用聚合物将硫铁化合物包裹起来，延缓其氧化反应。除此之外，还需要控制饱水木质文物存放的微环境。

瓦萨博物馆针对出现的船体木材酸化问题，最初采用了 pH 约为 9 的碱性溶液处理，将 $NaHCO_3$ 和 $Na_2CO_3 \cdot 10H_2O$ 以质量比 7:3 混合后，配制成浓度为 5% 的水溶液，对木材表面进行湿敷或者喷洒，短时间内可以使 pH 升高，但是几个月后，pH 又降低到 3 以下。这一方法效果持久性差，同时还会导致填充的 PEG 流失[22,28]。随后瓦萨博物馆又试验了氨水蒸气中和法[43]。将瓦萨号的木块样品悬挂在装有氨水溶液（28%氨水溶液）的容器上，在常温常压下用氨水蒸气熏蒸了48小时，并通过pH测试、红外光谱（FT-IR）、体积排斥色谱（SEC）等表征了氨气对木材降解程度的影响。通过pH测量，氨水蒸气可以到达木材样品的深度为5～10mm。氨水蒸气方法的优点是气体可以渗透进入木材的内部，但是需要特定的场所实施[44]。另外，这一方法的长期有效性、渗透深度、熏蒸的压力与温度、氨对于木材中半纤维素的影响、氨水对Fenton反应的影响等问题还需要进一步研究（图1-15）。

图1-15 瓦萨博物馆硫铁化合物脱除试验样块

西澳博物馆在巴塔维亚号试验了甲基碳酸镁3%的水溶液、2%的脲和0.05M的氢氧化钠甲基化酒精溶液进行喷洒，以中和表面的酸，但这些方法都被证明无效。氨气和乙二胺被证明有效[45]。后期在巴塔维亚号沉船的脱酸保护中实际采用了氨气氨基试剂中和的方法[27]。处理后木材表面的pH变为4.0，铁的硫酸盐转化为铁的碱式硫酸盐[46]。

纳米材料在纸张的脱酸保护中有一定效果[47]，因此纳米技术也被用于酸化木材的脱酸处理[48]。将平均粒径在200nm以下的碱性$Ca(OH)_2$和$Mg(OH)_2$纳米粒子分散在2-丙醇悬浮液[49]，或者界面张力低、渗透性好的全氟聚醚中[50]。将瓦萨号木块样品浸泡48小时后，pH由原来的2～3升到5.5左右。样品中纤维素的热分解温度由321℃升至338℃。但是该方法存在较大争议[51]。例如氢氧化钙转化为硫酸钙后体积发生膨胀，有可能会造成应力破坏。PEG对于纳米粒子的渗透起到阻碍作用，因此在采用纳米粒子处理时需要去除PEG。纳米粒子在木材中充满PEG或饱水状态下的渗透性，以及所用溶剂的挥发等问题还需要进一步探讨。

玛丽·罗斯博物馆的研究人员采用碳酸锶纳米粒子对PEG处理后的小块玛丽·罗斯试样进行脱酸，通过表面涂刷的方式施用[52~54]。碳酸锶与硫酸亚铁反应，白色的碳酸锶粒子浆液变为橙色，XRD结果表明生成了难溶的硫酸锶和碳酸铁，既可以起到中和硫酸盐的作用，同时抑制了铁离子催化的氧化还原反应。此外其他含铁化合物，如黄钾铁矾和黄铁矿与碳酸锶的反应也得到了验证。

络合试剂乙二胺四乙酸、二乙三胺五乙酸（diethylene triamine pentaacetic acid, DETPA）、乙二胺-二（2-羟基-4-甲苯基乙酸）（EDDHMA）等被用于与硫铁化合物中的铁进行络合，从而增加硫铁化合物的溶解度，使铁进入溶液，进而达到脱除硫铁化合物的目的。

络合试剂EDDHMA是一种工业品，用作肥料中的螯合剂，以溶解土壤中的铁。其结构式如图1-16所示。EDDHMA是一种与铁离子络合能力极强的化合物，可以与铁形成如图1-17所示的络合物，以增加硫铁化合物的溶解度，有效去除铁离子[55]。在EDDHMA中加入NaOH直至使之溶解，得到pH约为11的水溶液，将瓦萨号木材样品浸泡在溶液中，每周更换溶液，直至溶液颜色不再改变。碱性溶液可以中和木材中的酸，通过长时间浸泡也可以脱除绝大部分Fe元素，但是这一方法在碱性条件下使用，有可能会引起木材的降解。另外，水溶液浸泡也会使得已填充的PEG部分流失[39]。

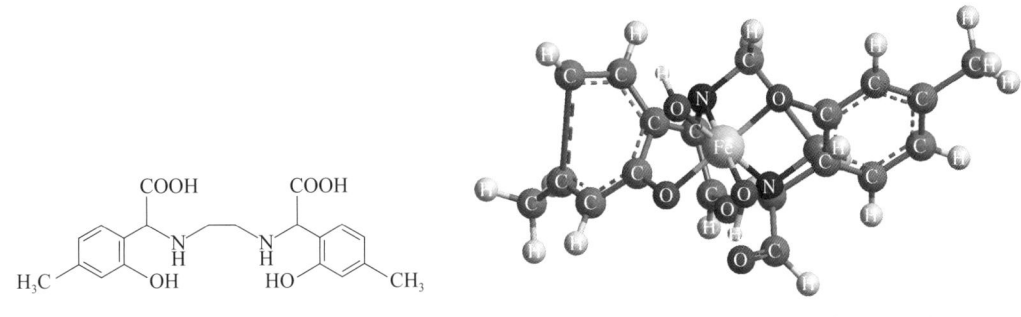

图1-16　EDDHMA结构式　　　　图1-17　EDDHMA/Fe络合物结构式

此外肌酸六磷酸钙、柠檬酸铵等水溶性的螯合剂也被用于铁的脱除，都起到了一定的脱除效果[56]。

采用不饱和聚酯树脂溶液浸泡木材样品，再引发聚合。使得盐表面覆盖一层聚合物，以阻隔水分和氧，阻止无机盐的溶解/析出，以及硫铁化合物的氧化。但是在沉积物较厚的部分树脂渗透存在一定困难，也无法完全阻止硫铁化合物的进一步氧化[57]。

此外还试验了在络合试剂中加入各种氧化试剂的方法，加速二价铁的氧化，从而使铁更快地从木材中迁移出来。

法国原子能与替代能源委员会（CEA）的 ARC-Nucléart 研究所采用过硫酸钠作为氧化剂，碳酸氢钠作为缓冲剂，氧化 FeS 和 Fe_2S，使得 Fe^{2+} 进入溶液，再进一步被氧化为 Fe^{3+}，从而从溶液中析出。整个过程发生的反应如图 1-18 所示。

$$FeS_2+7S_2O_8^{2-}+8H_2O \longrightarrow Fe^{2+}+16SO_4^{2-}+16H^+$$

$$FeS+4S_2O_8^{2-}+4H_2O \longrightarrow Fe^{2+}+9SO_4^{2-}+8H^+$$

$$2Fe^{2+}+S_2O_8^{2-} \longrightarrow 2Fe^{3+}+2SO_4^{2-}$$

$$Fe^{3+}+3H_2O \longrightarrow Fe(OH)_3\downarrow+3H^+$$

图 1-18　Fe^{2+} 在过硫酸钠条件下的氧化过程

他们采用这一方法处理了法国北部塔尔丹冈（Tardinghen）的一艘沉船的构件[58]。处理过程中，木材表面产生了大量红棕色的沉淀。X 射线衍射分析表明，这些红棕色沉淀是无定形状态的铁的氧化物。此外他们还用吸附了 $Na_2S_2O_8$ 和 $NaHCO_3$ 溶液的纸浆贴敷的方法处理了地中海沉船洛梅利纳（La Lomellina）的构件，也起到了明显的作用。

在开展小白礁沉船木材样品中硫铁化合物的脱除试验过程中[59]，选用 10mmol/L 的 EDTA-2Na 水溶液和 0.1mol/L 的 H_2O_2 组成的复配材料 EDTA-HO。H_2O_2 可以将 FeS_2 中的 S 元素氧化为单质 S 或 SO_4^{2-}，将 Fe^{2+} 氧化为 Fe^{3+}。Fe 最初以浅绿色的 Fe^{2+} 形式存在，因此上述开展的 FeS_2 脱除试验中，溶液最初都是呈浅绿色。后来 Fe^{2+} 逐渐被 H_2O_2 或 O_2 氧化为 Fe^{3+}，溶液颜色逐渐变为棕黄色。化学组分分析表明，EDTA-HO 中浓度极低的 H_2O_2 并未对木材中的纤维素造成明显的不利影响。采用 EDTA-HO 体系先短期活化木材中的难溶性硫铁化合物，再用 EDTA-2Na 溶液络合的工艺路线，既可减弱 H_2O_2 产生的自由基长期存在对于木材纤维素的不利影响，又可大大提高木材中硫铁化合物的脱除效率（图 1-19）。

法国文化合作公共机构（EPCC）位于南特的文物保护机构 Arc′Antique 将电泳方法用于铁的脱除[60]。其中电解质溶液分别采用了中性溶液硝酸钾；弱酸性溶液醋酸、PEG400/醋酸混合溶液、枸橼酸钠、柠檬酸铵；络合试剂草酸钠、EDTA 二钠盐、柠檬酸、草酸；还原性试剂连二亚硫酸钠；还原性试剂与络合试剂的复合溶液枸橼酸钠/连二亚硫酸钠。但试验结果并不理想，电泳方法不能明显提高铁脱除的速率，铁离子的脱除速率与浸泡方法类似甚至低于浸泡方法，且电解质溶液都造成了电极的腐蚀。

在黄铁矿的氧化过程中，水是重要条件之一。记录表明，巴塔维亚号和瓦萨号沉船硫酸盐的爆发与环境变化特别是湿度的变化有关。巴塔维亚号沉船通常保存在

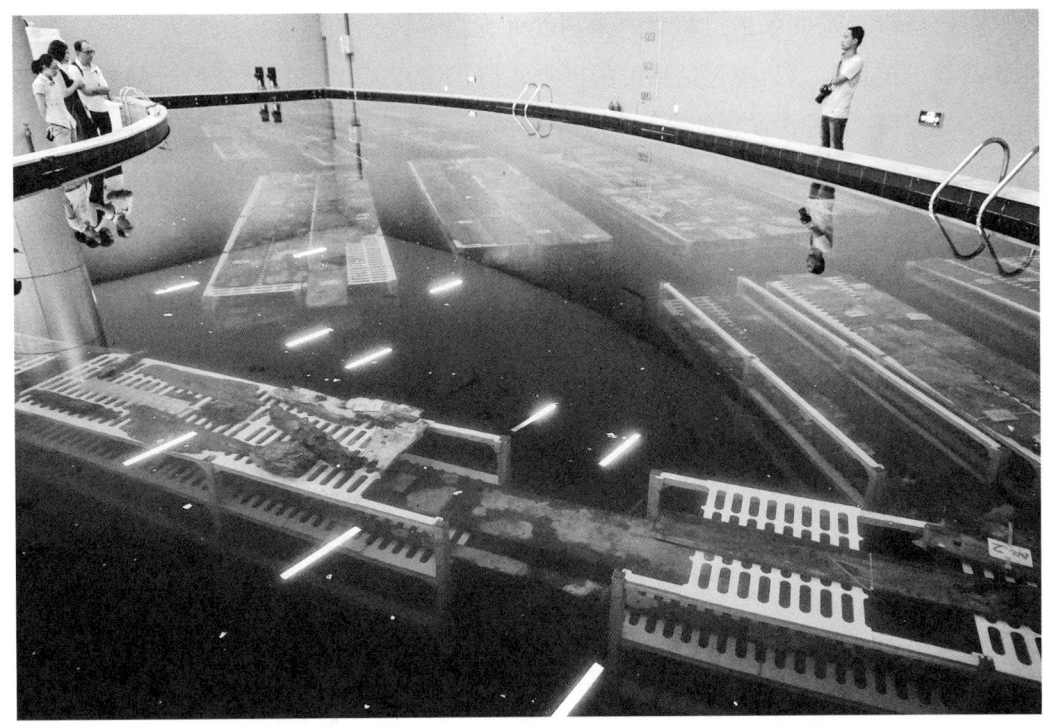

图 1-19　小白礁 I 号沉船构件硫铁化合物脱除处理

湿度为 60% 的环境下，期间有一时期湿度跃升到 70%。瓦萨号沉船也在 2000 年有一段湿度波动到 70% 以上。在出现硫酸盐析出现象后，巴塔维亚号沉船的保存温度调整到 22℃，湿度调整到 55%±4%[61]。瓦萨博物馆也耗费了 700 万欧元在 2004 年重新安装了环境控制系统，使得瓦萨号沉船的环境温度控制在 17～20℃，湿度控制在 51%～59%。环境的调控起到了明显的效果，2004 年以后，没有再出现有明显的硫酸盐爆发现象[62]。

虽然环境控制暂时延缓了硫铁化合物的氧化，但是在 25℃下，式（1-4）的反应吉布斯自由能变为 −1600kJ/mol，是热力学上的自发反应，非常容易发生[35]。水和氧是黄铁矿氧化的必要条件，研究表明，在 30%～60% 相对湿度条件下，所存在的水分就可以导致黄铁矿的氧化。对于其他类型的博物馆藏品，如矿石，推荐的环境相对湿度是 30%，但是对于饱水木质文物来说，这样低的相对湿度会引起木材的开裂。因此，采用控制环境延缓和控制黄铁矿氧化的长期效果还有待进一步考察。

1.7　硫铁化合物控制方法对木材本体的影响

目前关于硫铁化合物控制方法对于木材本体影响的研究非常有限。

在巴塔维亚号的保护过程中，采用红外光谱、核磁碳谱等方法考察了乙二胺对于木材组分的影响。其中包括新鲜的栎木、樟子松，以及 PEG 填充的新鲜木材，用 PEG 1500 处理的考古发掘的栎木和樟子松。红外光谱和核磁碳谱的结果都表明，L/H 比（木质素/综纤维素）都上升了。木质素可能也有损失，但综纤维素的损失更为显著。乙二胺处理酸化的木材，对于降低表面的酸性有一定效果，但是会引起木材化学组分的降解[46]。

Elisa Pecoraro 在她的博士论文中研究了络合试剂脱除硫铁化合物对于木材本体的影响。乙二胺四乙酸二钠盐、乙二胺四乙酸四钠盐、柠檬酸铵、二乙三胺五乙酸等几个体系对于处理木材后，木材性能的变化，包括木材的含水率、基本密度、处理前后 H/L，采用红外光谱、动态热机械分析等方法考察了络合试剂对于木材的影响。结果表明，络合试剂在碱性条件下使用，对于木材本身的化学组分和黏弹特性都有影响。因此络合试剂应在中性或偏微酸性的条件下使用[63]。

1.8 海洋出水木质文物硫铁化合物研究现状及目标

目前在我国已经发掘的海洋出水木船，如近年发掘的华光礁Ⅰ号[64]、南海Ⅰ号、南澳Ⅰ号[65]、宁波小白礁Ⅰ号[59,66]，以及 20 世纪 70 年代发掘的泉州湾宋代海船[67]中均发现了程度不等的硫铁化合物。在华光礁Ⅰ号和宁波小白礁Ⅰ号的保护过程中，都开展了硫铁化合物脱除试验，并应用于实际的保护实施中，且均取得了一定效果。目前国内的大量海洋出水木质文物的保护才刚刚开始，在这一过程中，如何对硫铁化合物进行控制，需要认真思索和不断试验，针对文物具体状况提出适宜的技术方法和解决方案，尽量延长海洋出水木质文物的保存时间。

国际博物馆协会藏品保护专业委员会饱水有机质文物保护工作组 2013 年会议（WOAM 2013）在土耳其伊斯坦布尔举行。会上设置了专题，对海洋出水木质文物中硫铁化合物相关问题进行了报告和讨论。会后，针对目前世界各国海洋出水木质文物中硫铁化合物问题的研究进展进行了一次问卷调查，调查对象包括瑞典、美国、中国、澳大利亚、法国等国的保护工作者。调查结果表明，各个国家采取的方法有所不同，虽都起到了一定的效果，但对如何确定硫铁化合物脱除量、硫铁化合物脱除终点、脱除过程对于木材本体的影响等问题尚无定论（图 1-20、图 1-21）。

本书以海洋出水木质沉船构件为研究对象，针对海洋出水木质文物中普遍存在的硫铁化合物开展研究。分析总结了国内海洋出水木质文物中硫铁化合物存在的特征。研究硫铁化合物脱除过程表观动力学特征，判断影响硫铁化合物脱除速率的关

Countries	Materials	Storage	Chemical used	Origin	Monitoring treatment	Duration	Impact (opinion) Iron oxides	Impact (opinion) Sulfur compounds	Impact (opinion) Organic materials	Advantages	Drawbacks
Sweden	Waterlogged and dry wood (soft and hard wood) already impregnated with PEG	Conserved by immersion in heated PEG 4000 followed by air-drying and stored in control climate 18–20°C and 53±2%RH	DTPA (10–20 mM) EDDHMA	Developed by a group of chemists According to the high faculties to chelate	Quantification by AAS Visual aspect pH	Months to years (objects dimensions) END the rate extraction levels off	Extraction sufficient and worthwhile doing in case where iron and sulfur problems are evident		Swelling and colour change	Five years after the first treatment, wood are stable Satisfactory extraction efficiency DTPA works well at neutral pH Low risks with regards to environment, health and safety	Long treatment times Incomplete extraction EDDHMA requires alkaline pH
USA	Waterlogged wood	All materials together in a controlled secure storage environment	Di ammonium citrate EDTA (5%–10%) Citric acid (1%–3%)	Intern opinion	Visual and coloring	Depends on the object	Better aesthetic qualities Less risk of pyritic or other iron compounds formation	reduce possibility of sulfuric acid formation	Return to more original color Prevention of future issues	Limited in our ability to accurately judge how much iron is removed and how much is appropriate to remove	
USA	Waterlogged wood (various hard and soft woods mainly scotts pine and white oak) Textile, rope, bone	In tap water or reverse osmosis Smaller artefact in a refrigerator Larger organics in tap water in a closed building with a tarp tank to keep dark. If bacteria, they use a biocide called Proxel BD20 by ArchChemical	Diammonium citrate 2%	Intern tests	Visual aspect, inspection Loss of weight – loss of weight from the start weight until it stabilized	1–3 months	No completely sufficient surface removal only		At time, color change, withering	Chemical not hazardous, not costly, removed iron stains, works good Good results on ship structure, no iron visible on surface	Smell solution after a week, surface extraction of iron
	rope		Dithionite Na							Works great, remove iron quickly	Hazardous, waste disposal issue at lab, color change can be quickly if not careful, cost
China	Waterlogged soft wood	Water	DTPA, pH 7 10 mmol/l	On study	Quantification through IC and ICP	Years			withering	Extract the iron, move the iron sulfide onto water	Not sure, the effect on the organic materials is unknown Duration too long, maybe some more effective reagent should be tried
Australia	Waterlogged soft and hard wood Rope	In metal cupboards inside an air conditioned building. T°C. RH are fairly constant (i.e T = 20°C ± 2°C; RH < 55%). However, n contain both iron oxides and iron sulphides) on the	5% Dithionite sodium / 2% di-ammonium citrate / 5% PEG 400 Until pH 5	Years of research of WOAM	Total amount of iron in solution, pH redox, dissolved oxygen	Depends (iron removal, until <10 ppm of iron is being released into solution	Excellent almost total removal	Very little sulfur is extracted	Dithionic can cause bleaching if the pH <5	Almost total extraction of iron oxides More natural appearance of the wood More stable artefact post treatment	pH needs to be closely monitored (production of hydrogen ions total iron concentration of iron needs to be monitored (plateaus)
	Leather Bone Textile		They are still researching iron removal from leather as it appears that some level of iron may stabilize the collagen to some degree similar to the tanning process and prevent excessive shrinkage but we do not know how much iron should be left in the leather (if any) in order to minimize this shrinkage								
		reconstruction are displayed in a gallery (T = 20°C ± 2°C; RH = 52% ± 5%)	It depends on the extend of deterioration of the material and how much iron is actually incorporated in the object. Each object is assessed individually on whether or not it is necessary to remove the iron. Note. Sulphur and iron sulphides are notoriously insoluble in aqueous solutions, hence we concentrate on removing iron corrosion products and then deal with the potential oxidation of any incorporated sulphur after treatment by ensuring that the storage or display conditions are within certain parameters (i.e T = 20 ± 2°C; RH < 55%)								
France	Waterlogged composite (textile and iron corrosion products) like a charge	Immersion in water with a polyethylene film Or immersion in a first manigrip bag without air and all is immersed in a second bag	In first Sodium persulfate(2.4%w) In second: EDTA 3(.7%w). Object is surrounded by Japon paper and the chemicals were used like a gel (carbopole)	Tests carried out at Arc Antique	According to the visual aspect of the surface	Quickly One day	Partial extraction		Best flexibility and Withening swelling	The duration of the application is relatively quick. Accessible to the professionals Long-term conservation Better lisibility of the object surface	Treatment is difficult to monitor pH and the persulfate highly decrease during its application
France	Composite materials (iron-textile, iron-wood)		No extraction treatment can be used because of the interest to keep iron corrosion products to give some information about the degree of the organic material conservation associated to iron								

图 1-20 世界范围内硫铁化合物相关问题的调查

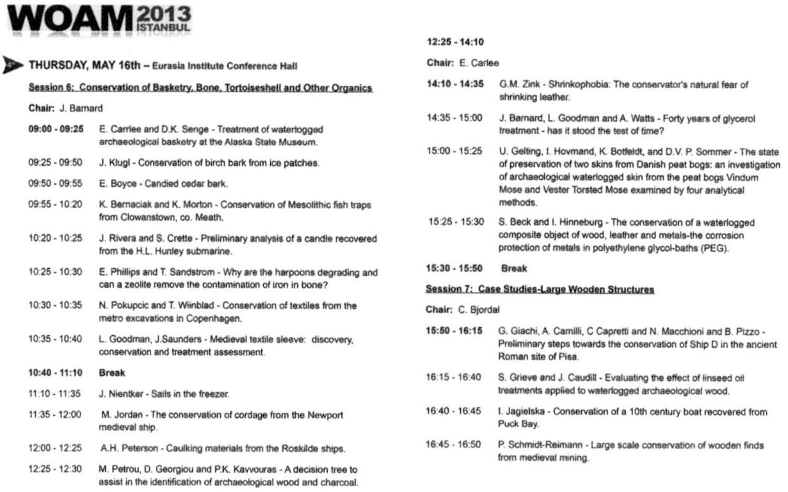
WOAM 2013 ISTANBUL

THURSDAY, MAY 16th – Eurasia Institute Conference Hall

Session 6: Conservation of Basketry, Bone, Tortoiseshell and Other Organics

Chair: J. Barnard

09:00 - 09:25	E. Carrlee and D.K. Senge - Treatment of waterlogged archaeological basketry at the Alaska State Museum.
09:25 - 09:50	J. Klugl - Conservation of birch bark from ice patches.
09:50 - 09:55	E. Boyce - Candied cedar bark.
09:55 - 10:20	K. Bernaciak and K. Morton - Conservation of Mesolithic fish traps from Clowanstown, co. Meath.
10:20 - 10:25	J. Rivera and S. Crette - Preliminary analysis of a candle recovered from the H.L. Hunley submarine.
10:25 - 10:30	E. Phillips and T. Sandstrom - Why are the harpoons degrading and can a zeolite remove the contamination of iron in bone?
10:30 - 10:35	N. Pokupcic and T. Wiinblad - Conservation of textiles from the metro excavations in Copenhagen.
10:35 - 10:40	L. Goodman, J.Saunders - Medieval textile sleeve: discovery, conservation and treatment assessment.
10:40 - 11:10	**Break**
11:10 - 11:35	J. Nientker - Sails in the freezer.
11:35 - 12:00	M. Jordan - The conservation of cordage from the Newport medieval ship.
12:00 - 12:25	A.H. Peterson - Caulking materials from the Roskilde ships.
12:25 - 12:30	M. Petrou, D. Georgiou and P.K. Kavvouras - A decision tree to assist in the identification of archaeological wood and charcoal.
12:25 - 14:10	

Chair: E. Carlee

14:10 - 14:35	G.M. Zink - Shrinkophobia: The conservator's natural fear of shrinking leather.
14:35 - 15:00	J. Barnard, L. Goodman and A. Watts - Forty years of glycerol treatment - has it stood the test of time?
15:00 - 15:25	U. Gelting, I. Hovmand, K. Botfeldt, and D.V. P. Sommer - The state of preservation of two skins from Danish peat bogs: an investigation of archaeological waterlogged skin from the peat bogs Vindum Mose and Vester Torsted Mose examined by four analytical methods.
15:25 - 15:30	S. Beck and I. Hinneburg - The conservation of a waterlogged composite object of wood, leather and metals-the corrosion protection of metals in polyethylene glycol-baths (PEG).
15:30 - 15:50	**Break**

Session 7: Case Studies-Large Wooden Structures

Chair: C. Bjordal

15:50 - 16:15	G. Giachi, A. Camilli, C Capretti and N. Macchioni and B. Pizzo - Preliminary steps towards the conservation of Ship D in the ancient Roman site of Pisa.
16:15 - 16:40	S. Grieve and J. Caudill - Evaluating the effect of linseed oil treatments applied to waterlogged archaeological wood.
16:40 - 16:45	I. Jagielska - Conservation of a 10th century boat recovered from Puck Bay.
16:45 - 16:50	P. Schmidt-Reimann - Large scale conservation of wooden finds from medieval mining.

图 1-21　2016 年 WOAM 会议有关硫铁化合物的专题报告

键因素，为评估硫铁化合物的脱除速率、脱除周期，以及保护实施条件控制提供理论依据。开展硫铁化合物脱除效果评价方法研究，定量分析溶液中以及木材本体中硫、铁元素浓度，从化学状态、微观形态等角度评估硫铁化合物脱除效果，提出较可靠的硫铁化合物脱除效果评价方法。研究硫铁化合物脱除过程对木材本体的影响，研究硫铁化合物脱除过程中，木材的化学成分、微观结构的变化，评估硫铁化合物脱除配方对木材本体的影响。通过研究硫铁化合物脱除动力学特征、硫铁化合物脱除效果、硫铁化合物脱除试剂对于木材本体的影响，综合比较、评价 EDTA、DETPA 等硫铁化合物脱除配方的有效性和安全性，为海洋出水木质文物中硫铁化合物脱除技术的实际应用提供进一步依据。

参 考 文 献

[1] Hoffman P. Conservation of Archaeological Ships and Boats. London：Archetype, 2013

[2] Hafors B. Conservation of the Swedish Warship Vasa from 1628. 2nd Edition, Vasa Museum, 2010

[3] Hocker E. Preserving Vasa. London：Archetype Publications, 2018

[4] Hocker E. From the micro- to the macro-：Managing the conservation of the warship, Vasa. Macromol Symp, 2006, 238：16-21

[5] Jones M. For Future Generations：Conservation of a Tudor Maritime Collections. London：Mary Rose Trust, 2003

[6] Grattan D W, Clarke R W. Conservation of waterlogged wood. In：Colin Pearson. Conservation of Marine Archaeological Objects. London：Butterworth& Co, 1987：164

[7] MacLeod I D. Conservation of waterlogged timber from the Batavia 1629. Bulletin of the Australian Institute for Maritime Archaeology, 1987, 14(2)：1-8

[8]　National maritime time Museum. Conservation and Restoration Report of Shinan Ship. 2004

[9]　Kahanov Y. Wood conservation of the Ma'agan Mikhael shipwreck. The International Journal of Nautical Archaeology, 1997, 26（4）: 316-329

[10]　Giachi G, Macchioni N. Conservation of the wood from the Roman docking site of Pisa: Laboratory evaluations. Presentation on 13th ICOM-CC WOAM Conference, Florence, 2015

[11]　黄乐得.《泉州湾宋代海船出土文物分类保护方案》的初步分析. 泉州师专学报, 1983,（2）: 121-130

[12]　费利华. 李国清. 泉州湾宋代海船保护40年回顾、现状与分析. 文物保护与考古科学, 2015, 47（4）: 95-100

[13]　Jones S P P, Slater N K H, Jones M, et al. Investigating the processes necessary for satisfactory freeze-drying of waterlogged archaeological wood. Journal of Archaeological Science, 2009, 36: 2177-2183

[14]　Sandström M, Jalilehvand F, Persson I, et al. Acidity and salt precipitation on the Vasa: The sulfur problem. Proceedings 8th ICOM-CC WOAM Conference, Stockholm, 2001: 67-89

[15]　Sandström M, Jalilehvand F, Persson I, et al. Deterioration of the seventeenth century warship Vasa by internal formation of sulphuric acid. Nature, 2002, 415: 893-897

[16]　Sandström M, Jalilehvand F, Damian E, et al. Sulfur accumulation in the timbers of King Henry VIII's warship Mary Rose: A pathway in the sulfur cycle of conservation concern. Proceedings of the National Academy of Science of the USA, 2005, 102（40）: 14165-14170

[17]　Statens Maritima Museer. International Evaluation of the Preserve the Vasa Project. Statens Maritima Museer, Stockholm, 2006

[18]　Statens Maritima Museer. International Evaluation of the A Future for Vasa Project. Statens Maritima Museer, Stockholm, 2011

[19]　Strætkvern K, Huisman D J, Grant T. Proceedings of the 10th ICOM Group on Wet Organic Archaeological Materials Conference, Amersfoort, RACM, 2009: 469-588

[20]　Hoffmann P, Strætkvern K, Springgs J A, et al. Proceedings of the 9th ICOM Group on Wet Organic Archaeological Materials Conference. Bremerhaven, ICOM-CC, 2005: 171-278

[21]　Monica E K. Proceeding of SHIPWRECK 2011. Stockholm, Vasa Museum, 2011

[22]　Fors Y. Sulfur related conservation concerns for marine archaeological wood. Doctoral thesis, Stockholm University, 2008

[23]　Fors Y, Sandström M. Sulfur and iron in shipwrecks cause conservation concerns. Chemical Society Reviews, 2006, 35: 399-415

[24]　Hoffman P. To be and to continue being a cog: The conservation of the Bremen Cog of 1380. The International Journal of Nautical Archaeology, 2001, 30（1）: 129-140

[25]　Hoffmann P, Singh A, Kim Y S, et al. The Bremen Cog of 1380-An electron microscopic study of its degraded wood before and after stabilization with PEG. Holzforschung, 2004, 58: 211-218

[26]　Jespersen K. Precipitation of iron corrosion products on PEG treated wood. In: Conservation of Wet Wood and Metal- Proceedings of the ICOM Conservation Working Group on Wet Organic Archaeological Materials and Metals. Western Australian Museum, 1987: 141-152

[27] Macleod I D, Kenna C. Degradation of archaeological timbers by pyrite: Oxidation of iron and sulfur species. In: Hoffmann P. Proceedings of the 4th ICOM Group on Wet Organic Archaeological Materials Conference. Bremerhaven, ICOM-CC, WOAM, 1990: 133-142

[28] Schulz H D, Zabel M. Marine Geochemistry. 2nd edition, Springer: Berlin Heidelberg, 2006,

[29] 刘英俊. 元素地球化学. 北京：科学出版社，1984

[30] Ehrlich H L. Geomicrobiology of sulphur. In: Geomicrobiology. fourth ed., vol. 586. New York, Marcel Dekker Incorporated, 2002

[31] Björdal C G, Nilsson T, Daniel G. Microbial decay of waterlogged archaeological wood found in Sweden: Applicable to archaeology and conservation. International Biodeterioration& Biodegradation, 1999, 43: 73

[32] Fors Y, Jalilehvand F, Damian E, et al. Sulfur and iron analyses of marine archaeological wood in shipwrecks from the Baltic Sea and Scandinavian waters. Journal of Archaeological Science, 2012,(39): 2521-2532

[33] Fors Y, Nilsson T, Damian E, et al. Sulfur accumulation in pinewood (Pinus Sylvestris) induced by bacteria in a simulated seabed environment: Implica tion for marine archaeological wood and fossil fuels. International Biodeterioration& Biodegradation, 2008, 62: 336-347

[34] 魏有仪，罗健. 天然饱水条件下黄铁矿氧化过程的热力学探讨. 矿物岩石，1998，9: 113-117

[35] Fellowes D, Hagan P. Pyrite oxidation: The conservation of historic shipwrecks and geological and palaeontological specimens. Reviews in Conservation, 2003,(4): 1-13

[36] Lindfors E L, Lindström M, Iversen T. Poly saccharide degradation in waterlogged oak wood from the ancient Vasa ship. Holzforschung, 2008, 62: 57-63

[37] Almkvist G, Persson I. Fenton-induced degradation of poly ethylene glycol and oak holocellulose, A model experiment in comparison to changes observed in conserved waterlogged wood. Holzforschung, 2008, 62: 704-708

[38] Fors Y. Sulfure Speciation and Distribution in The Vasa's Wood. Stockholm, Stockholm University, 2005

[39] Almkvist G, Persson I. Extraction of iron compounds from wood from the Vasa. Holzforschung, 2006, 60: 678-684

[40] Fors Y, Jalilehvand F, Sandström M. Analytical aspects of waterlogged wood in historical shipwrecks. Analytical Sciences, 2011, 27(8): 785-792

[41] Wetherall K M, Moss R M, Jones A M, et al. Sulfur and iron speciation in recently recovered timbers of the Mary Rose revealed via X-ray absorption spectroscopy. Journal of Archaeological Science, 2008, 35: 1317-1328

[42] Smith A D, Jones M, Berko A, et al. An Investigation of the Sulfur-Iron Chemistry in Timbers of the Sixteenth Century Warship, the Mary Rose, by Synchrotron Micro-X-Ray Spectroscopy. Proceeding of the 37th International Symposium on Archaeometry, 2011: 389-394

[43] Fors Y, Richards V. The Effects of the Ammonia Neutralizing Treatment on Marine Archaeological Vasa Wood. Studies in Conservation, 2010, 55: 41-54

[44] Fors Y, Egsgaard H, Wickholm K. Ammonia treating of Acidic Vasa wood. In: Strætkvern K,

[45] Richards V. Preservation of the Batavia Shipwreck: Past, Present and Future. In: Eggert G, Stelzner I. Wet Wood Conservation Colloquium-Extend Abstracts. Upper Swabia, Germany, 2016: 39-43

[46] Ghisalberti E L, Godfrey I M, Kilminster K, et al. The analysis of acid-affacted Batavia timbers. In: Hoffman P, Spriggs J A, Grant T, et al. Proceedings of the ICOM Group on Wet Organic Archaeological Materials Conference, 2001, Bremerhaven: 281-307

[47] Giorg R, Dei L, Ceccato M, et al. Nanotechnologies for conservation of cultural heritage: Paper and Canvas deacidification. Langmuir, 2002, 18: 8198-8203

[48] Chelazzi D, Giorgi R, Baglioni P. Nanotechnology for Vasa wood de-acidification. Macromolecular Symposia, 2006, 238(1): 30-36

[49] Giorgi R, Chelazzi D, Baglioni P, et al. Nanoparticles of calcium hydroxide for wood conservation, the deacidification of the Vasa Warship. Langmuir, 2005, 21: 10743-10748

[50] Giorgi R, Chelazzi D, Baglioni P. Nanoscience contribution to preservation of acidic shipwrecks. In: Strætkvern K, Huisman D J. Proceedings of the 10th ICOM Group on Wet Organic Archaeological Materials Conference, Amsterdam, 2007: 525-537

[51] Giorgi R, Chelazzi D, Baglioni P. Conservation of acid waterlogged shipwrecks: Nanotechnologies for de-acidification. Appl Phys A, 2006, 83: 567-571

[52] Schofield E J, Sarangi R, Mehta A, et al. Strontium carbonate nanoparticles for the surface treatment of problematic sulfur and iron in waterlogged archaeological wood. Journal of Cultural Heritage, 2016, 18: 306-312

[53] Chadwick A V, Howland K, Went M J, et al. The application of ionic nanoparticles in the conservation of archaeological wood. Macromolecular Symposia, 2014, 337(1): 74-79

[54] Chadwick A V, Schofield E J, Jones M A, et al. Ionic nanoparticles in heritage conservation: Treatments for the Mary Rose timbers. Solid State Ionics, 2012, (225): 742-746

[55] Almkvist G, Dal L, Persson I. Extraction of iron compounds from Vasa wood. In: Hoffmann P, Strætkvern K, Springgs J A, et al, Proceedings of the 9th ICOM Group on Wet Organic Archaeological Materials Conference. Copenhagen, 2004: 203-211

[56] Berko A, Smith A D, Jones A M, et al. XAS Studies of the effectiveness of iron chelating treatments of Mary Rose timbers. Journal of Physics: Conference Series, 2009, 190(1): 1-4

[57] Tran K, Guinard M. Stabilisation of dry archaeological wood having sulphur compounds by impregnation of radiation-curing unsaturated poltester resin. In: Strætkvern K, Huisman D J. Proceedings of the 10th ICOM Group on Wet Organic Archaeological Materials Conference. Amsterdam, 2007: 563-576

[58] Tran K, Bauchau F, Werner C. Extraction of sulfur compounds from archaeological wood by chemical oxidation with sodium persulfate. In: Proceedings of the 11th ICOM-CC Group on Wet Organic Archaeological Materials Conference, Greenville, 2010: 425-437

[59] 张治国, 李乃胜, 田兴玲, 等. 宁波"小白礁Ⅰ号"清代木质沉船中硫铁化合物脱除技术研究. 文物保护与考古科学, 2014, 26 (4): 30-38

[60] Pele C, Guilminot E, Labroche S, et al. Iron removal from waterlogged wood: Extraction by electrophoresis and chemical treatments. Studies in Conservation, 2015, 60（3）: 155-171

[61] Richards V L. The consolidation of degraded deacidified Batavia timbers. AICCM Bulletin, 1990, 16（3）: 35-52

[62] Hocker E. Maintaining a stable environment: Vasa's new climate-control system. Journal of Preservation Technology, 2010, 41: 2-3

[63] Pecoraro E. New studies about the effects of selected treatments on the chemical and dynamic mechanical properties of waterlogged archaeological wood. Florence University of Florence, 2016

[64] 马丹, 郑幼明. "华光礁一号"南宋沉船船板中硫铁化合物分析. 文物保护与考古科学, 2012, 24（3）: 84-88

[65] 田兴玲, 李乃胜, 张治国, 等. 广东汕头市"南澳Ⅰ号"明代沉船木材的分析研究. 文物保护与考古科学, 2014, 26（4）: 109-113

[66] 金涛, 李乃胜. 宁波"小白礁Ⅰ号"船体病害调查和现状评估. 文物保护与考古科学, 2016, 28（2）: 92-100

[67] 费利华, 沈大娲. 泉州湾宋代海船船木的盐分检测与分析. 福建文博, 2015,（3）: 65-68

第 2 章 中国海洋出水木质文物中的硫铁化合物

目前在我国已经发掘的海洋出水木船，如近年发掘的华光礁Ⅰ号、南海Ⅰ号、南澳Ⅰ号、宁波小白礁Ⅰ号，以及20世纪70年代发掘的泉州湾宋代海船中均发现了程度不等的硫铁化合物的存在。由于文物保存环境、发掘年代、所沉积的硫铁化合物的形态不同，硫铁化合物逐步保留在环境中，不断氧化，形成了不同形式的氧化物。了解这些化合物的存在形式与变化过程，有助于我们在海洋出水木质文物的保护过程中，对硫铁化合物进行控制，并针对文物具体状况提出适宜的技术方法和解决方案，尽量延长海洋出水木质文物的保存时间。

2.1 华光礁Ⅰ号

2.1.1 华光礁Ⅰ号背景介绍

华光礁位于西沙群岛中部靠南，111°57′~112°06′E、16°19′~16°22′N。华光礁Ⅰ号古沉船遗址位于礁盘内的西北边缘。历经海浪近千年的浸泡与冲荡，华光礁Ⅰ号船体部构件与船艏、船艉已不存在，仅存的船底部摊散在海底，可辨认的主要有龙骨、龙骨翼板、抱梁肋骨、舱壁板（痕迹）、船板等（图2-1、图2-2）。龙骨东侧船体破坏较严重，残长16.1、残宽1.9m，残存4层船板，除龙骨旁的侧板保存稍好外，腐蚀严重，最底层基本已看不出板的完整形状。龙骨西侧船体保存相对较好，除西边发现两排有第六层板外，其他均为五层板，残长16.62、残宽5.24m，第一至四层板较厚，第五层板稍薄，厚0.02~0.05m，腐蚀严重，部分仅剩边缘部位；第六层板较上面五层板薄，厚0.02~0.04m，腐蚀严重。大部分船板表面呈浅褐色，部分碳化较严重的呈黑色，还可见许多裂纹和一些海底生物腐蚀的痕迹。凝结物底下的

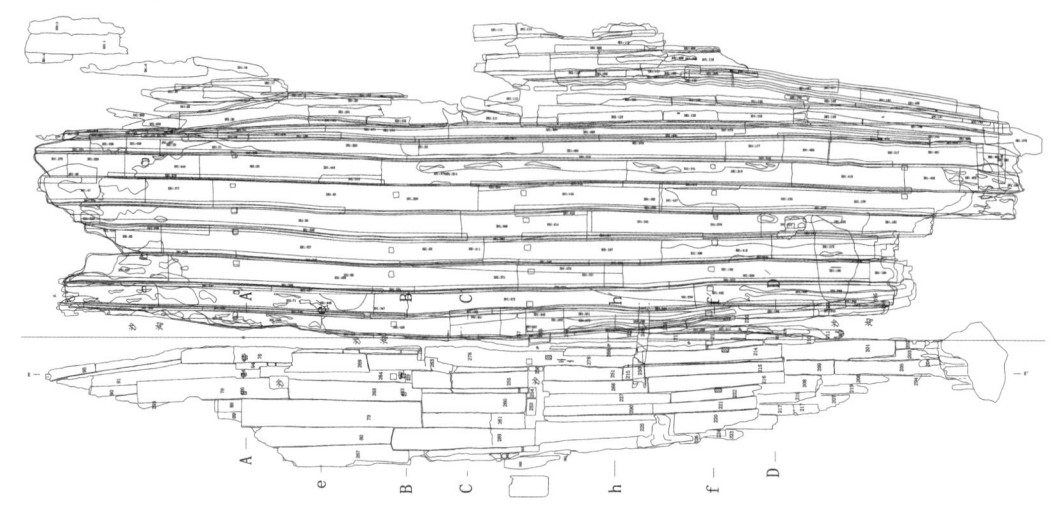

图 2-1 华光礁 I 号沉船线图

船板,由于遭受重压并被金属物质侵蚀,呈粉碎状态,无法完整提取[1]。

2008年11月中旬至12月底,华光礁 I 号沉船被拆解为511块船板,逐一托出水面。这些船板大部分长5~6m,最长的超过14m;平均宽度在30cm以上,最宽的超过45cm;总体积约21m³;分批运至海南省博物馆后,浸泡在该馆景观水池中(图2-3)。

华光礁 I 号是大型水密隔舱海船(water-tight compartments),建造于南宋时期,为一艘贸易商船,是古代中国与周边国家友好往来的见证,也是第一次在中国远海发现的古代船体。

华光礁 I 号船板在海南省博物馆景观池中露天存放期间,除定期换水外,还添加了硼酸/硼砂作为防腐剂。历经八百多年的水下埋藏及微生物侵蚀,华光礁 I 号船体木材已经发生严重降解。原有的木质成分大量降解流失,宏观表现为质地松软,部分呈海绵状,表面色泽加深,比重略大于水,微观结构表现为木质纤维的细胞排列的规则性减少,部分纤维分解断裂,纤维素组织间距增大并且疏松,木质部的导管、管胞纤维和薄壁细胞严重降解。细胞壁组织分解断裂,木质化程度较高。纤维素、半纤维素的劣化,细胞间组织成分的大量降解流失,导致文物的强度大大降低。2009年从华光礁 I 号采集船板木头残块编号分别为XHI-319、XHI-383、XHI-488、XHI-25、XHI-96的木材样品5块,2010年又提取了编号为XHI-174的样品,并对以上样品展开了分析及保护试验。

2.1.2 华光礁 I 号木材树种鉴定

从华光礁 I 号沉船共采集5个样品:XHI-319、XHI-383、XHI-488、XHI-25、

XHI-96，由中国林业科学院木材工业研究所进行了树种鉴定。经鉴定，5个样品均为松木，图2-4分别为5个样品横向切面、径向切面和弦向切面的显微照片。从显微照片可以看到木材的解剖结构特征：早材至晚材急变，螺纹加厚未见，具缘纹孔一列到两列，轴向薄壁组织未见，木射线单列和纺锤形，射线管胞位于上下边缘和中内壁具深锯齿或呈网状，射线薄壁细胞与早材管胞交叉场纹孔式为松木型，鉴定结果见表2-1。由树种鉴定结果可以判断华光礁Ⅰ号材质主要为松木。

表2-1 华光礁Ⅰ号样品树种鉴定结果

编号	XHI-25	XHI-96	XHI-319	XHI-383	XHI-488
树种	松科，松木	松科，硬木松	松科，松木	松科，松木	松科，松木
拉丁名	*Pinus* sp.	*Pinus* sp.	*Pinus* sp.	*Pinus* sp.	*Pinus* sp.

2.1.3 华光礁Ⅰ号木材样品化学组分分析

对华光礁Ⅰ号5个样品（XHI-319、XHI-383、XHI-488、XHI-25、XHI-96）的化学组成进行了分析，以了解其中纤维素、木质素等木材主要化学组分含量的变化。分析方法依据造纸行业原料分析检测国家标准，所采用的标准如表2-2所示[2]，分析结果见表2-3。

表2-2 华光礁Ⅰ号样品化学组成分析所采用标准

标准号	标准名称
GB/T 2677.3—1993	造纸原料灰分的测定
GB/T 2677.4—1993	造纸原料水抽出物含量的测定
GB/T 2677.5—1993	造纸原料1%氢氧化钠抽出物含量的测定
GB/T 2677.6—1994	造纸原料有机溶剂抽出物含量的测定
GB/T 2677.8—1994	造纸原料酸不溶木素含量的测定
GB/T 2677.10—1995	造纸原料综纤维素含量的测定

表2-3 华光礁Ⅰ号样品化学组成分析结果 （单位：wt%）

样品编号	灰分	热水抽出物	1%NaOH抽出物	木质素	综纤维素	α-纤维素
XHI-25	55.33	4.97	24.82	19.40	25.71	15.72
XHI-96	39.44	6.66	26.99	37.38	31.19	9.86
XHI-319	49.21	6.58	32.63	24.90	24.86	11.67
XHI-383	53.09	7.16	24.94	22.44	24.60	10.56
XHI-488	46.67	5.96	24.23	27.03	27.53	12.60

木材中最主要的化学成分是碳水化合物，通常占木材质量的60%~90%，主要成

分是纤维素、半纤维素和木质素。这三种成分构成植物体的支撑骨架,纤维素组成微纤纤维,构成纤维细胞壁的网状骨架,半纤维素和木质素则是填充在细缝之间的黏合剂和填充剂。

正常阔叶树材和针叶树材中,纤维素的含量通常为42%±2%,阔叶树材的木质素含量为18%～25%,针叶树材的木质素含量为25%～35%。阔叶树材最为显著的化学特征是部分乙酰化的酸性木聚糖的含量较高,占木材总量的20%～35%,葡甘露聚糖的含量却很少。针叶树材中部分乙酰化的半乳甘露聚糖的含量约为20%,而木聚糖仅占木材总量的10%。

除了这些主要的多糖外,阔叶树材和针叶树材中还含有少量的果胶物质、淀粉和结构尚不清楚的半纤维素。热水浸提物通常含有单宁、色素、生物碱(主要为其盐类)、可溶性矿物、淀粉、果胶质及一些糖类;1%NaOH浸提物中,除了包含更多的热水浸提物外,还有蛋白质、氨基酸,部分纤维素和木质素,以及少量油脂、蜡、树脂和香精油等。这些物质中都含有大量的有机物,首当其冲会遭受生物破坏。灰分代表木材中无机组分的含量,一般包括多种呈氧化态物质的矿物元素。一般来说,木材的灰分较低,含量低于1%,多数为0.3%～0.5%。用水和有机溶剂抽提的化合物的含量和性质,因树种不同会有很大差异[3]。

表2-4是部分松属现代种的化学成分的含量[4]。对比表2-3和表2-4,华光礁 I 号木材 α-纤维素含量大约降低至正常值的25%,其他成分,如木质素、灰分、热水抽出物、1%NaOH抽出物含量等相应提高。特别是华光礁 I 号样品中的灰分含量显著增高,比健康材的灰分高出几十倍甚至上百倍。由此可见,华光礁 I 号经过长期的水下埋藏,木材基体降解已经非常严重,而且基体中含有大量的盐分。

表2-4 部分松属现代种的化学成分含量　　　　　　　　(单位:wt%)

品种	灰分	热水抽出物	1%NaOH抽出物	木质素	α-纤维素	产地
黄山松 (*P. hwangshangensis*)	0.20	3.85	15.59	25.68	43.48	安徽省歙县
红松 (*P. koraiensis* Sieb)	0.30	6.53	19.50	25.56	37.68	黑龙江省大海林
马尾松 (*P. massoniana* Lamb)	0.18	2.90	10.32	26.84	43.45	安徽省霍山
马尾松 (*P. massoniana* Lamb)	0.42	2.68	12.67	26.86	43.10	广州龙眼洞
马尾松 (*P. massoniana* Lamb)	0.27	4.05	21.57	24.69	43.47	广东省乳源五指山

采用元素分析方法分析了碳、氢、氧、氮、硫 5 种元素的组成，结果见表 2-5。

表 2-5　华光礁 I 号样品元素分析结果　　　　　　（单位：wt%）

元素	XHI-25	XHI-96	XHI-488	XHI-383	XHI-319	XHI-174-2	XHI-174-3
C	29	32.5	29.3	30.15	30.38	12.54	50.8
H	3.05	3.39	2.98	3.03	3.07	1.42	5.18
N	0.24	0.28	0.23	0.24	0.25	0.11	0.41
S	8.88	11.54	20.2	18.27	12.57	26.48	3.75
O	23.47	24.87	21.08	22.15	25.75	17.02	34

元素分析的结果表明，华光礁 I 号 6 个样品：XHI-319、XHI-383、XHI-488、XHI-25、XHI-96 和 XHI-174 中，总硫含量均较高。在 XHI-174 两个部位分别取样后所测得的硫含量有较大差异，硫含量高的部位 C、H、O 的含量均相对较低，说明木材中无机物的含量分布不均匀。

将测试灰分（在 600℃下加热至恒重）后剩余的样品进行等离子体发射光谱（ICP-AES）测试，分析其中金属元素及硫元素的含量。测试结果见表 2-6。

表 2-6　华光礁 I 号样品 ICP 分析结果　　　　　　（单位：wt%）

元素	XHI-25	XHI-96	XHI-488	XHI-383	XHI-319
Fe	28.49	27.23	39.66	34.26	47.48
Ca	14.15	13.31	5.74	9.32	2.25
Mg	0.67	0.62	0.88	0.35	0.27
Na	0.89	2.12	1.29	1.11	1.18
Mn	—	0.06	0.06	0.03	0.04
Mo	0.01	—	—	0.05	0.02
S	6.08	5.45	4.70	7.68	2.93

在灰分测试过程中，测试的条件是将样品放置于坩埚或马弗炉中，在 600℃下，加热直至恒重，因此经过灰分测试的样品中有机组分已经燃烧，剩余组分应为无机物。在无机组分中，铁元素所占比例最高，其次为钙，硫元素所占比例也较高。但由于有机硫在制样过程中已损失，因此测得的硫元素含量低于元素分析方法所测得的总硫含量。

2.1.4　华光礁 I 号盐分分析

为确定华光礁 I 号船体木材中所含有的盐分，对 XHI-319、XHI-383、XHI-488、XHI-25、XHI-96、XHI-174 等 6 个样品无机组分的元素组成和物相进行了分析。

在华光礁Ⅰ号木构件表面有大量黄褐色附着物，肉眼可见。将黄褐色附着物取样，采用三维视频显微镜和扫描电镜观察（图 2-5、图 2-6），黄褐色附着物由形状不规则、大小不等的颗粒组成。通过扫描电镜-能谱（SEM-EDS）分析黄褐色小颗粒的元素组成，主要元素为硫和铁 [图 2-6（b）、表 2-7]。

表 2-7　华光礁Ⅰ号木构件表面黄褐色附着物扫描电镜-能谱（SEM-EDS）分析结果

元素	Mg	Al	Si	S	Fe	Co
含量 /at%	2.2	5.5	7.5	19.6	64.6	0.7

通过 X 射线衍射方法分析了红色附着物的组成，主要组分是三氧化二铁和二硫化亚铁 [图 2-7（a）]。

为防止木材中的无机化合物在加热过程中发生氧化，样品的干燥采用了冷冻干燥的方法。将 XHI-319、XHI-383、XHI-488、XHI-25、XHI-96 共 5 个样品冷冻干燥、研磨后进行 X 射线衍射测试，测试结果分别见图 2-7 和表 2-8。

表 2-8　华光礁Ⅰ号 5 份样品 X 射线衍射（XRD）分析结果

样品编号	盐分组成
XHI-25	CaF_2，FeS_2（黄铁矿），Fe_3S_4，$MnCO_3$
XHI-96	FeS_2（黄铁矿），FeS_2（白铁矿），CaF_2，$MnCO_3$
XHI-319	FeS_2（黄铁矿），FeS_2（白铁矿），$MnCO_3$
XHI-383	FeS_2（黄铁矿），FeS_2（白铁矿），$MnCO_3$
XHI-488	FeS_2（黄铁矿），FeS_2（白铁矿），$MnCO_3$，Fe_3S_4

X 射线衍射（XRD）结果表明，华光礁Ⅰ号船体木材中所含难溶盐分主要为铁的硫化物，主要成分是黄铁矿和白铁矿（FeS_2）。黄铁矿是地表环境中最常见的硫铁化合物，通常为黄色，等轴晶系[5,6]。

采用 SEM-EDS 对华光礁Ⅰ号木材样品的微观形貌和化学成分进行了分析。分析结果见图 2-8 和表 2-9。

由图 2-8 可以看到，在木材的中空部分存在大量由细小颗粒聚集在一起形成的瘤状物。这些瘤状物分布在木材的间隙、管胞中，形状不一，大小不一。采用能谱对颗粒的成分进行分析，瘤状物主要由硫元素和铁元素组成，为硫铁化合物。这一结果与 XRD 结果相符，而硫铁化合物在有氧环境中，可以氧化生成硫酸，以及发生 Fe^{2+}/Fe^{3+} 氧化还原反应，对木材造成危害，因此在保护过程中需要考虑去除。

图 2-2　华光礁 I 号船体与凝结物

图 2-3　浸泡在海南省博物馆景观池中的华光礁 I 号船板

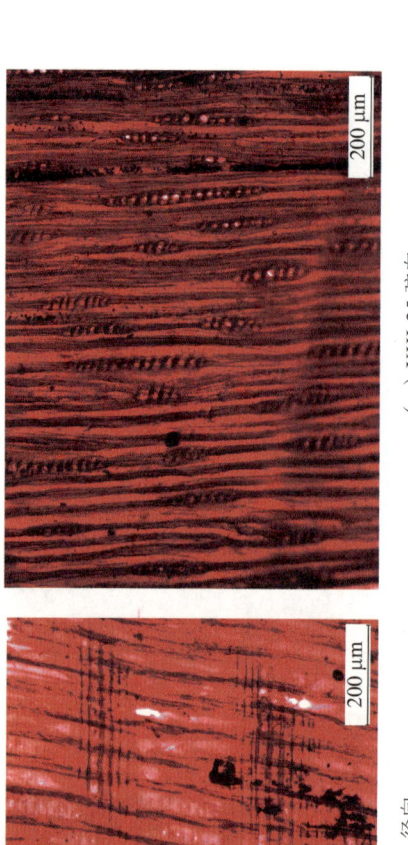

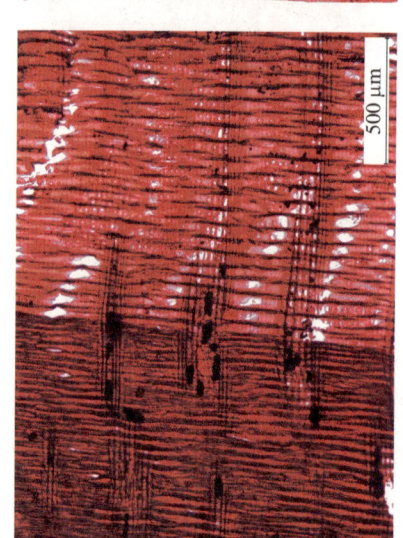
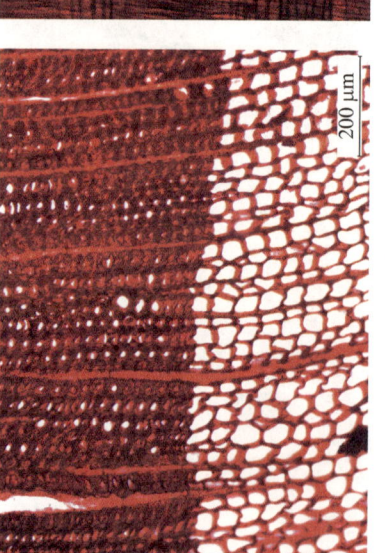
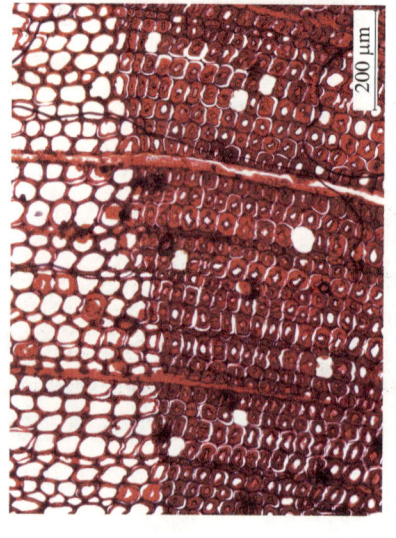

(a) XHI-25 横向

(b) XHI-25 径向

(c) XHI-25 弦向

(d) XHI-96 横向

(e) XHI-96 径向

(f) XHI-96 弦向

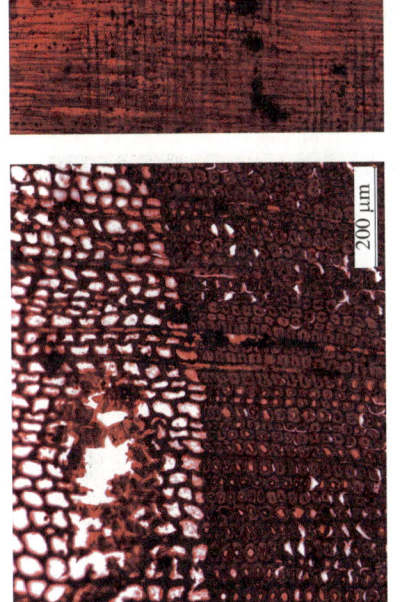

(g) XHI-319 横向

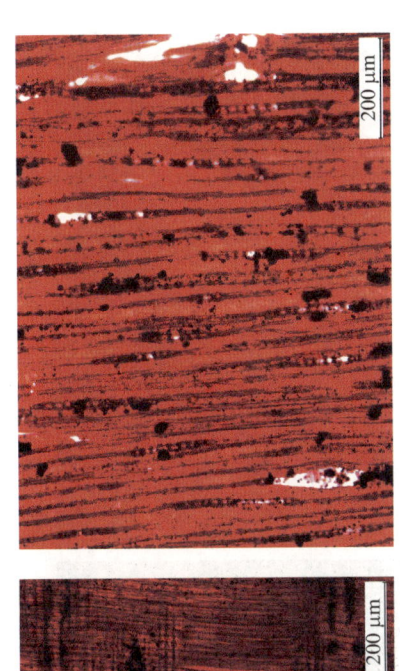

(h) XHI-319 径向

(i) XHI-319 弦向

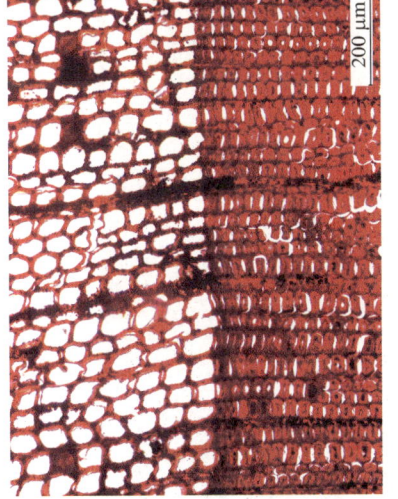

(j) XHI-383 横向

(k) XHI-383 径向

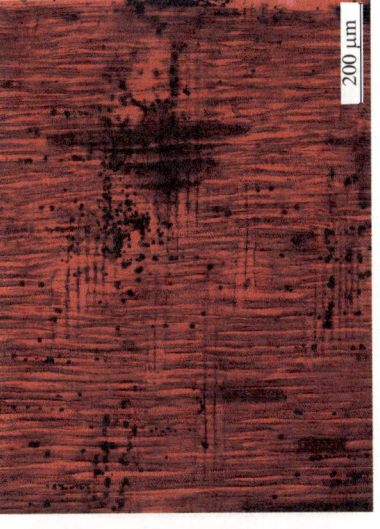

(l) XHI-383 弦向

(m) XHI-488 横向

(n) XHI-488 径向

(o) XHI-488 弦向

图2-4 华光礁Ⅰ号船板样品切片显微照片

(b) SEM照片

(a) 三维视频显微照片

图2-6 红色附着物三维视频显微照片

图2-5 木构件上黄褐色附着物

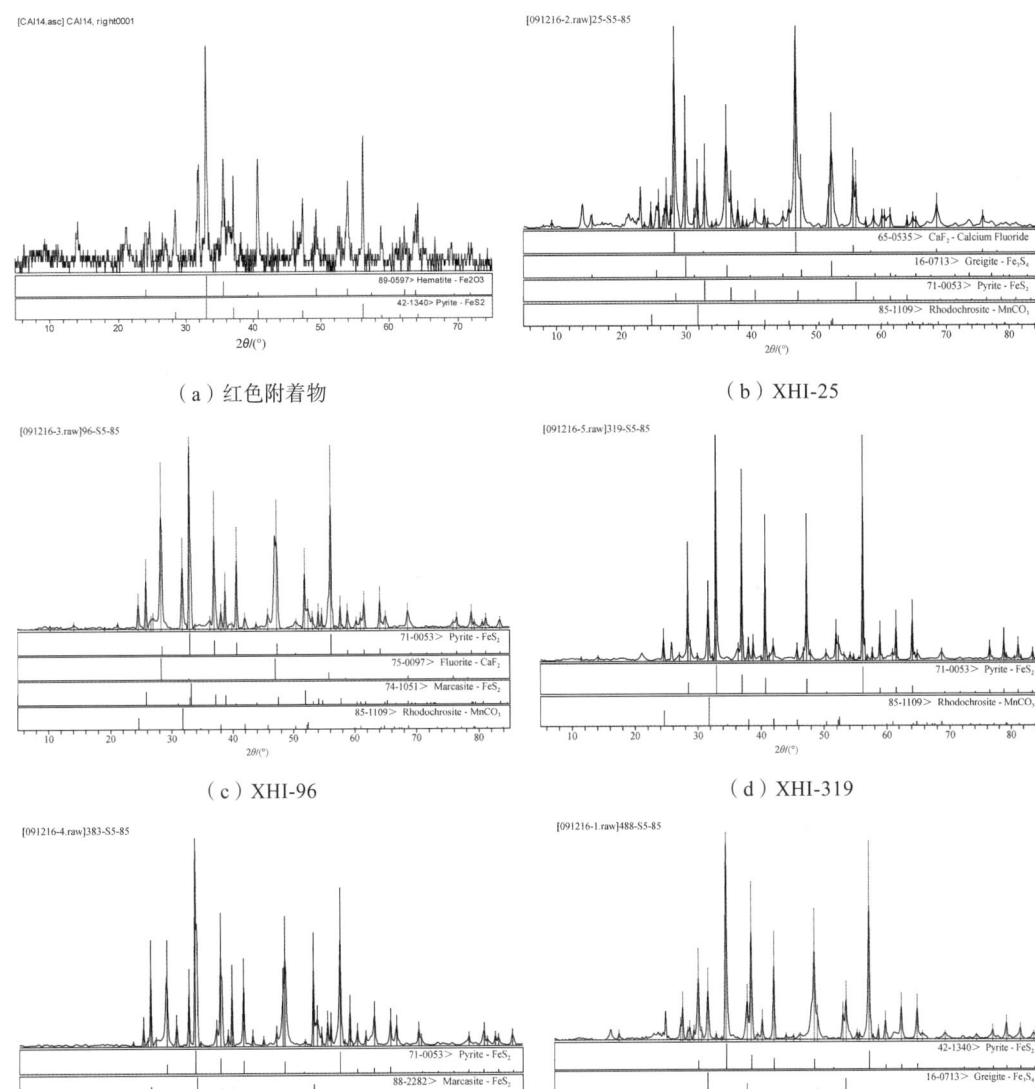

图 2-7 华光礁 I 号样品 XRD 结果

表 2-9 华光礁 I 号样品 SEM-EDS 分析结果 （单位：at%）

分析点位	C	O	Na	Si	Ca	S	Fe
图 2-8（d）	57.3	14.9	—	—	—	16.4	11.4
图 2-8（e）	49.3	5.5	—	—	—	26.2	19.0
图 2-8（f）	—	—	—	—	—	61.7	38.3
图 2-8（h）	38.4	11.3	1.4	1.2	—	27.4	20.3
图 2-8（j）	58.5	10.3	—	0.7	—	18.7	11.7
图 2-8（i）	—	—	5.9	4.1	1.6	56.8	31.6

选取华光礁Ⅰ号木材样品中具有明显红褐色的典型腐蚀形态的残块两块，在样品的不同深度进行取样，如表 2-10 所示，以测试木材表面和木材内部 S 和 Fe 元素的分布情况。

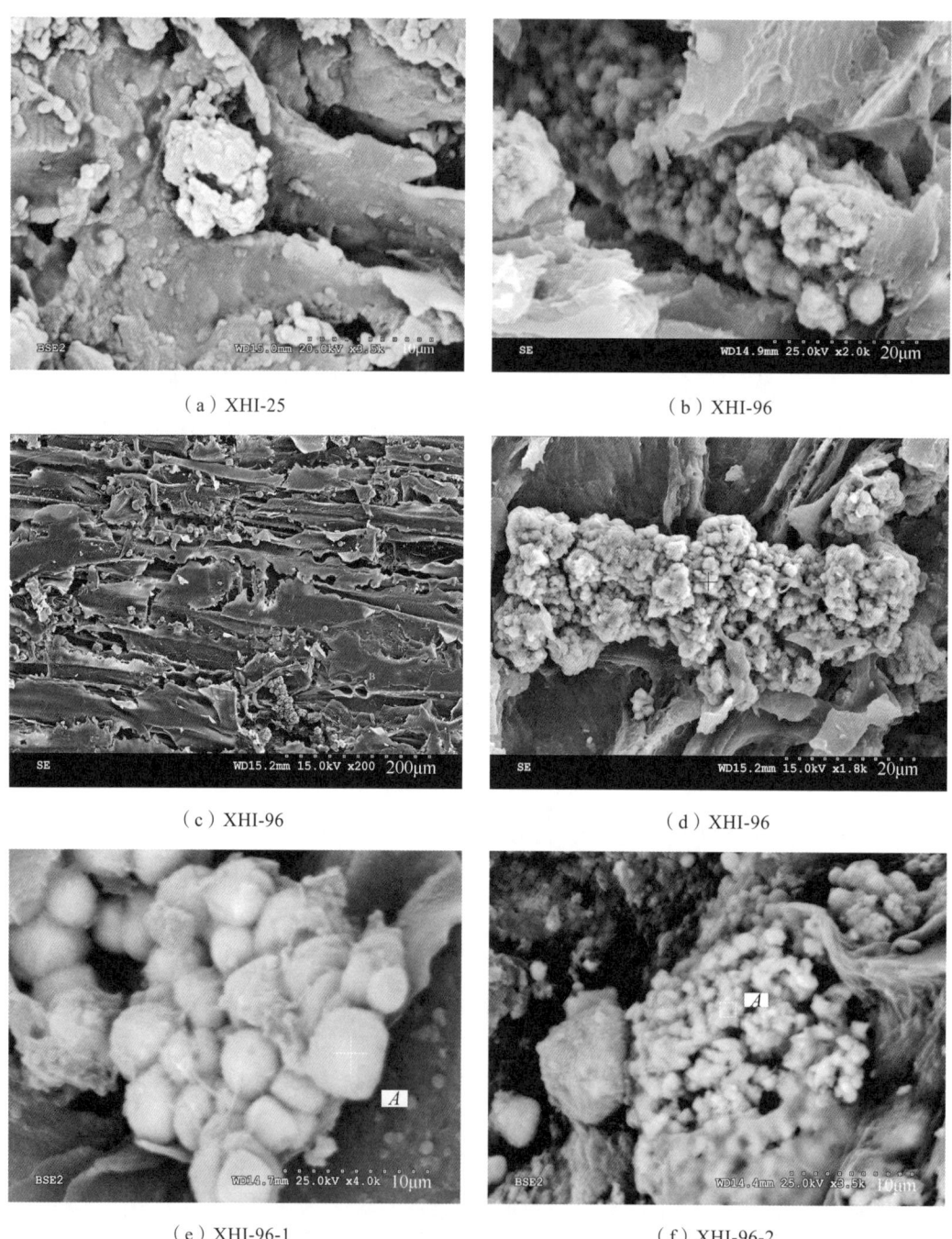

（a）XHI-25

（b）XHI-96

（c）XHI-96

（d）XHI-96

（e）XHI-96-1

（f）XHI-96-2

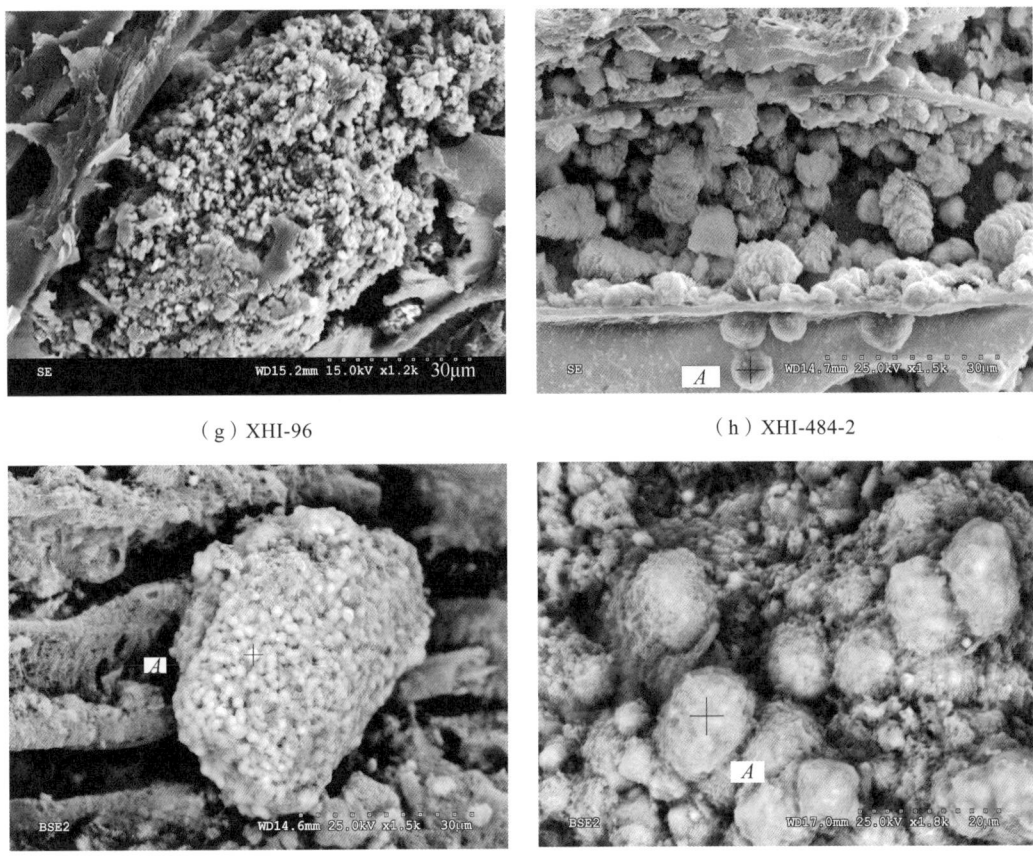

图 2-8 华光礁Ⅰ号样品扫描电镜照片

表 2-10 华光礁Ⅰ号样品不同深度取样列表

序号	样品编号	取样深度 /cm	样品颜色
1	S-1	0	黄褐色红
2	S-2	0	红褐色
3	S-3	0	棕褐色偏红
4	S-4	0	黄褐色偏红
5	S-5	0	黄褐色偏红
6	D-1	0	棕褐色偏红
7	D-2	0.3	棕褐色略偏红
8	D-3	0.5	棕褐色
9	D-4	0.8	棕褐色
10	D-5	1	棕褐色
11	D-6	2	棕褐色
12	D-7	3	棕褐色
13	D-8	4	棕褐色

将采集到的 13 个样品在烘箱中于 45℃ 条件下进行烘干，研磨成粉，采用微波消解 ICP-AES 法对 13 个样品进行 Fe 和 S 元素的含量测定。

分析的结果表明，5 个表面样品的 Fe 元素含量差异显著［图 2-9（a）］，含量最高的是 S-2 样品，Fe 元素的质量分数高达 40.4%，而含量最低的 S-3 样品，Fe 元素约占 8.6%。结果表明 Fe 元素在沉船船板表面分布极为不均。对照表 2-11 可以发现，颜色偏红的区域 Fe 元素含量较高。相对于 Fe 元素，S 元素含量分布大致均匀，5 个样品的含量都为 4%~7%。这可能是由于船板表面的 Fe 元素主要来自其附近的铁制品，船板的不同部位与铁制品接触的密切程度有差异，造成 Fe 元素的分布不均，而对于船板表面的 S 元素而言，其主要来源为海水，船板周围的海水环境基本一致，所以 S 元素的分布大致均匀。

随着取样深度的增加，Fe 元素含量从 11.9% 逐步下降到 1.3%，并且这种下降在离表面 0.5cm 的深度内尤为显著，占总下降量的 73.6%，之后下降趋势明显趋缓［图 2-9（b）］。说明 Fe 元素主要集中分布在船板浅表处。对于 S 元素而言，在离表面 1cm 的深度内，含量略有波动，而后逐渐下降，其中含量最高值为 6.9%，最低值为 2.9%，相较于 Fe 元素，S 元素的下降趋势较为缓慢而平稳。说明 S 元素在船板浅表层的分布大致相当，而后随着深度的增加，分布逐渐缓慢减少。但即使是取样深度为 4cm 的 D-8 样品（Fe：1.3%；S：2.9%），无论是 Fe 元素还是 S 元素，其含量已经远高于松木新材（Fe：<0.1%）和普通出土木质文物（S：~0.5%），说明取样的船板残块降解较为严重，Fe 和 S 元素已经扩散至至少 4cm 深处。

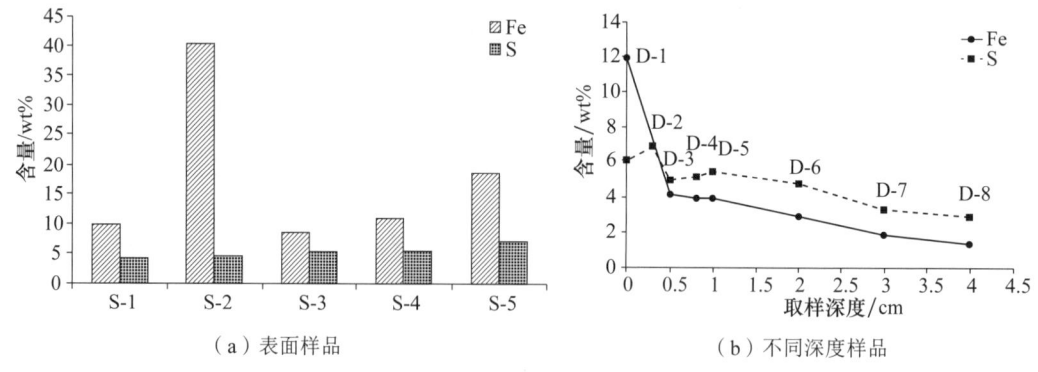

（a）表面样品　　（b）不同深度样品

图 2-9　华光礁Ⅰ号样品中 Fe 和 S 元素的含量图

根据 ICP 光谱检测结果，选取 Fe 和 S 元素含量有代表性的样品共 7 个（S-2、S-3、S-5、D-1、D-2、D-5、D-8），采用 XPS 分析其中 Fe 和 S 元素的化学状态。

图 2-10（a）为 Fe 元素 XPS 能谱图，峰 1（713.7eV）、峰 2（712.0eV）、峰 3（710.8eV）、峰 4（707.5eV）依次可归属为：$FeSO_4$、FeS、Fe_2O_3、FeS_2。图 2-10（b）为 S 元素 XPS 能谱图，峰 1（169.1eV）和峰 2（163.6eV）号峰分别可归属为硫酸盐和还原态硫。

图 2-10（a）中，对 D-2 样品的 Fe 2P3/2 峰进行分峰拟合处理后可得四个主要的拟合峰，初步推测这四个拟合峰依次归属为：$FeSO_4$、FeS、Fe_2O_3、FeS_2。根据峰面积半定量考察各种形式 Fe 占 Fe 总原子数的百分比，结果发现在表面样品中 Fe_2O_3 的含量相对较高，尤其是 S-2、S-3、S-5 这 3 个表面样品，Fe_2O_3 约占 50%（表 2-11），这说明铁的氧化物主要集中在样品表面。由于海底环境缺氧，这些铁的氧化物大部分应该缓慢形成于船板打捞后，实验中也发现在浸泡保存过程中，船板表面逐渐生成红棕色物质，结合目前实验结果来看此物质富含三价铁，应为二价铁化合物长期暴露在有氧环境中形成的。

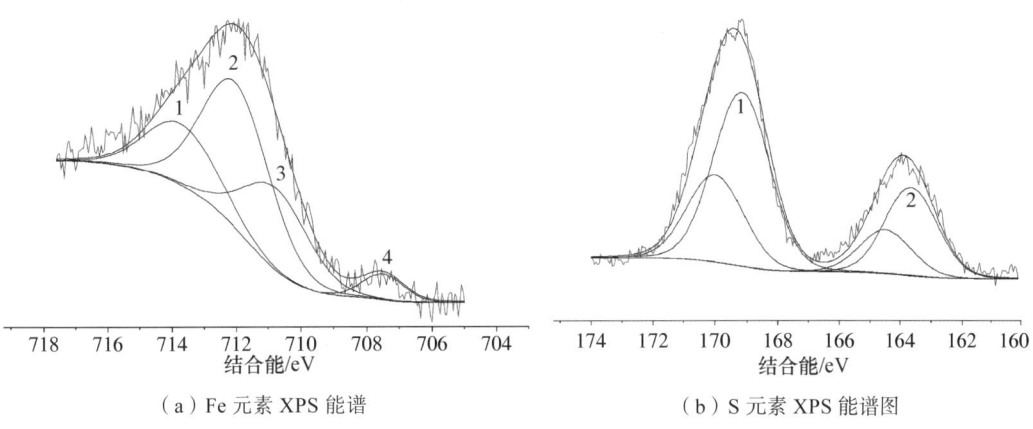

（a）Fe 元素 XPS 能谱　　　　　　　　（b）S 元素 XPS 能谱图

图 2-10　样品 D-2 的 Fe 和 S 元素 XPS 能谱图

表 2-11　部分样品 Fe 和 S 元素的主要化学状态所占比例　　（单位：at%）

样品编号	Fe				S	
	$FeSO_4$	FeS	Fe_2O_3	FeS_2	硫酸盐	还原态硫
D-1	20.7	42.7	35.2	1.5	69.2	30.8
D-2	21.0	47.9	25.9	5.2	67.4	32.6
D-5	33.9	39.0	23.7	3.4	49.2	50.8
D-8	25.0	43.5	21.5	10.0	47.7	52.3
S-2	15.4	29.4	54.2	0.9	69.7	30.3
S-3	15.5	22.9	49.4	2.2	50.5	49.5
S-5	15.7	33.1	50.4	0.8	71.5	28.5

图 2-10（b）中，船板样品中的 S 元素的化学状态主要可分为两大类：一类是硫酸盐；另一类为还原态的硫，可能是硫单质、烃链中的硫、FeS、FeS_2 等。4 个深度样品的实验结果显示，随着采样深度的减小，硫酸盐所占的比例逐步升高，而还原性硫的比例下降，部分表面样品硫酸盐比例已经达到或接近 70%（表 2-11）。此船板样品用去离子水反复浸泡，已基本去除防腐剂和其他可溶性盐类，因此，如此高含

量的硫酸盐绝大部分极有可能由还原态硫在有氧环境中逐渐氧化形成。此结果与析出晶体 XRD 检测结果相互印证，进一步证实了华光礁 I 号船板中存在硫铁化合物，并已部分在空气中氧化，生成硫酸盐。

2.2 南海 I 号

2.2.1 南海 I 号背景介绍

南海 I 号是宋代的远洋贸易商船，沉没于南宋末期。2007 年打捞出水，放置于广东阳江的海上丝绸之路博物馆，2014 年开始全面发掘。

南海 I 号沉船残长 22.95、宽 9.85m，船内舱室最深 2.7m，加上龙骨厚度，沉船通高超过 3m（图 2-11）。全船共分为 15 个舱室，船舱间用隔舱板进行分隔；现存 13 个船舱，以及艉部左右对称布置的 2 个艉尖舱。两舷为多重板鱼鳞搭接结构，部分隔舱存有甲板。沉船保留有左右舷板、水线甲板、隔舱板、舵承孔等船体结构，以及船中桅托梁、甲板、船壳板、底板和小隔板等部分；从船舯部的桅座结构来看，主桅杆是可倒桅结构。从船体结构和船型工艺上看，南海 I 号属于福船类型，即采用了水密隔舱技术。依船体结构和部位的不同，南海 I 号沉船采用了不同种属的木材，产地来自中国东南沿海、西南及南亚等地[7]。

南海 I 号木材样本为 2009 年 9 月试发掘及 2011 年 3~5 月试发掘现场采集。2009 年样品编号根据发掘探方分别编号为 NHI-T1 ② A，NHI-T1 ③ A，NHI-T1 ③ C，NHI-T1 ③ C（2），如图 2-12（a）~（d）所示。2011 年所取样品编号为 NHI-TN4E7-012。样品照片如图 2-12（e）、（f）所示。

2.2.2 南海 I 号木材样品树种鉴定

南海 I 号 5 个木材样本经中国林业科学院木材研究所鉴定分别为硬木松和樟木。显微照片见图 2-13，对于木材切片显微结构描述如下。

NHI-T1 ② A：早晚材渐变；轴向薄壁组织缺乏；具轴向树脂道；木射线单列和纺锤形；具径向树脂道；交叉场纹孔式窗格型，射线管胞深锯齿。判断为硬木松。

NHI-T1 ③ A：散孔材，轴向薄壁自主环管状及轮界状，油细胞常见，木纤维壁薄至厚，木射线主 2 列，异型，晶体未见。判断为樟木。

NHI-T1③C：早晚材渐变；轴向薄壁组织缺乏；具轴向树脂道；木射线单列和纺锤形；具径向树脂道；交叉场纹孔式窗格型，射线管胞深锯齿。判断为硬木松。

NHI-T1③C（2）：有侵填体，油细胞可见，木纤维壁薄至厚，木射线2~3列，异型。判断为樟科木材。

NHI-TN4E7-012：早材管胞横切面长方形，壁薄；晚材管胞扁方形，壁厚。横向薄壁细胞未见。木射线具单列及纺锤形两类，具径向树脂道和轴向树脂道。交叉场纹孔式为窗格式，判断为硬木松。

树种鉴定的结果列于表2-12中。

表2-12 南海Ⅰ号样品树种鉴定结果

样品名称	取样年份	树种	拉丁名
NHI-T1②A	2009	硬木松	*Pinus* sp.
NHI-T1③A	2009	樟木	*Cinnamomum* sp.
NHI-T1③C	2009	硬木松	*Pinus* sp.
NHI-T1③C（2）	2009	樟科	*Lauraceae*
NHI-TN4E7-012	2011	硬木松	*Pinus* sp.

由树种鉴定的结果可知，南海Ⅰ号沉船的木材主要为硬木松、樟科。比较具有代表性的是样品TN4E7-012，其取样部位确定为船体构件，由此可以判断硬木松是用于这艘沉船船体制作的树种。

2.2.3 南海Ⅰ号盐分分析

南海Ⅰ号木材样品在干燥过程中，通过肉眼观察，同样可以看到样品中含有盐的结晶。特别是2011年取样的NHI-TN4E7-012样品，木材外观呈黄色，通过三维视频显微镜观察可以看到在木材的空隙中存在大量盐分，见图2-14。

将冷冻干燥后的木材样品研磨成粉末，采用XRD分析其中盐分的物相组成，分析结果见表2-13。

表2-13 南海Ⅰ号样品NHI-TN4E7-012中盐分组成

样品名称	盐分组成
NHI-TN4E7-012-1	二氧化硅、针铁矿、黄钾铁矾、黄铁矿
NHI-TN4E7-012-2	二氧化硅、黄铁矿、含镁方解石、菱锰矿
NHI-TN4E7-012-3	二氧化硅、方解石、纤铁矿

由XRD结果可知，NHI-TN4E7-012有两个样品中都含有少量黄铁矿。该样品中黄铁矿含量较少。可能是由于南海Ⅰ号2007年就已打捞出水，虽然在水晶宫中放置

图 2-11 南海Ⅰ号正摄影照片

（a）T1②A　　　　　　　　　　（b）T1③A

（c）NHI-T1③C　　　　　　　　（d）NHI-T1③C（2）

（e）NHI-TN4E7-012-1　　　　　（f）NHI-TN4E7-012-2

图 2-12 南海Ⅰ号木材取样照片

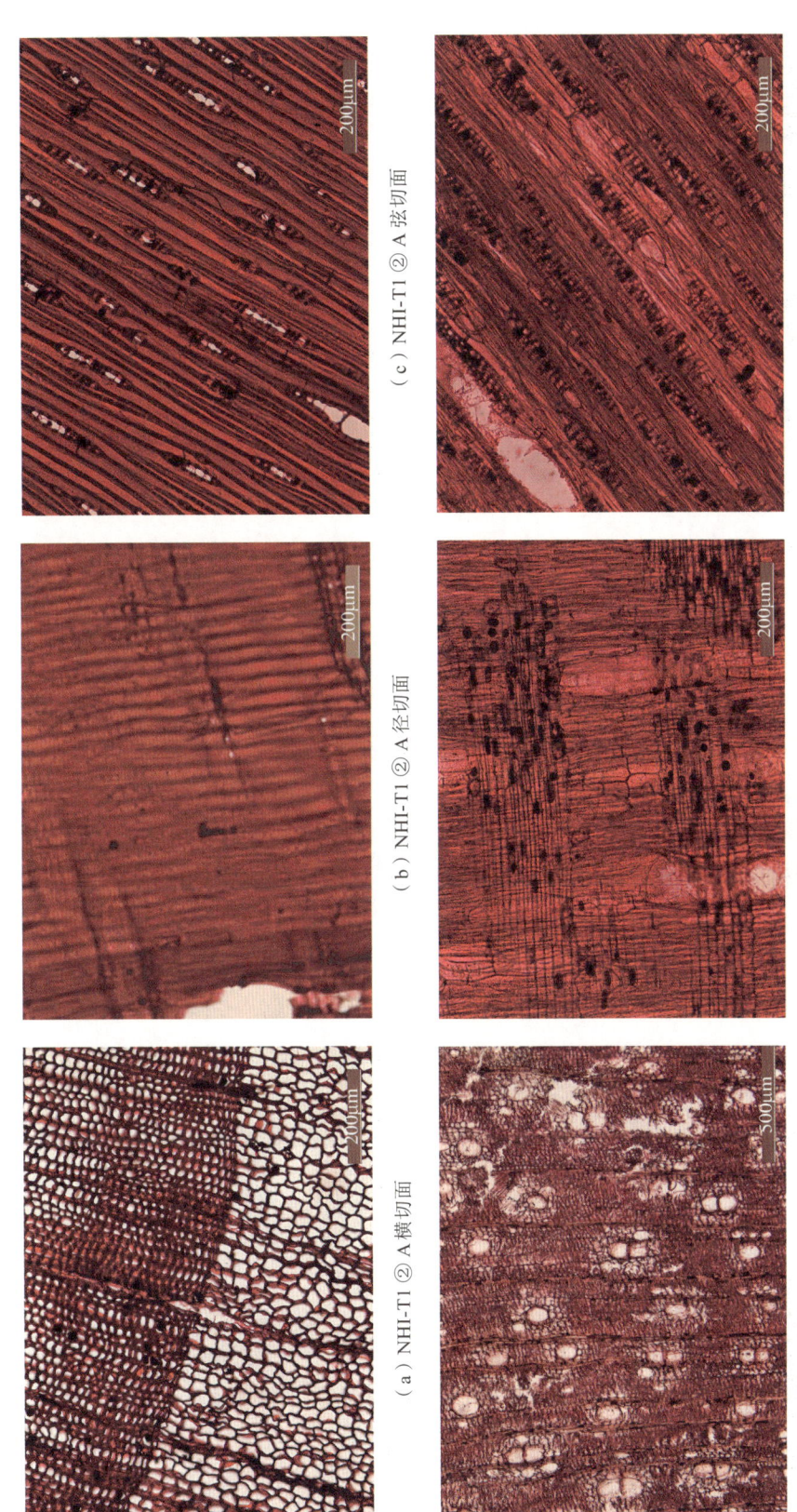

(a) NHI-T1②A 横切面　(b) NHI-T1②A 径切面　(c) NHI-T1②A 弦切面

(d) NHI-T1③A 横切面　(e) NHI-T1③A 径切面　(f) NHI-T1③A 弦切面

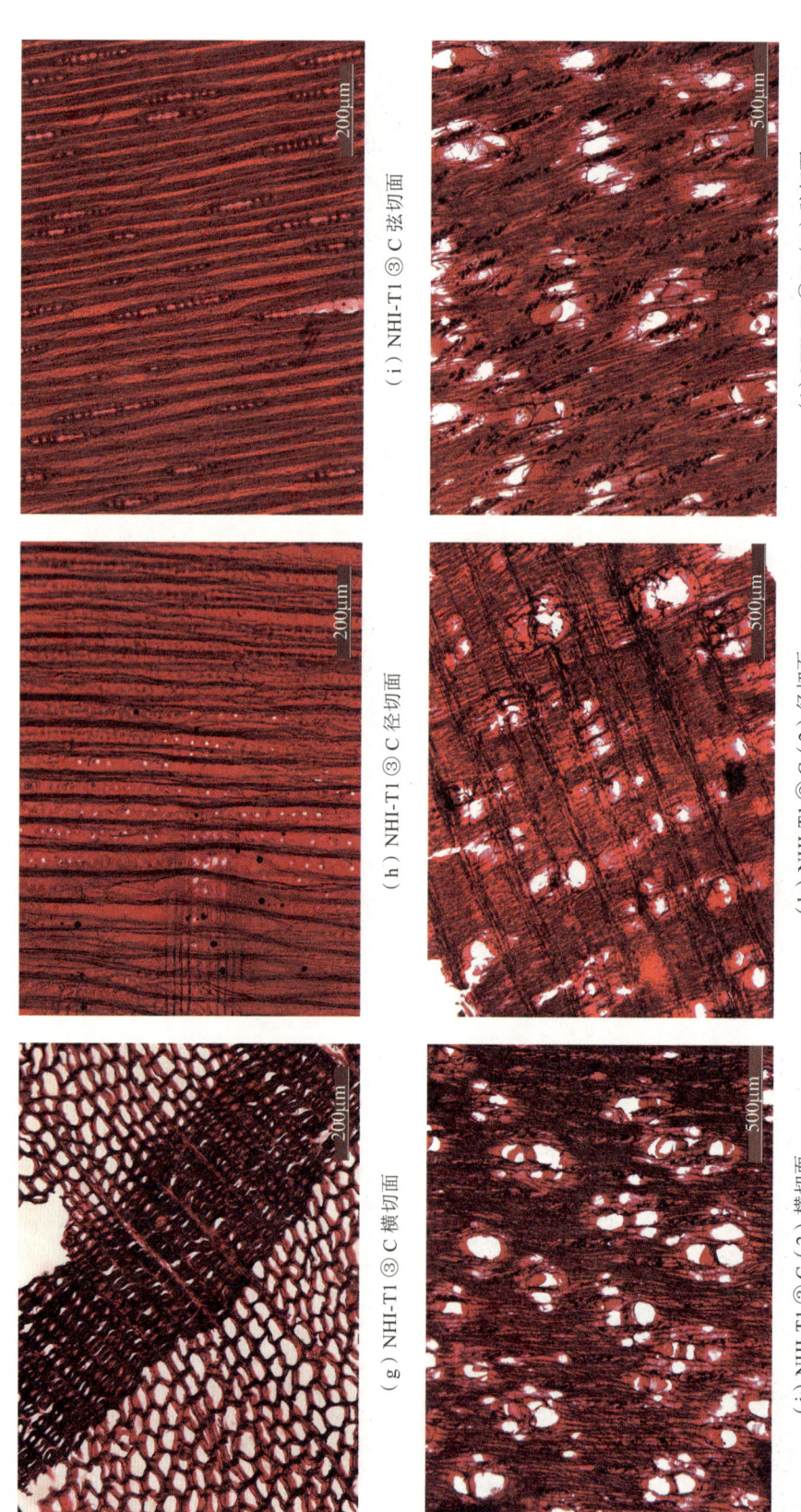

(g) NHI-T1③C 横切面
(h) NHI-T1③C 径切面
(i) NHI-T1③C 弦切面
(j) NHI-T1③C（2）横切面
(k) NHI-T1③C（2）径切面
(l) NHI-T1③C（2）弦切面

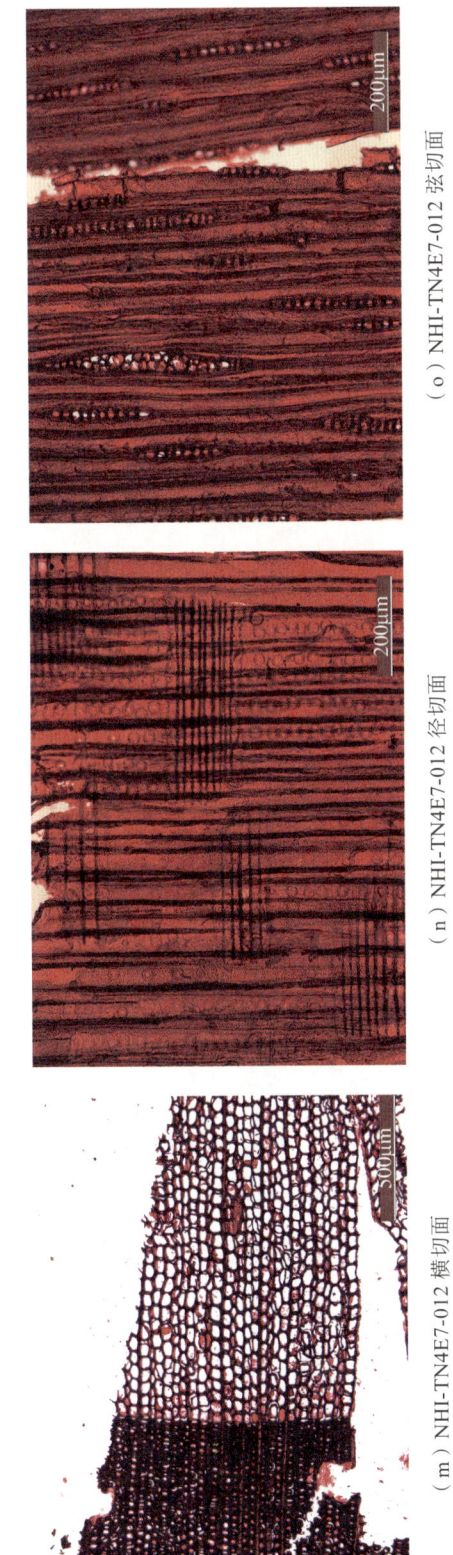

(m) NHI-TN4E7-012 横切面

(n) NHI-TN4E7-012 径切面

(o) NHI-TN4E7-012 弦切面

图 2-13 南海 I 号木材样品切片显微照片

(c) NHI-TN4E7-012-3

(b) NHI-TN4E7-012-2

(a) NHI-TN4E7-012-1

图 2-14 样品 NHI-TN4E7-012 三维视频显微照片

过程中，浸泡在水面以下，但是由于水体中溶解有一定程度的氧，而且与外界环境直接接触，不断发生氧的交换，因而打捞出水后，南海Ⅰ号无法保持在与海底状况相同的厌氧环境中，还原态的黄铁矿转化为氧化态，如针铁矿、黄钾铁矾等。

采用扫描电镜-能谱对 NHI-TN4E7-012 木材间隙的沉积盐元素组分进行了分析。扫描电镜照片见图 2-15。可以看到，木材间隙有明显的无机盐存在。能谱分析结果见表 2-14。样品中存在含量较高的硫。通过面扫描表征了各种元素在样品表面的分布情况，见图 2-16。可以看到 S 元素和 Fe 元素的分布是基本重合的。说明在木材打捞的初始状态，硫和铁是以硫铁化合物的形式存在的。这一特点与目前海洋出水木质文物中普遍含有硫铁化合物的特点相符。因此在保护处理的过程中有必要考虑对硫铁化合物的控制方法。

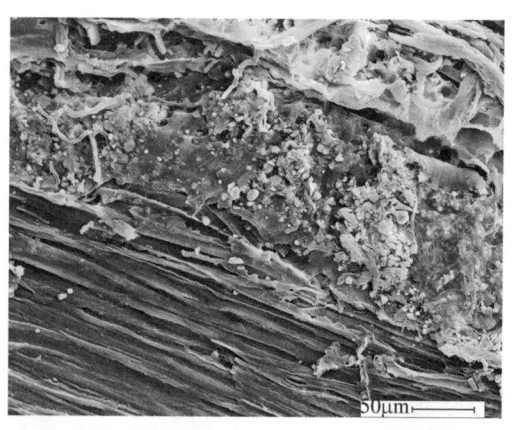

图 2-15　南海Ⅰ号木材样品扫描电镜照片

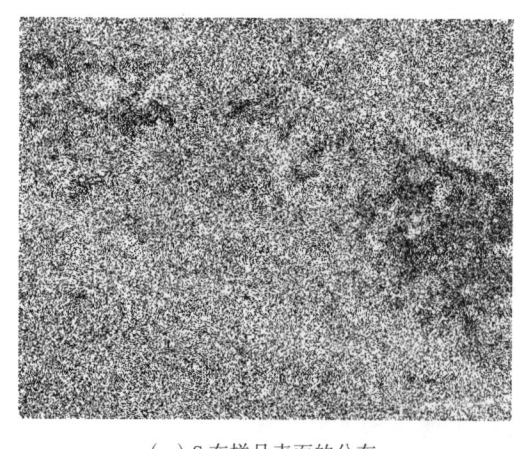 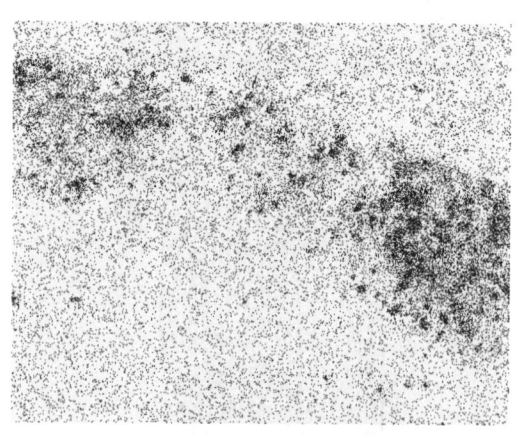

（a）S 在样品表面的分布　　　　　　　　（b）Fe 在样品表面的分布

图 2-16　硫铁两种元素在样品 NHI-TN4E7-012 表面的分布

表 2-14　南海 I 号木材样品元素组成

元素	Na	Mg	Al	Si	S	K	Ca	Ti	Fe
含量 /at%	5.76	4.61	17.02	28.83	26.91	1.63	7.16	0.76	7.33

在扫描电镜下，可以直观观察到木材中存在的硫铁化合物。扫描电镜照片见图 2-17，SEM-EDS 分析的元素组成见表 2-15。可以看到在木材的间隙，分布着大量含有硫铁元素的化合物，用 SEM 可以清晰地观察到这些化合物的晶体。

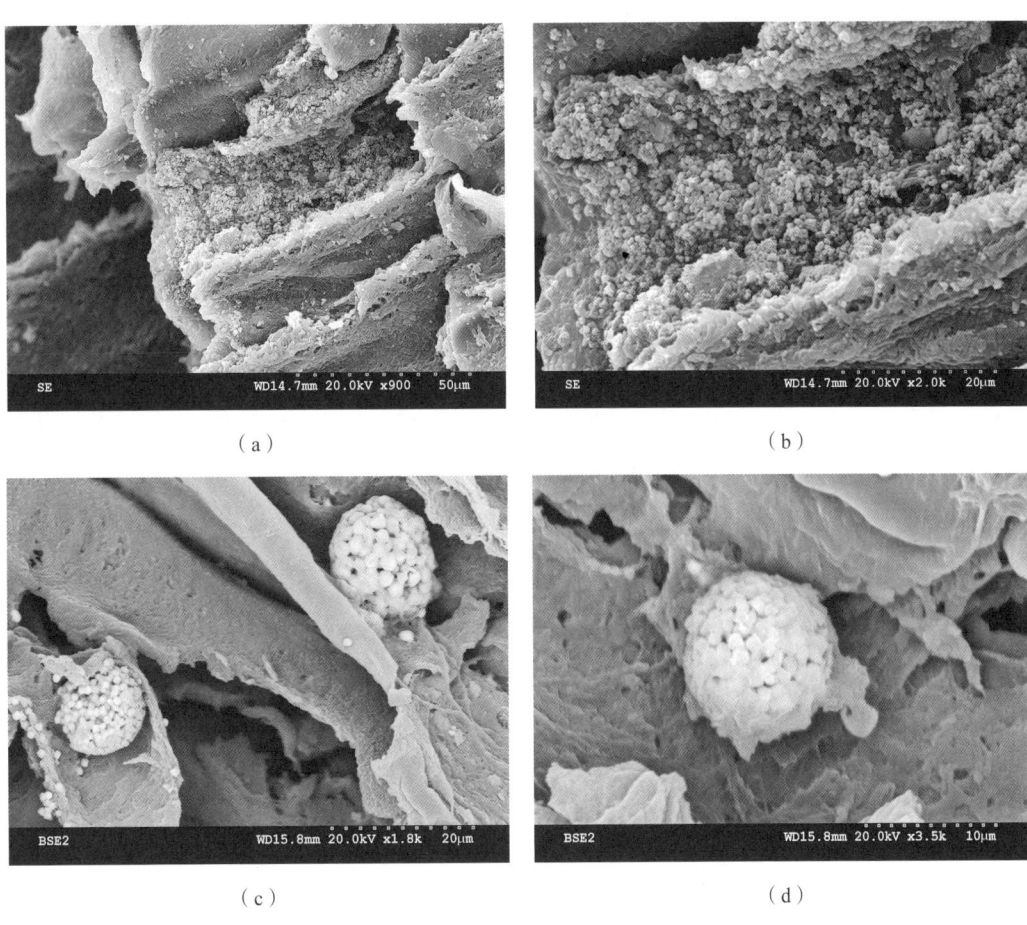

图 2-17　南海 I 号木材样品 NHI-TN4E7-012 中硫铁化合物的扫描电镜照片

表 2-15　南海 I 号样品 NHI-TN4E7-012 中盐分 SEM-EDS 分析结果　（单位：at%）

分析点位	Cu	Na	Al	S	Cl	Cr	Fe	Ca
图 2-17（b）	2.12	1.78	2.67	61.18	0.81	1.96	29.48	—
图 2-17（d）	3.68	2.71	4.33	55.23	—	2.07	30.5	1.47

在南海 I 号中发现的黄铁矿颗粒，有部分呈非常规则的球状［图 2-17（c）、(d）］。黄铁矿是一种非常普遍的自生矿物，以自形晶和草莓状集合体存在于现代缺氧沉积物和古代沉积岩中。在不同的氧化还原环境中，黄铁矿的生长机理不同，从而形成不同大小的晶体形态和集合体。这些矿物的形态特征可以作为判断其生长环

境的指标。草莓状黄铁矿是指由等粒度的亚微米级黄铁矿晶体或微晶体紧密堆积而成，形似草莓的黄铁矿球形集合体。草莓状黄铁矿的形成过程包括：先在缺氧条件下形成铁的单硫化物微晶体；然后在有单质硫或其他部分氧化态硫组分存在的条件下转化为胶黄铁矿（Fe_3S_4），由于它们具有和磁铁矿相似的性质而集结成团；最后在有部分氧化态硫组分供给的条件下转化为草莓状黄铁矿[8,9]。

草莓状黄铁矿形成之后被保存在沉积物或沉积岩中，由于没有了 Fe^{2+}、H_2S 或单质硫的供应，它们便停止生长，保持了初始的大小和分布特征。这种没有发生二次生长的草莓状黄铁矿的粒径分布特征对沉积时水体的氧化还原状态具有指示意义。这一方法也适用于保留了草莓状黄铁矿假形的风化样品。这些样品中的草莓状黄铁矿被氧化为铁的氢氧化物、氧化物，但保留了其原始形态和大小[10]。

在 2014 年采集的南海 I 号的木材样品中，也观察到了大量的莓球状黄铁矿的存在（图 2-18）。元素分析表明（表 2-16），其中的氧含量大大增高，S 元素与 Fe 元素的比例不符合 2∶1 的比例。这是黄铁矿表面被氧化的结果。此时南海 I 号已经发掘出水 7 年时间，同时也开始了文物的提取，因此原来沉积的黄铁矿发生了部分氧化。表面形成铁的氧化物，但由于莓球状黄铁矿晶体有比较强的抗后期改造特性，因此在氧化过程中仍然保持了莓球状的晶形特征。

（a）　　　　　　　　　　　　　（b）

（c）　　　　　　　　　　　　　（d）

图 2-18 2014 年南海Ⅰ号样品中的草莓状黄铁矿 SEM 照片

表 2-16 2014 年南海Ⅰ号样品中草莓状黄铁矿 SEM-EDS 分析结果　　（单位：at%）

分析点位	C	O	Mg	Al	Si	S	K	Ca	Fe
图 2-18（a）	37.0	26.7	0.6	2.0	2.8	11.7	0.2	0.5	18.4
图 2-18（g）	35.8	21.9	—	0.5	0.8	22.4	—	—	18.5
图 2-18（h）	34.0	33.2	0.5	1.1	1.9	6.0	—	0.4	22.7

样品分析结果表明，南海Ⅰ号木材中也存在着大量的黄铁矿，这些黄铁矿大多呈规整的莓球状。随着南海Ⅰ号暴露时间的延长，这些草莓状黄铁矿表面发生了氧化，但仍然保持着莓球状的形态。

2.3　泉州湾宋代海船

福建泉州海外交通史博物馆泉州湾宋代海船是国内著名的、最早开展科学保护的海洋出水木船。这艘船建造于南宋末年，沉没于咸淳七年（1271 年）以后。1974 年在福建泉州后渚港的海滩上发现，并拆解到博物馆进行保护（图 2-19）。船体木材在 1974~1978 年采用在相对密闭环境内自然阴干脱水方法干燥。这艘船早期使用了铁钉连接船板，发现铁钉生锈后改用竹钉代替[11~13]。

图 2-19　福建泉州海外交通史博物馆泉州湾宋代海船发掘时照片
（本图由福建泉州海外交通史博物馆费利华研究员提供）

目前，船体已气干保存近 40 年。由于未脱盐，船木中含有高达 5% 的氯化钠盐分，极大地影响了船体的稳定性。一些较为脆弱的构件，已经出现了严重的开裂甚至粉化，松木的构件尤为严重。针对这些糟朽粉化的构件，有必要开展加固试验研究，通过施用加固材料，提高糟朽构件的强度，延长寿命。

样品为泉州海外交通史博物馆提供，样品信息见表 2-17。

表 2-17　泉州湾宋代海船样品列表

编号	样品名称	样品描述
1	QZ-A1	杉木（实验室）
2	QZ-A2	杉木，船壳板（实验室）
3	QZ-B1	松木，龙骨
4	QZ-B2	松木，船舱底板
5	QZ-C1	樟木，将军座
6	QZ-C2	樟木，仓库
7	QZ-D1	第七道隔舱板 1
8	QZ-D2	第七道隔舱板 2
9	QZ-E1	台阶木
10	QZ-碎末	散落的木材粉末
11	QZ-12	松木

在泉州湾宋代海船大部分样品中，都检测到含有硫铁元素的化合物，其中绝大部分都是氧化态的化合物，如黄钾铁矾、钠铁矾、碳酸铁等，少量样品检测到了黄铁矿的存在。

样品QZ-A1的XRF分析表明主要无机成分为Fe(62.5%)、Cl(17.5%)、S(16.6%)，还有少量的Ca、K、Mn等元素。XRD分析表明主要化学成分为氯化钠、草酸铁、黄钾铁矾、石膏、钠铁矾。

在扫描电镜下可以观察到表面布满不规则小颗粒[图2-20（a）、（b）]。小颗粒的元素组成如表2-18所示。径向剖面较完好，没有明显的沉积物（图2-20（c）]。横向剖面较完好（图2-20（d））。但从表2-18中可以看出，虽然没有观察到明显的盐的沉积，但木材细胞中仍然存在含有Na、S、Cl、Fe等元素的化合物。

（a）表面小颗粒　　　　　　　　　（b）表面小颗粒

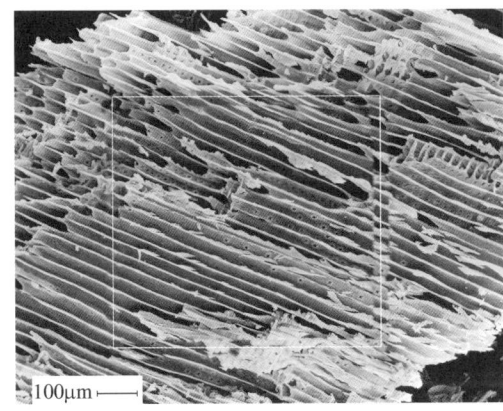 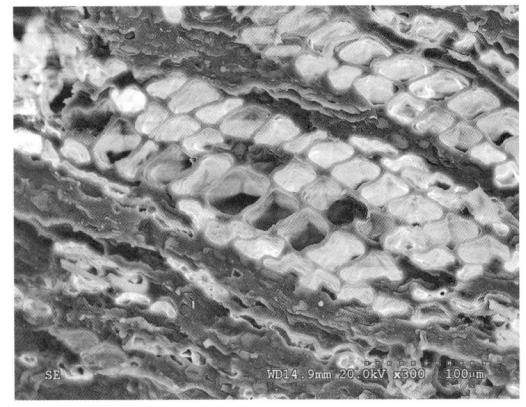

（c）径向剖面SEM照片　　　　　　（d）横向剖面SEM照片

图2-20　泉州湾宋代海船样品QZ-A1 SEM照片

表2-18　泉州湾宋代海船样品QZ-A1 SEM-EDS分析结果　　（单位：at%）

分析点位	Na	Mg	Si	S	Cl	K	Ca	Fe
图2-20（b）	17.8	5.4	3.6	29.3	36.9	1.1	2.5	3.4
图2-20（c）	33.2	2.9	—	23.8	31.6	—	—	8.4

样品QZ-B2的XRF结果表明主要无机成分有Fe（41.6%）、Ca（26.6%）、Cl（14.4%）、S（9.2%）和P（5.7%），还有少量的K（0.4%）和Mn（0.2%）。XRD

检测到氯化钠、石膏、碳酸钙和乌硼钙石。沉积盐中含有 Fe 元素（图 2-21、表 2-19），其中还夹杂铁含量高的颗粒，如图 2-21（a）中点 A 所示，管胞中沉积了明显的含铁化合物，图 2-21（b）中则可以看到径向剖面管胞与射线交叉的交叉场部位存在明显的含铁化合物，且铁含量很高，主要应该是氧化后形成的碳酸铁或铁的氧化物。

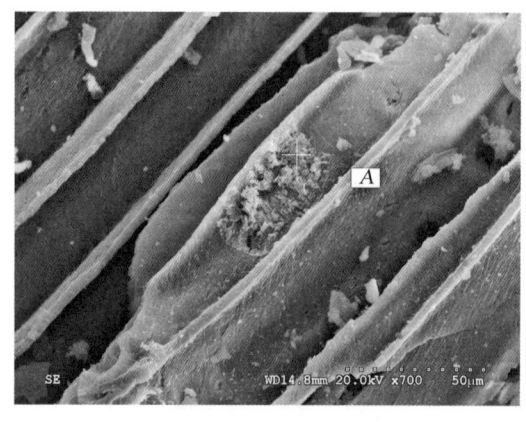 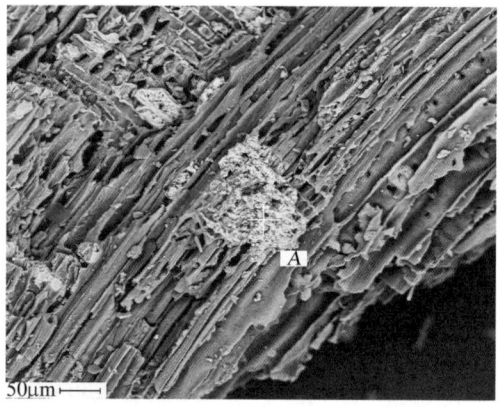

（a）管胞内沉积的高铁含量颗粒　　　　　　（b）径向剖面分布着高铁含量颗粒

图 2-21　泉州湾宋代海船样品 QZ-B2 SEM 照片

表 2-19　泉州湾宋代海船样品 QZ-B2 SEM-EDS 分析结果　　（单位：at%）

分析点位	Na	S	Cl	Fe
图 2-21（a）	33.7	10.9	7.1	48.3
图 2-21（b）	4.7	6.7	3.3	85.4

样品 QZ-D2 的 XRF 结果表明其中无机元素成分主要是 Fe（68.1%）、S（19.2%）、Cl（5.8%）、Ca（5.4%），少量铜（0.8%）和 K（0.4%）。XRD 检测到石膏、硫、绿锈 $Fe_6(OH)_{12}(CO_3)$、黄钾铁矾和钠铁矾。该样品铁含量较高（表 2-20）。

径向剖面有明显的沉积物［图 2-22（a）～（d）］，其中硫、铁元素的含量均较高，与衍射结果相一致。其中有铁含量超过 60at% 的小颗粒，应是氧化程度较高的铁的化合物。横切面有明显盐分夹杂［图 2-22（e）中方框所示］，主要成分为 Cl、S，还含有 Fe。局部放大，可以看到管胞横切面的边缘有形状不规则的微小晶体，铁含量较高。

表 2-20　泉州湾宋代海船样品 QZ-D2 SEM-EDS 分析结果　　（单位：at%）

分析点位	Na	Mg	Si	S	Cl	Fe
图 2-22（a）	31.9	4.4	—	21.3	17.4	25.0
图 2-22（b）	30.2	—	—	24.4	21.8	23.6
图 2-22（c）	26.1	—	—	22.1	13.1	38.7
图 2-22（d）	12.4	0.8	1.0	21.1	3.4	61.2
图 2-22（e）	31.0	5.8	—	21.2	21.1	20.9
图 2-22（f）	33.8	4.6	—	15.4	15.1	31.2

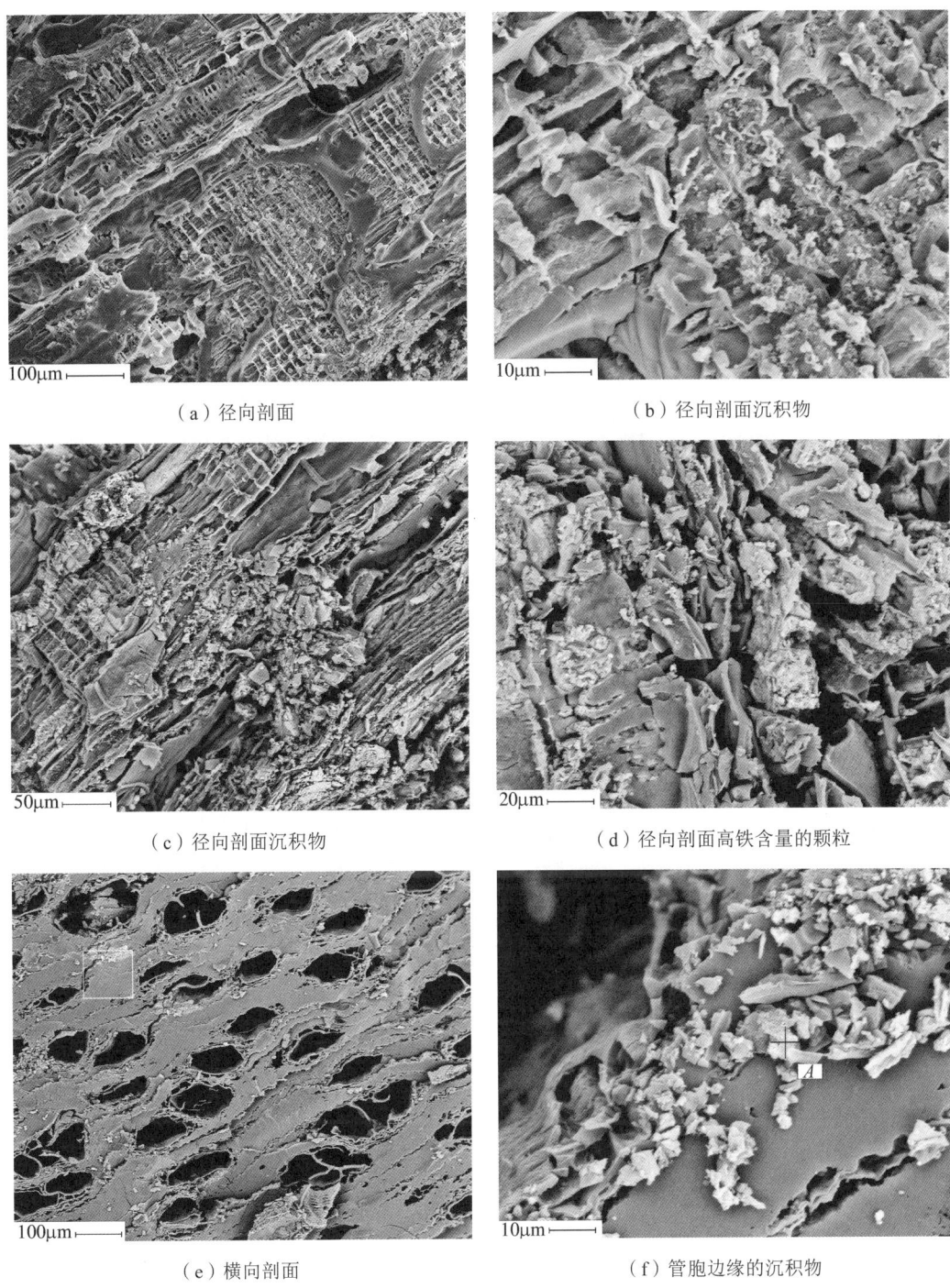

(a）径向剖面　　　　　　　　　　（b）径向剖面沉积物

(c）径向剖面沉积物　　　　　　　（d）径向剖面高铁含量的颗粒

(e）横向剖面　　　　　　　　　　（f）管胞边缘的沉积物

图 2-22　泉州湾宋代海船样品 QZ-D2 纵剖面 SEM 图像

样品 QZ-E1 的 XRF 结果表明无机元素中 Fe 含量很高（67.9%），还含有 Ca（21.0%），S（7.4%），Zn（2.1%），Cu（1.47%）等。XRD 结果表明含有碳酸钙、石膏、二硫化亚铁、氯化钠和二氧化硅。样品 QZ-E1 径向剖面较破碎，明显观察到片状剥落的情况。在背散射电子像下，有较亮的条带，铁含量很高，如图 2-23 中 A 点及圈出的

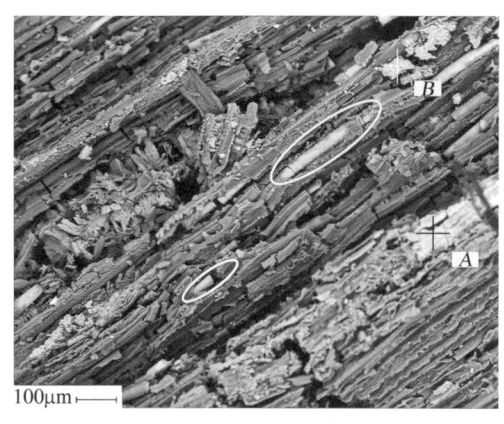

(a) 径向剖面 SEM 图像　　　　　　　(b) 横向剖面 SEM 图像

(c) 横向剖面 SEM 图像　　　　　　　(d) 横向剖面 SEM 图像

图 2-23　泉州湾宋代海船样品 QZ-E1 SEM 照片

表 2-21　泉州湾宋代海船样品 QZ-E1 SEM-EDS 分析结果　　（单位：at%）

分析点位	Na	Mg	Si	S	Cl	Ca	Fe
图 2-23（a）点 A	7.3	5.1	—	3.4	6.4	5.1	72.4
图 2-23（a）点 B	—	—	—	48.8	—	49.2	2.0
图 2-23（b）点 A	2.6	1.6	0.2	5.3	5.6	2.9	81.9
图 2-23（d）点 A	3.7	4.7	—	3.1	4.7	5.4	78.4
图 2-23（d）点 B	2.6	2.5	—	2.7	4.4	4.7	83.2

部分（表 2-21）。

横向细胞壁结构较完整 [图 2-23（b）]。部分细胞腔中间充满了 Fe 含量很高的圆柱状沉积盐 [图 2-23（c）、（d）]，对应图 2-23（a）中高亮度的条带（圈出的部分），应为高度氧化的铁的化合物。推测该样品与船载的铁器有密切接触，铁的锈蚀产物沉积在木材的细胞的管胞中，形成了柱状的沉积盐。

2014 年测试的样品 QZ-12 则观察到了明显的黄铁矿的存在。XRD 结果表明盐分成分主要是方解石、氯化钠，并含有黄铁矿。QZ-12 样品的扫描电镜照片可以看到，木材的管胞中沉积了大量球状颗粒（图2-24）。微球放大后，可以看到，这些微球结晶形状比较完好，由尺寸大约1μm的不规则颗粒构成。对图2-24（f）中的球状颗粒进行能谱分析，分析结果见表2-22。由SEM-EDS结果中可知，样品只含有硫铁两种元素，硫的摩尔百分含量为铁的2倍，说明与南海Ⅰ号的样品类似，这些颗粒也是莓球状黄铁矿。大量黄铁矿颗粒的存在也验证了XRD分析的结果。

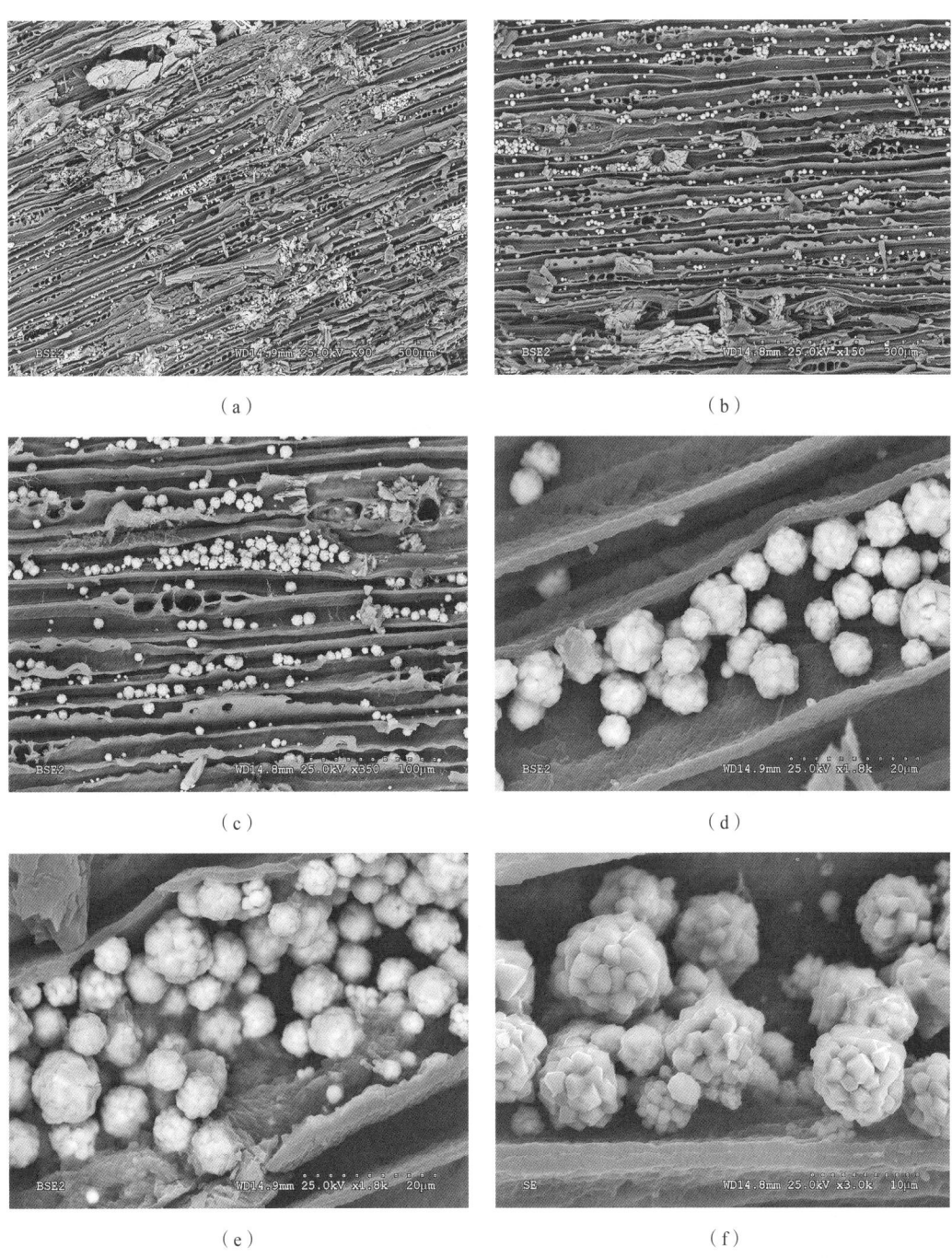

图2-24　泉州湾宋代海船样品QZ-12中沉积盐SEM照片

表 2-22　泉州湾宋代海船样品 QZ-12 中球状颗粒 SEM-EDS 分析结果

元素	S	Fe
含量 / at%	66.9	33.1

2.4　其他古代木船

2.4.1　南澳Ⅰ号

南澳Ⅰ号沉船位于广东汕头南澳海域，距离南澳岛最近约 2n mile（ln mile＝1.852km），水深约 26m。沉船发现于 2007 年 5 月，同年 6～7 月，广东省文物考古研究所在沉船海域进行潜水调查，确认了沉船位置。自 2010 年起，经过三年的考古发掘，南澳Ⅰ号沉船的基本结构得以揭露。该船长约 24、宽约 7m，共发现 25 个隔舱。除了隔舱板之外，北 10 号舱内发现了疑似凹凸榫头的船体构件和疑似桅座的构件，南 2 号舱和北 16 号舱内发现了用于摆放货物的货架板，北 13 号和 14 号舱内发现了弧面船底板，南 2 号舱和北 13 号舱内发现了龙骨。这些重要船体部件的发现为船体结构和船货规模的认识提供了科学的依据。南澳Ⅰ号沉船的年代应为明万历时期[14]。

南澳Ⅰ号木材样本为 2010 年 5 月及 2011 年 8 月发掘现场所取样品，样品照片如图 2-25 所示。

南澳Ⅰ号木材样本经中国林业科学院木材研究所鉴定分别为硬木松和樟木。对于木材切片显微照片见图 2-26，结构描述如下。

2010 年所取样品，NAI-1：早晚材渐变；轴向薄壁组织缺乏；具轴向树脂道；木射线单列和纺锤形，具径向树脂道；交叉场纹孔式窗格形；射线管胞深锯齿。判断为硬木松。

NAI-2：散孔材，复穿孔（5 条以下），轴向薄壁组织星散妆，木纤维壁薄至厚，木射线非叠生，单列，多列 2～3 列，异型Ⅱ型。判断为野茉莉。

NAI-3：散孔材，单穿孔，管间纹孔式互列，轴向薄壁组织离管状，木纤维壁厚至甚厚，木射线非叠生，单列，宽木射线为半复合射线，宽至很多细胞，同形单列和多列。判断为青冈。

2011 年所取样品，NAI-S3-1：散孔材，单管孔，少数呈短径列复管孔；复管孔梯状，管间纹孔式主要为梯状。轴向薄壁组织量少，分室含晶细胞多，单列射线数多，多列射线甚少，射线组织异型Ⅱ型，稀Ⅰ型。射线导管间纹孔式主为刻痕状及少数大圆形。判断为荷木。

(a) NAI-1 2010 年 5 月取样　　(b) NAI-2 2010 年 5 月取样　　(c) NAI-3 2010 年 5 月取样

(d) NAI-S3-a 2011 年 8 月取样　　(e) NAI-S3-b 2011 年 8 月取样　　(f) NAI-S3-c 2011 年 8 月取样

图 2-25　南澳 I 号样品照片

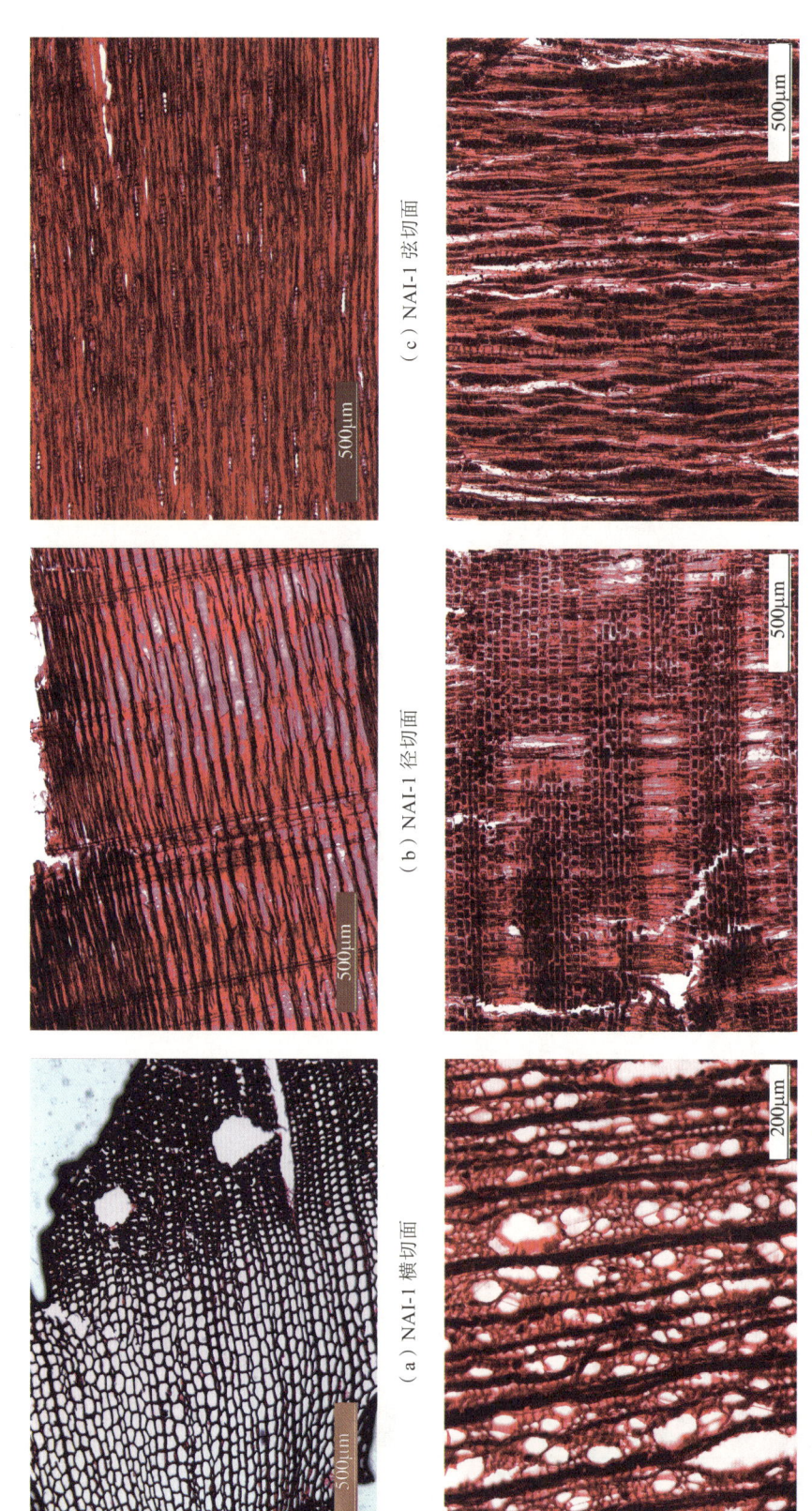

(a) NAI-1 横切面　　(b) NAI-1 径切面　　(c) NAI-1 弦切面

(d) NAI-2 横切面　　(e) NAI-2 径切面　　(f) NAI-2 弦切面

(g) NAI-3 横切面　　(h) NAI-3 径切面　　(i) NAI-3 弦切面

(j) NAI-S3-1 横切面　　(k) NAI-S3-1 径切面　　(l) NAI-S3-1 弦切面

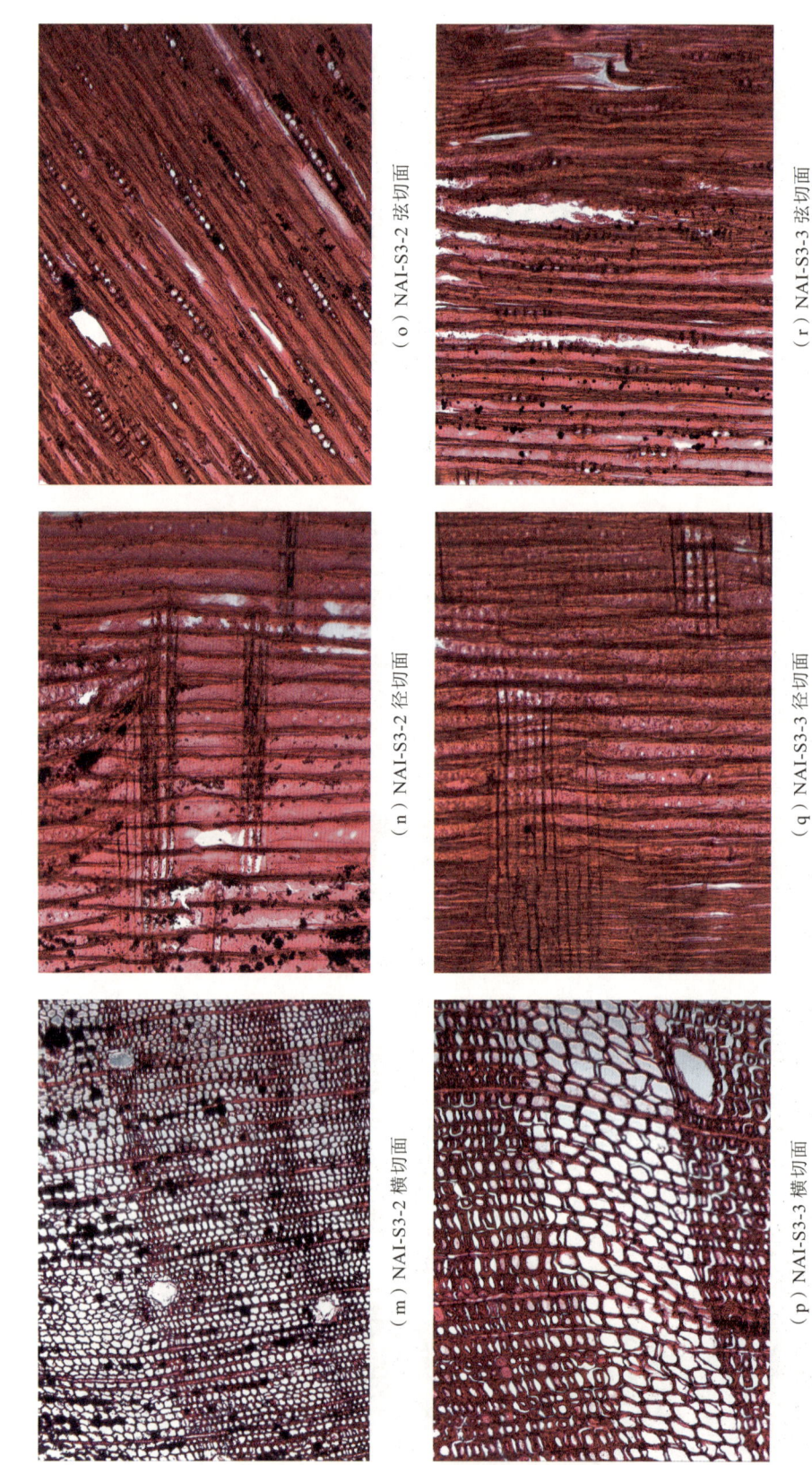

图 2-26 南澳 I 号样品切片显微照片

NAI-S3-2 和 NAI-S3-3 早晚材渐变；轴向薄壁组织缺乏；具轴向树脂道；木射线单列和纺锤形，具径向树脂道；交叉场纹孔式窗格形；射线管胞深锯齿。判断为硬木松。

由树种鉴定的结果可知（表 2-23），南澳 I 号沉船木材样品的树种主要为硬木松，也包含了野茉莉、青冈和荷木等一些杂木，可能并非船体构件，是用于加固填充船上装载的货物。

表 2-23　树种鉴定结果

样品编号	取样年份	树种	拉丁名
NAI-1	2010	硬木松	*Pinus* sp.
NAI-2	2010	野茉莉	*Styrax* sp.
NAI-3	2010	青冈	*Cyclobalanopsis* sp.
NAI-S3-1	2011	荷木	*Schima* sp.
NAI-S3-2	2011	硬木松	*Pinus* sp.
NAI-S3-3	2011	硬木松	*Pinus* sp.

南澳 I 号样品 SEM-EDS 微观分析结果见图 2-27 及表 2-24。

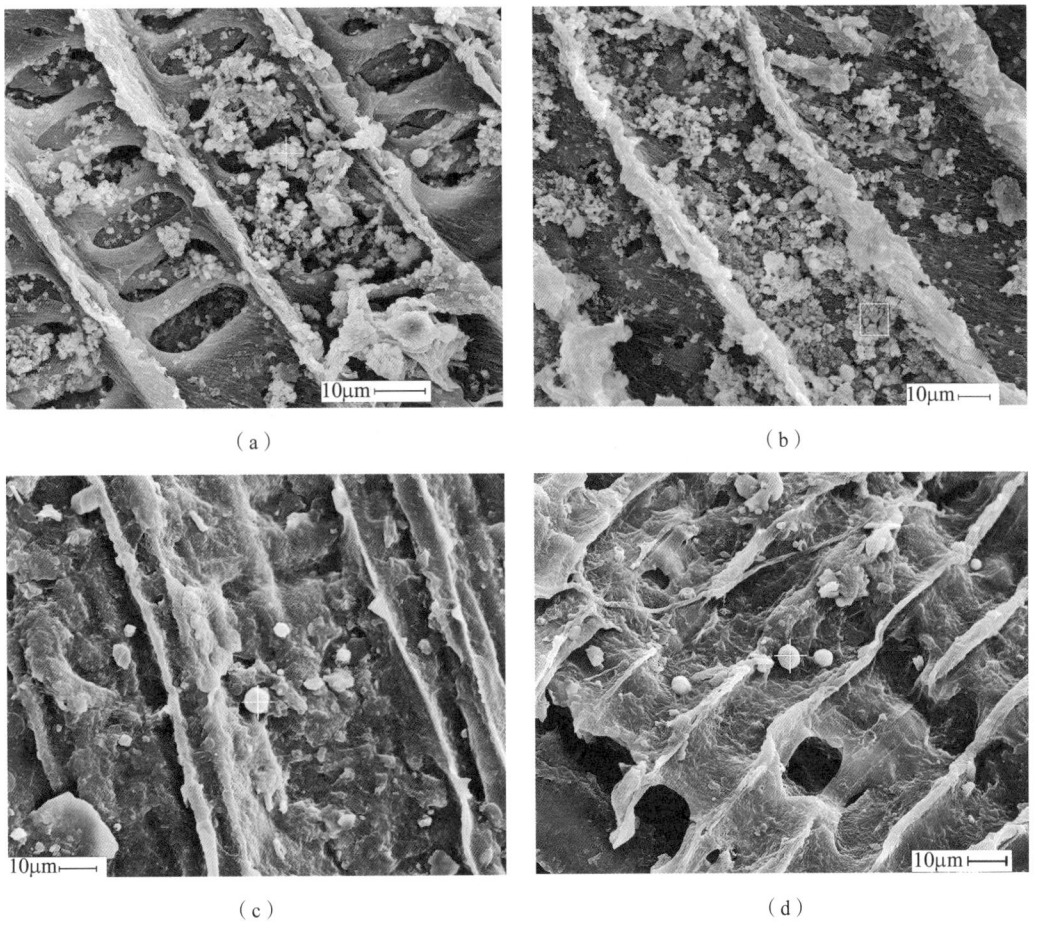

图 2-27　南澳 I 号木材样品 SEM 照片

与南海Ⅰ号样品类似，南澳Ⅰ号样品中的沉积物也含有硫元素与铁元素。图 2-27（a）、（b）中的沉积物形状不规则，堆积比较密集，其中的铁含量很高，应是氧化态的铁的化合物。图 2-27（c）、（d）中，沉积物颗粒比较分散，形状呈较为规则的球形，元素分析表明其中硫和铁的比例接近 2∶1，说明这些颗粒应为黄铁矿。

表 2-24　南澳Ⅰ号样品 SEM-EDS 分析结果　　　　（单位：at%）

分析点位	C	O	Na	Si	S	Cl	Ca	Fe	Mg	K	Cu
图 2-27（a）	—	—	14.7	11.3	17.0	10.2	6.1	40.7	—	—	—
图 2-27（b）	—	—	4.1	4.0	15.4	8.4	2.2	59.2	1.5	—	5.3
图 2-27（c）	—	—	—	—	62.3	—	—	37.7	—	—	—
图 2-27（d）	60.8	12.6	—	—	16.7	—	—	9.8	—	—	—

2.4.2　山东菏泽元代古船

菏泽古船是 2010 年在山东菏泽出土的一艘元代古船。该船由 9 列船底板、16 列船侧板和甲板构件组成，共设 11 道横隔舱壁将全船分隔成 13 舱。测量船体的总长 20.53、型宽 3.40、型深 1.37、吃水 1.00、水线长 17.7、船首高 1.50、船首宽 1.43、船尾高 2.37、船尾宽 1.32m[15]（图 2-28）。

图 2-28　修复中的菏泽元代古船

采用扫描电镜观察了菏泽古船样品的微观形貌。木材纤维较破碎，中间夹杂一些无机盐颗粒，一些颗粒嵌在管胞内[图2-29（b）、（c）]，一些颗粒散落在纤维中间[图2-29（d）]。对其中颗粒进行成分分析，结果见表2-25。颗粒中都含有钙元素，主要成分应为碳酸钙和硫酸钙。

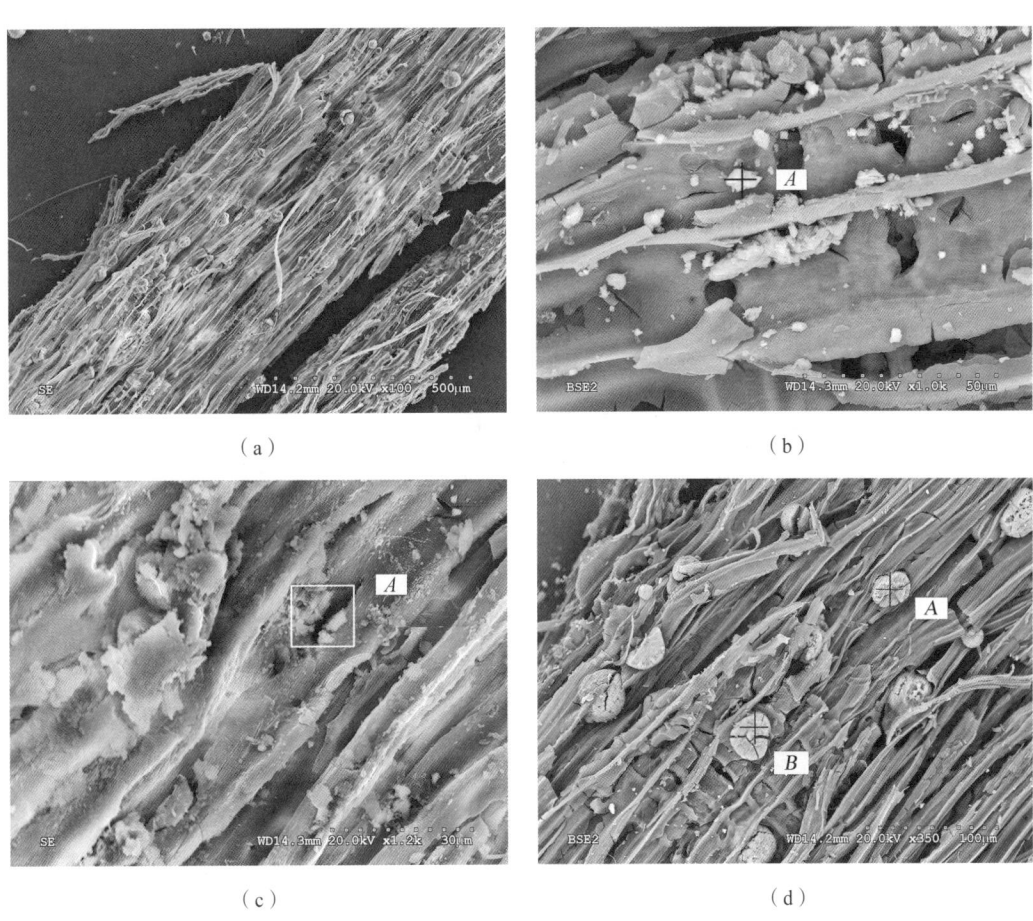

图2-29 菏泽古船样品 SEM 照片

表 2-25 菏泽古船样品 SEM-EDS 分析结果

分析点位	C	O	Mg	Al	Si	S	Cl	Ca
图2-29（b）	21.7	14.5	—	0.1	0.4	—	0.1	63.3
图2-29（c）	—	—	3.7	4.0	7.7	29.1	2.7	52.8
图2-29（d）点 A	44.1	37.5	0.4	—	—	—	0.4	17.5
图2-29（d）点 B	30.8	46.3	0.4	—	—	—	0.6	21.8

菏泽古船分析结果表明，木材中不存在硫铁化合物。这种情况与木材的埋藏的内陆环境相关。大量硫铁化合物的形成，与木材保存的海洋环境相关，这一结果也与国外已有研究结果相一致。

2.5 中国海洋出水木质文物中硫铁化合物分布特征

本部分研究了西沙华光礁Ⅰ号、南海Ⅰ号、泉州湾宋代海船、南澳Ⅰ号及菏泽元代古船五艘沉船的样品。这五艘沉船除菏泽元代古船外，都是在我国南海海域发现的。这五艘沉船的年代各异，其中华光礁Ⅰ号、南海Ⅰ号、泉州湾宋代海船为南宋时期，菏泽古船为元代，南澳Ⅰ号为明代。发掘时间和发掘后保存状态也不同。华光礁Ⅰ号发掘于2008年，之后一直在海南省博物馆景观池中露天浸泡。南海Ⅰ号发掘于2007年，之后在海上丝绸之路博物馆的水晶宫中浸泡，期间在2009年、2011年分别进行了试发掘，2014年开始正式发掘。泉州湾宋代海船发掘于1974年，然后缓慢干燥。南澳Ⅰ号发掘于2010~2013年，但船体并未提取，仅提取了样品。菏泽元代古船则发掘于2020年。本书所用样品采集时间不同。其中华光礁Ⅰ号样品采集于2009年。南海Ⅰ号样品分别采集于2009年和2011年。泉州湾宋代海船样品采集于2013年及2014年。南澳Ⅰ号样品分别采集于2010年和2011年。菏泽古船样品采集于2014年。采集木材样品的树种也不同，有松木、杉木这样的软木，也有樟木、青冈、野茉莉、荷木等硬木。

对于木材样品的研究表明，在海洋环境发掘的木船中普遍存在与硫、铁元素相关的化合物。这些化合物包括黄铁矿（FeS_2）、白铁矿（FeS_2）、针铁矿[$\alpha\text{-}FeO(OH)$]、胶黄铁矿（Fe_3S_4）、纤铁矿[$\gamma\text{-}FeO(OH)$]、三氧化二铁（Fe_2O_3）、黄钾铁矾[$KFe_3(SO_4)_2(OH)_6$]、硫酸钙（$CaSO_4$）、碳酸铁（$FeCO_3$）、草酸铁（$FeCOOH$）等。其中有还原态的化合物，也有氧化态的化合物，而在内陆发掘的木船中则没有明显的还原态的硫或铁的化合物存在。

分析表明，在比较近期发掘的木船中，如华光礁Ⅰ号、南海Ⅰ号、南澳Ⅰ号，都存在大量的还原态硫铁化合物——黄铁矿（FeS_2），而在1974年发掘的泉州湾宋代海船中，大部分的硫和铁元素都呈氧化态，只有少量的黄铁矿存在。通过对华光礁Ⅰ号样品的分析可知，木材中硫和铁元素的含量随深度增加而逐渐降低，氧化态的铁主要分布在表面，而内部则还原态的铁含量更高。南海Ⅰ号2007年整体提取，之后放置在水晶宫的水池中，2009年之后进行了几次试发掘，2014年开始正式发掘。期间南海Ⅰ号虽然一直浸泡在水面以下，但是上层的硫铁化合物还是发生了氧化，而下层的木材中的硫铁化合物则仍保持还原状态。因此对南海Ⅰ号不同发掘时期的样品分析结果表明，早期的样品主要是氧化态，后期发掘的样品中则存在大量还原态的黄铁矿。

黄铁矿沉积有自形晶和草莓状两种，而在海洋出土木质文物中发现的黄铁矿以草莓状黄铁矿为主。在所有的海洋出水木船中都观察到了结晶形态非常规整的草莓状黄铁矿微球，微球直径大小不等。这些微球大多存在于管胞腔中。虽然有些草莓状微球表面已经发生氧化,但由于草莓状黄铁矿晶体有较好的抗后期改造特性,因此表面氧化的晶体仍然保持了草莓状的外形。

通过对西沙华光礁Ⅰ号、南海Ⅰ号、泉州湾宋代海船、南澳Ⅰ号及菏泽元代古船等5艘沉船样品的分析,可以看到,含有硫、铁元素的化合物在我国的海洋出水的木质文物中普遍存在。这些硫铁化合物的形成与古代木质沉船的年代、树种无关,形成原因主要是海洋中的无氧环境。这些化合物初始状态应该是还原态的硫铁化合物,包括黄铁矿、单质硫、胶黄铁矿、硫铁矿等。硫铁元素在木材中的含量随深度增加而逐渐降低。其存在形式随木材在海底埋藏过程中与铁接触的程度、木材打捞出水后与氧接触的程度发生变化,存在多价态的中间产物。但总体的变化次序应当是随着木质文物打捞出水,在水和氧的作用下由还原态的硫和铁转化为中间价态的硫和铁(S、FeS等),最终会氧化生成氧化态的硫和铁,如 $FeSO_4 \cdot 7H_2O$、Fe_2O_3、$\gamma\text{-}FeO(OH)$、$KFe_3(SO_4)_2(OH)_6$、$CaSO_4$、$\alpha\text{-}FeO(OH)$ 等。

参 考 文 献

[1] 崔勇,尔杰.华光礁Ⅰ号沉船遗址的试掘.见:中国国家博物馆水下考古研究中心&海南省文物保护管理办公室.西沙水下考古(1998-1999).北京:科学出版社,2006

[2] 石淑兰,何福望.制浆造纸分析与检测.北京:中国轻工业出版社,2009

[3] F F P.科尔曼,等.木材学与木材工艺学原理:实体木材.北京:中国林业出版社,1991

[4] 成俊卿.木材学.北京:中国林业出版社,1985

[5] 刘英俊,等.元素地球化学.北京:科学出版社,1984:466

[6] 南京大学地质系岩矿教研室.结晶学与矿物学.北京:地质出版社,1978:313

[7] 崔勇.南海Ⅰ号沉船发掘记略.自然与文化遗产研究,2019,4(10):14-20

[8] 常华进,储雪蕾.草莓状黄铁矿与古海洋环境恢复.地球科学进展,2011,26(5):475-481

[9] 常晓琳,黄元耕,陈中强,等.沉积地层中草莓状黄铁矿分析方法及其在古海洋学上的应用.沉积学报,2020,38(1):150-165

[10] 黄元耕.华南及新疆地区二叠纪至三叠纪海洋、陆地古群落模拟及海洋氧化还原环境变化研究.武汉:中国地质大学,2015:69-95

[11] 黄乐得.《泉州湾宋代海船出土文物分类保护方案》的初步分析.泉州师专学报,1983,(2):121-130

[12] 费利华,李国清.泉州湾宋代海船保护40年回顾、现状与分析.文物保护与考古科学,2015,47(4):95-100

[13] 福建省泉州海外交通史博物馆.泉州湾宋代海船发掘与研究(修订版).北京:海洋出版社,2017

[14] 崔勇.南澳Ⅰ号沉船与明代海上丝绸之路.中国文物报,2017-6-1(3)

[15] 吴双成,吴昊,尚津济,等.菏泽古船保护修复.江汉考古,2014,S1:164-173

第 3 章　木材中硫铁化合物脱除方法研究

对华光礁Ⅰ号大量样品的分析表明，船体木材中含有硫铁化合物，主要成分为黄铁矿（见 2.1 节）。如第 1 章所述，由于黄铁矿在空气中会被氧化生成硫酸，反应式如式（3-1）：

$$2FeS_2(S)+7/O_2+16H_2O \longrightarrow 2FeSO_4 \cdot n(H_2O)(s)+2H_2SO_4(aq) \quad (3-1)$$

该反应：

$$\Delta G = \Delta H - T\Delta S = -1600 kJ/mol$$

而进入溶液的二价铁离子可以被进一步氧化为三价铁离子，如式（3-2）：

$$Fe^{2+}+O_2+4H^+ \longrightarrow 4Fe^{3+}+2H_2O \quad (3-2)$$

三价铁则可以水解为氢氧化铁沉淀，释放出酸：

$$Fe^{3+}+2H_2O \longrightarrow Fe(OH)_3+3H^+ \quad (3-3)$$

经计算，在 25℃下，黄铁矿在水溶液中氧化反应的吉布斯自由能变为 $-1600 kJ/mol$ [1]。根据化学反应方向吉布斯自由能的判据，在等温等压不做其他功的情况下，吉布斯自由能变为负的反应是自发反应，因此黄铁矿的氧化反应是自发反应，如果空气中存在水分，该反应就会发生。

由于黄铁矿在空气中会被氧化生成硫酸，引起木材中纤维素的降解；而 Fe^{2+}/Fe^{3+} 氧化还原引起的 Fenton 反应也会引起纤维素甚至 PEG 等填充材料的降解，因此在保护过程中应对硫铁化合物进行控制，据此设计了硫铁化合物脱除试验。以华光礁Ⅰ号为例开展研究，对硫铁化合物脱除试剂的有效性进行了评估。

3.1　硫铁化合物脱除试剂的研究

3.1.1　硫铁化合物脱除试剂选择依据

硫化物在纯水中的溶解度不伴随氧化作用时是非常小的，非常难以测量。黄铁矿在纯水中的溶解度约为 8.8×10^{-15} mol/L，相当于 1.06×10^{-12} g/L（见1.4节）。

以某种络合试剂与铁形成更稳定的配合物，将铁从难溶的硫铁化合物中"拉出来"，从而使硫铁化合物溶解，进而通过扩散作用从木材中迁移出来，是硫铁化合物脱除的基本思路，而选择较为有效的铁的络合试剂则是硫铁化合物脱除的关键。

配合物是由中心离子（或原子）和配体相互作用形成的，因此配合物的稳定性主要取决于中心离子和配体的固有性质，而在水溶液中，很多配体呈碱性，易于接受质子，因此溶液中除存在配体与中心离子的平衡外，还存在配体与氢质子的平衡，因而配体的表观稳定性还受溶液中pH的影响[2]。随着溶液酸度的增加，较多的配体起加质子反应，致使配合物的形成减少。

常用络合试剂柠檬酸、EDTA、DETPA、乙二胺-二（2-羟基苯乙酸）（EDDHA）、EDDHMA与铁形成络合物的稳定常数见表3-1。

表3-1 常用络合剂与铁的络合物的稳定常数 K_p [3~6]

配体	柠檬酸	EDTA	DETPA	EDDHA	EDDHMA
K_p	12.5	24.2	28.6	33.9	38.0

由表3-1可知，氨基络合试剂与铁形成络合物的稳定性高于柠檬酸与铁形成的络合物。在氨基络合试剂中，EDDHMA与铁形成的络合物最为稳定，DETPA则处于中位，高于常用的络合试剂EDTA。

研究表明，分子结构中带有苯环的络合试剂对于铁的络合能力更强，没有苯环的络合试剂铁的络合能力相对较弱。EDDHMA与Fe（Ⅲ）的络合物在碱性条件下溶解，直到pH＝11才会形成针铁矿沉淀。DTPA和EDTA与铁形成的络合物当溶液pH分别大于8和7就会出现沉淀。通过计算得到pH相图可知，草酸和柠檬酸与铁的络合能力更弱，分别在pH高于6和4的时候，出现针铁矿沉淀[7,8]。

铁与几种氨基络合试剂在不同pH下的稳定情况见图3-1[9]。其中HEDTA为N-羟乙基乙二胺三乙酸，HBED为N, N-二（2-羟基苯基）亚乙基二胺-N, N'-二乙酸。

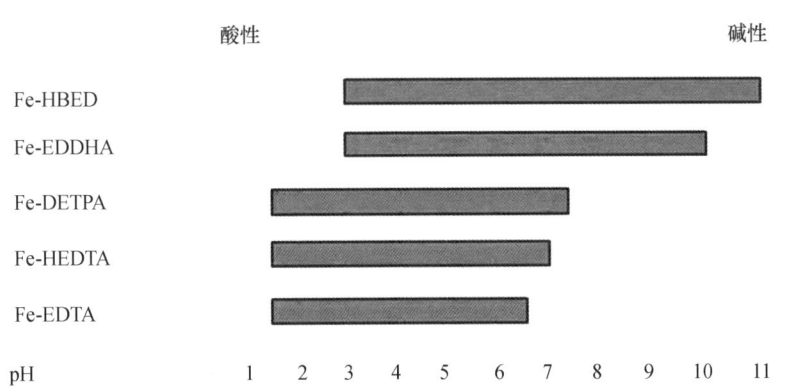

图3-1 三价铁与不同络合试剂形成稳定络合物的pH范围

可以看到 HBED 和 EDDHA 与铁形成的络合物可以在比较宽的 pH 范围内保持稳定，且在碱性较强的溶液中也可以保持稳定。DETPA、HEDTA、EDTA 与铁形成的络合物的稳定范围相对较窄，在偏酸的溶液中较易保持稳定。

对于木材来说，木材中的纤维素在酸性和碱性条件下都易于发生降解，木质素则易于在碱性条件下发生降解，因而尽量选择 pH 为 6~8 范围内络合能力较强的络合试剂作为配体。综合考虑到络合试剂与铁络合的能力、络合物在溶液中的稳定性、络合试剂获得的难易程度及价格等因素，在硫铁化合物脱除试剂的比选过程中，选择二乙三胺五乙酸作为主要的研究对象，以文物保护中常用作铁络合试剂的乙二胺四乙酸（EDTA）作为对比。

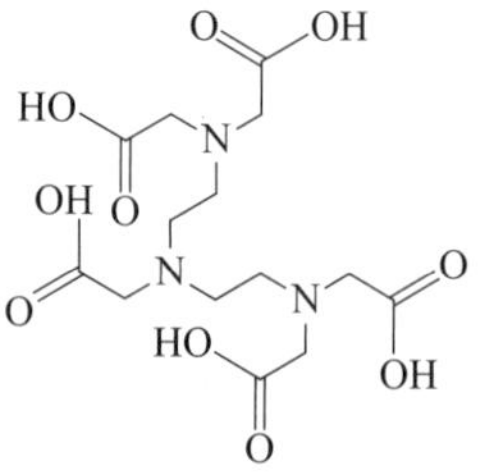

二乙三胺五乙酸，分子式为 $C_{14}H_{23}NO_{10}$，分子量 393.35，CAS 登记号 67-43-6，化学式见图 3-2。二乙三胺五乙酸为白色结晶性粉末，pH 为 2.1~2.5，螯合值为 253~258，有吸湿性，易溶于热水和碱溶液，微溶于冷水，不溶于醇和醚等有机溶剂。低毒，半数致死量（大鼠，经口）665mg/kg。对眼睛、呼吸系统和皮肤有刺激性。

图 3-2 二乙三胺五乙酸化学式

二乙三胺五乙酸能迅速与钙、镁、铁、铅、铜、锰等金属离子生成水溶性络合物，尤其对高价态显色金属离子的络合能力强，因此广泛用于过氧化氢漂白增效稳定剂、水质软化剂、纺织印染工业助剂、彩色感光材料冲洗加工漂白定影液、分析化学的基准试剂、螯合滴定剂等。

乙二胺四乙酸是一种有机化合物，其化学式为 $C_{10}H_{16}N_2O_8$，分子量 292.24。常温常压下为白色粉末。是一种能与 Mg^{2+}、Ca^{2+}、Mn^{2+}、Fe^{2+}、Fe^{3+} 等金属离子结合的螯合剂。能溶于氢氧化钠、碳酸钠及氨溶液中，能溶于沸水，微溶于冷水，不溶于醇及一般有机溶剂。常用其二钠盐或四钠盐，乙二胺四乙酸二钠盐呈弱酸性，乙二胺四乙酸四钠盐呈碱性。

二乙三胺五乙酸对于铁络合能力较强的 pH 范围为 6~8，而乙二胺四乙酸对于铁络合效果较好的 pH 范围为 1.5~6.5[9]。由于二乙三胺五乙酸对于铁离子具有较高的络合能力，低毒，价格较低，最为重要的是，适合在 pH 范围 6~8 使用，具有实际应用前景，因此在硫铁化合物的脱除试验中选择该化合物作为络合试剂，通过脱除铁离子，以脱除硫铁化合物。

配制二乙三胺五乙酸溶液，浓度为 50mmol/L，加入 NaOH 直至溶液 pH 为 7。所加入 NaOH 与 DETPA 的摩尔比约为 16∶5，其中羧酸基团与氢氧根基团的摩尔比约为 25∶16，实际 NaOH 加入量由 pH 试纸确定。

配制二乙三胺五乙酸溶液，浓度为 25mmol/L，加入 NaOH 直至溶液 pH 为 7。

所加入 NaOH 与 DETPA 的摩尔比约为 16∶5，其中羧酸基团与氢氧根基团的摩尔比约为 25∶16，实际 NaOH 加入量由 pH 试纸确定。

同时配制乙二胺四乙酸溶液，浓度 50mmol/L，加入 NaOH 至中性，作为参比样。

分别从编号为 XHI-174 的样块取大小相近的试验样块放入浸渍液中浸泡。定期取样，采用离子体发射光谱（ICP-AES）方法分析溶液中硫元素和铁元素的含量，采用离子色谱方法分析溶液中氯离子和硫酸根离子的浓度。

3.1.2 去离子水浸泡对硫铁化合物的作用

2009～2010 年，华光礁 Ⅰ 号船板保存在海南省博物馆，在此期间，船板一直浸泡在去离子水中。表 3-2 是海南省博物馆浸泡池中溶液离子浓度测试结果。可以看到溶液中硫酸根离子浓度均较高，氯离子的含量不显著，铁的含量不显著，而溶液中硫酸根的摩尔浓度与硫元素的摩尔浓度基本相当，说明经过去离子水浸泡，溶解在水中的主要是可溶性的硫酸盐，而难溶的黄铁矿并没有进入溶液。

表 3-2　海南省博物馆浸泡池液测试结果　　（单位：mg/L）

时间	[Cl^-]	[SO_4^{2-}]	[Fe]	[S]
2009.10.27	—	474.53	—	139
2009.12.10	—	189.02	0.38	56.8
2010.7.26	—	16.81	—	6.80

2010 年，华光礁 Ⅰ 号保护研究开展期间，浙江省博物馆采集了部分木材样品开展试验。表 3-3 为在浙江省博物馆进行可溶盐脱除试验的浸渍液中离子浓度。其中硫酸根离子浓度明显高于氯离子浓度，铁离子浓度较低，说明经过长时间浸泡，增加了硫酸盐的溶出量，但硫铁化合物的溶出量并没有明显增加。

表 3-3　浙江省博物馆浸泡液样品测试结果　　（单位：mg/L）

样品名称	[Cl^-]	[SO_4^{2-}]	[Fe]
ZB-A	0.124	51.727	0.018
ZB-B	0.459	53.529	0.056
ZB-C	0.085	37.731	0.032
ZB-D	0.331	25.660	0.025

在络合试剂筛选过程中，以华光礁 Ⅰ 号样品 XHI-174 作为样品开展试验。在 XHI-174 样块上分别取四个不同部位的样品，冷冻干燥后研磨，加入去离子水，浓度约为 1mg/mL 水，超声振荡后离心，取上清液进行溶液中离子浓度测试，测试结果见

表3-4。其中氯离子和硫酸根离子由离子色谱法检测，溶液中硫元素含量由ICP方法检测，铁离子由ICP方法检测，为溶液中铁元素含量（不能区分Fe（Ⅱ）和Fe（Ⅲ））。由表3-4中数据可知，溶液中硫酸根离子、氯离子浓度和铁的浓度均较低，说明直接采用去离子水方法浸渍，所溶出的硫铁化合物的量很少。短时间的浸泡，即使采用超声振荡的辅助方法，木材中的硫铁化合物也难以在短时间内溶出。

表3-4 去离子水溶解液测试结果　　　　　　　（单位：mg/L）

样品名称	[Cl^-]	[SO_4^{2-}]	[Fe]
XHI 174-1	1.118	2.611	0.931
XHI 174-2	0.797	4.005	0.053
XHI 174-3	1.581	1.871	0.808
XHI 174-4	0.837	2.416	0.124

同时由以上三组去离子水浸泡液中离子浓度数据中可以看出，华光礁Ⅰ号木材中可溶性无机盐是以硫酸根离子为代表的无机盐，这一特点与木材中沉积大量硫化物密切相关，也与第2章中华光礁Ⅰ号样品分析的结果相符。

3.1.3　络合剂溶液浸泡对硫铁化合物的作用

木材化学组分主要为纤维素，纤维素在酸性和碱性条件下均会发生水解，为不使本已非常脆弱的木材再次遭到破坏，硫铁化合物的脱除应尽量在中性条件下进行。二乙三胺五乙酸水溶液为酸性，因此逐渐加入氢氧化钠使之溶解，直至溶液pH约为7。

同时选用相同摩尔浓度的EDTA中性溶液作为参比。EDTA是文物保护中常用于铁质文物除锈的络合试剂，其对于人身的安全性，以及对于文物的安全性已经得到较广泛的认可，而EDTA与DETPA为同类型化合物，都是带有氨基的酸，与铁的络合机理相似。

图3-3为DETPA浸渍液与EDTA浸渍液对比图。DETPA对于铁离子的脱除效果非常明显，浸泡1天后，溶液明显变黄。而EDTA溶液颜色变化不明显。浸泡50天后，两个溶液的颜色出现明显的差异。

表3-5是加入络合剂DETPA后，浸泡7天和14天后溶液中氯离子、硫酸根离子、铁元素及硫元素的含量。可以看到，溶液中硫酸根离子相对于表3-3中数据有两个数量级的增加，相对于表3-4中数据有4～10倍的增加。溶液中铁元素的浓度相对于表3-3和表3-4中数据也约有两个数量级的增加。说明硫铁化合物的溶出量有显著增加。

将硫酸根离子浓度折算成硫元素含量，约为67mg/L，与溶液中总硫元素含量

(a) DETPA 1 天　　　　　　　　(b) DETPA 5 天

(c) DETPA 14 天　　　　　　　　(d) EDTA 1 天

(e) EDTA 14 天　　　　　　　　(f) 50 天后对比

图 3-3　DETPA 与 EDTA 浸渍液对比

74mg/L 之间存在差异，说明在溶液中可能还存在其他价态的硫。

表 3-5　加入络合剂 DETPA 后溶液测试结果　　　　　（单位：mg/L）

时间/天	[Cl$^-$]	[SO$_4^{2-}$]	[Fe]	[S]
7	—	208.212	79.340	74.6
14	—	199.014	124.260	75.8

注：—表示未检出，下同；Cl$^-$ 的检出限为 0.02 mg/L；等离子发射光谱（ICP）谱线 Fe 为 259.941

表 3-6 中为以 EDTA 为络合剂的浸泡液中离子浓度。对比表 3-5 及表 3-6 中数据，

可知，以 EDTA 作为络合剂，硫铁化合物的溶出量远远低于 DETPA 作为络合剂时硫铁化合物的溶出量，虽然延长时间可以增加硫铁化合物的溶出量，但在相同浓度和相同浸渍时间内，以 DETPA 作为络合剂，可以大大提高硫铁化合物的溶出效率。

表 3-6 加入络合剂 EDTA 后溶液测试结果　　（单位：mg/L）

时间/天	[Cl^-]	[SO_4^{2-}]	[Fe]	[S]
7	—	153.02	20.9	22.4
14	—	176.715	40.4	30.1

为考察 DETPA 和 EDTA 对于硫铁化合物的溶出效果，延长浸泡时间至 2 个月，期间由溶液中定期取样，测试溶液中离子浓度及硫铁元素的含量，结果见表 3-7 和表 3-8。

表 3-7 加入络合剂 DETPA 后 2 个月内溶液测试结果（2 个月）（单位：mg/L）

时间/天	[Cl^-]	[S]	[Fe]	[SO_4^{2-}]
14	—	46.676	58.2	23.0
28	—	76.715	68.9	15.0
35	—	23.27	118	26
42	—	22.89	154	34
63	—	53.77	246	54

表 3-8 加入络合剂 EDTA 后 2 个月内溶液测试结果（2 个月）（单位：mg/L）

时间/天	[Cl^-]	[S]	[Fe]	[SO_4^{2-}]）
14	—	153.02	20.9	22.4
28	—	14.212	40.4	30.1
35	5.26	113.27	57	37
42	2.88	100.32	64	41
63	1.33	127.96	82	49

由表 3-7 和表 3-8 可知，随着浸泡时间的延长，溶液中硫元素和铁元素的含量明显增加。铁元素在溶液中的含量增加明显，说明有硫铁化合物溶出进入到溶液中。对比 DETPA 溶液和 EDTA 溶液中硫铁元素的浓度（图 3-4、图 3-5），DETPA 溶液中硫元素和铁元素的浓度均远远高于 EDTA 溶液中硫铁元素的浓度。随着时间的延长，浓度差增加，说明 DETPA 对于硫铁化合物的溶出效率高于 EDTA 对于硫铁化合物的溶出效率。

第一阶段浸泡约 2 个月后，更换了浸泡液，进行第二阶段浸泡，浸泡时间约为 2 个月。期间溶液中氯离子、硫酸根离子及硫铁元素的浓度变化见表 3-9 和表 3-10。比较 DETPA 和 EDTA 溶液中铁和硫的浓度，见图 3-6 和图 3-7。可以看出经过两个阶段的浸泡，EDTA 溶液中硫元素和铁元素的浓度基本接近饱和，而 DETPA 溶液中硫元素和铁元素的浓度还呈上升趋势变化。

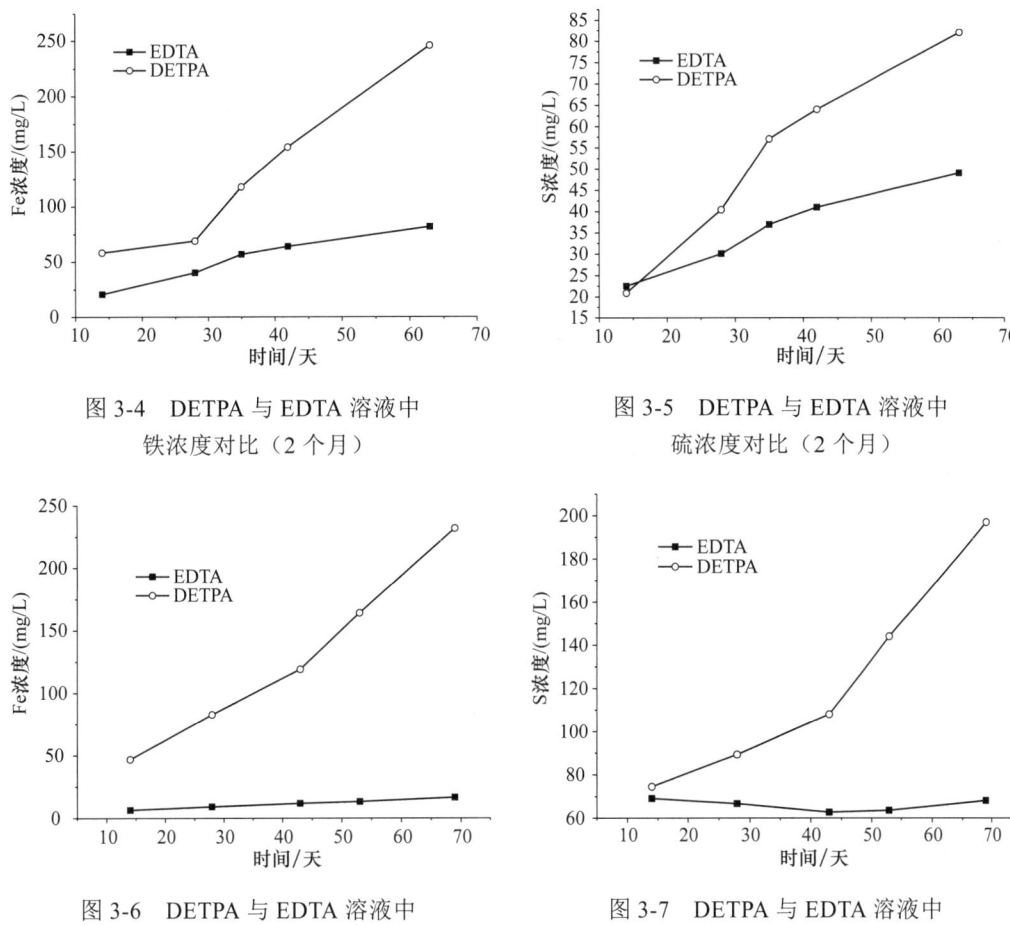

图 3-4　DETPA 与 EDTA 溶液中铁浓度对比（2 个月）

图 3-5　DETPA 与 EDTA 溶液中硫浓度对比（2 个月）

图 3-6　DETPA 与 EDTA 溶液中铁浓度对比（第二阶段）

图 3-7　DETPA 与 EDTA 溶液中硫浓度对比（第二阶段）

表 3-9　加入络合剂 DETPA 后溶液测试结果（第二阶段）　（单位：mg/L）

时间/天	[Fe]	[S]	[Cl$^-$]	[SO$_4^{2-}$]
14	47.0	74.4	—	203.40
28	82.6	89.3	—	212.47
43	119	108	—	239.93
49	164	144	—	260.09
69	232	197	—	324.61

表 3-10　加入络合剂 EDTA 后溶液测试结果（第二阶段）　（单位：mg/L）

时间/天	[Fe]	[S]	[Cl$^-$]	[SO$_4^{2-}$]
14	6.30	69.2	—	224.36
28	9.25	66.6	—	229.94
43	11.5	62.7	—	216.05
49	13.3	63.6	—	228.37
69	16.6	68.1	—	230.87

对比两个浸泡阶段 DETPA 溶液中铁和硫的浓度变化（图 3-8、图 3-9），发现其浓度变化均呈上升趋势，没有形成平台，说明两个月的浸泡溶液中硫铁元素的浓度还没有达到饱和。木材中还有可以溶出的硫铁化合物，因此还需要延长浸泡时间，以达到脱除硫铁化合物的目的。

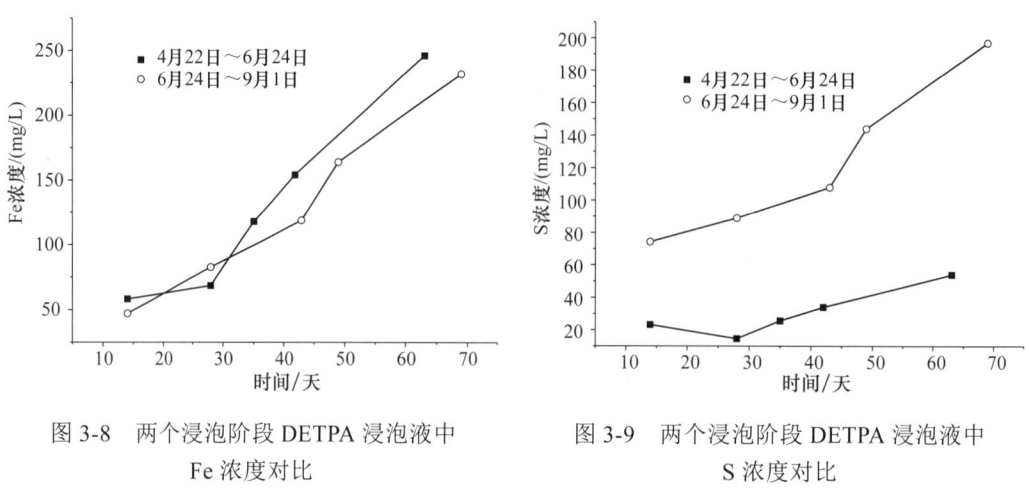

图 3-8　两个浸泡阶段 DETPA 浸泡液中 Fe 浓度对比　　　图 3-9　两个浸泡阶段 DETPA 浸泡液中 S 浓度对比

为考察 DETPA 溶液浓度与浸出硫铁化合物的关系，将 DETPA 浓度减半，配制浓度为 25mmol/L 的 DETPA 中性溶液，从编号为 XHI-174 的试块上取样进行浸泡，浸泡时间约为 3 个月，期间溶液中氯离子、硫酸根离子和硫铁元素的浓度见表 3-11 和图 3-10。由图 3-10 中可以看出，溶液中铁的浓度迅速增长，达到 1300mmol/L，在浸泡约三个月后达到平衡。分析原因是该样品本身含铁量很高（试块颜色呈深青色），因此溶液中铁的浓度较快达到平衡。同时也表明 DETPA 浓度在 25mmol/L 时也具有明显浸出硫铁化合物的作用。可以根据样块中硫铁化合物的含量适当选择 DETPA 溶液的浓度。

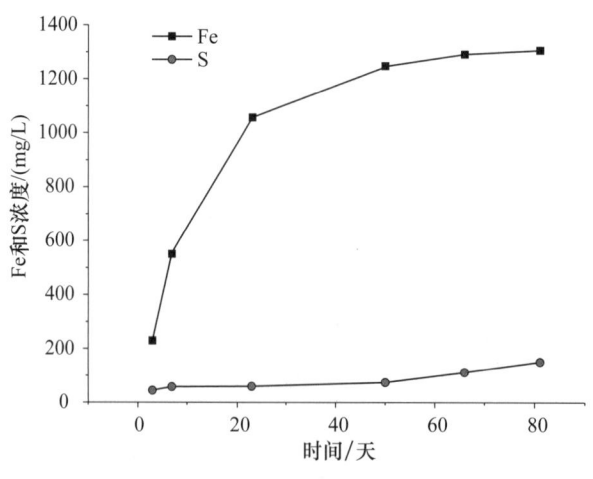

图 3-10　DETPA 浓度减半后浸泡液中硫铁浓度变化

表 3-11　络合剂 DETPA 浓度减半后溶液测试结果　　　（单位：mg/L）

时间/天	[Fe]	[S]	[Cl^-]	[SO_4^{2-}]
3	230	44.9	—	182.08
7	549	56.8	—	167.40
23	1056	59.0	—	169.28
50	1247	75.9	—	127.88
66	1292	110	—	126.76
81	1307	149	—	127.76

在海南省博物馆选取了较大构件进行 DETPA 脱除硫铁化合物的试验。DETPA 溶液浓度为 12.5mmol/L。构件编号 XHI-424，是较规则的六面体，一端有残损。尺寸约为 40cm×9.5cm×7.6cm。浸泡 305 天期间试浸泡液中硫元素和铁元素浓度变化分别见表 3-12 和图 3-11。

表 3-12　XHI-424 浸泡 305 天内 S、Fe 元素浓度变化　　　（单位：mg/L）

时间/天	[Fe]	[S]
1	10.6	1.04
7	49.9	3.74
14	75.3	5.67
21	99.3	6.99
28	148	9.08
44	168	12.3
70	212	20.6
120	273	39.6
140	304	43
165	311	44
180	344	48.2
195	335	46
305	332	42.3

由图 3-11 可以看到，大约在浸泡时间为 200 天时，溶液中的硫元素和铁元素的浓度基本达到了平衡。浸泡时间超过 200 天后，溶液中硫元素和铁元素的浓度没有明显增加。达到平衡时铁元素的浓度为 330mg/L。溶液中 DETPA 的浓度为 12.5mmol/L，可以推算，当 1mol DETPA 络合 26.4g 铁时，溶液达到平衡。

图 3-12 是试样 XHI-424 浸泡脱除硫铁化合物实验期间照片。可以看到，随着浸泡时间的延长，木块颜色明显变浅，表面红褐色沉积物逐渐消失，说明木块中的铁离子通过浸泡的方式进入了溶液。

对 DETPA 溶液脱除硫铁化合物实验进行了将近一年时间的连续监测，溶液中

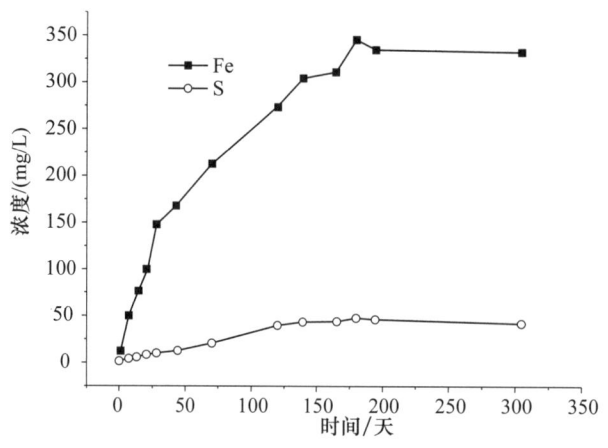

图 3-11 试样 XHI-424 浸泡期间硫铁元素浸泡液中浓度变化

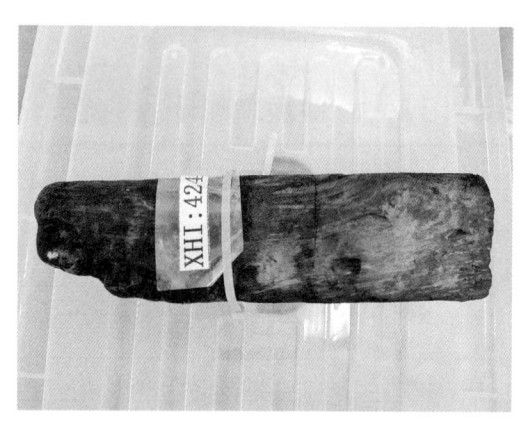

(a) 2010 年 11 月

(b) 2012 年 5 月

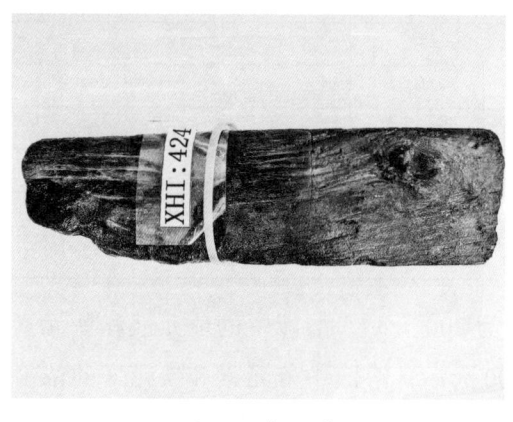

(c) 2013 年 10 月

(d) 2014 年 3 月

图 3-12 试样 XHI-424 试验期间照片

S 元素和 Fe 元素浓度的变化表明,当 1mol DETPA 络合约 26g 铁时,溶液达到平衡,络合试剂的络合能力达到饱和。外观观察结果表明 DETPA 具有明显的脱除铁的作用。

3.2 海洋出水木质文物硫铁化合物脱除过程表观动力学特征研究

3.2.1 表观动力学

表观动力学又称宏观动力学（相对于本征动力学而言），是指反应器传递过程影响下的反应动力学。相应的反应速率和反应速率方程称为表观反应速率和表观速率方程。表观速率方程和本征速率方程的形式并无差别，但方程中的变量和参数的物理意义不同[10,11]。

对于基元反应，根据阿累尼乌斯方程，反应速率可以表述为

$$k = A\exp(-E_a/RT) \quad (3-4)$$

对于基元反应，活化能的物理意义很明确，即为普通分子变为活化分子所必须越过的能垒。对于复杂反应，尤其是对于多相反应而言，速率方程中的表观反应速率常数与温度的关系仍然可以表述为阿累尼乌斯方程的形式，这时实际测得的活化能 E_a 的物理意义就不那么明确了，通常称之为表观活化能（apparent activation energy）。

表观动力学方程中的表观频率因子、表观反应活化能和表观反应级数的数值不但与反应特性有关，还与反应器的形式、尺寸、操作方式、操作条件等因素有关。因此一定的表观动力学方程只是相对于一定的传递过程条件才有意义。

一般来说，在多相反应体系中，反应物之间要实现化学反应，必须以它们之间的相互接触为前提。因此，流体-固体之间的多相反应过程至少应包括以下步骤[11,12]：

（1）流体反应物由流体向本体传质通过固态试样表面的边界层到达外表面，即流体反应物的外传质步骤；

（2）流体反应物扩散通过固态产物层（也称灰层）接近固态反应物，即内扩散步骤；

（3）流体反应物在固态反应物表面经过吸附生成活性中间产物等一系列转化，生成产物，再经新相晶核的形成与长大、流体产物脱附等转变过程，实现界面（或局部）化学反应步骤；

（4）流体产物扩散通过固态产物层到达固态试样外表面；

（5）流体产物传质通过边界层进入流体相本体。

如上所述，多相反应过程是一个多步骤过程，如果其中某一个步骤的速率比其他各步的速率要慢得多，以致整个反应速率取决于这一步的速率，该步骤就称为速率控

制步骤。当反应过程达到定常态时，各步骤的速率应该是相等的，且反应过程的速率等于控制步骤的速率。所谓宏观反应动力学是指除考虑化学反应步骤外，还须综合考虑传质、扩散、传热等物理过程，研究多相化学反应速率及其变化规律的科学。

3.2.2 浸出过程动力学

1. 浸出过程动力学特征

海洋出水木质文物中硫铁化合物脱除过程示意图如图3-13所示。

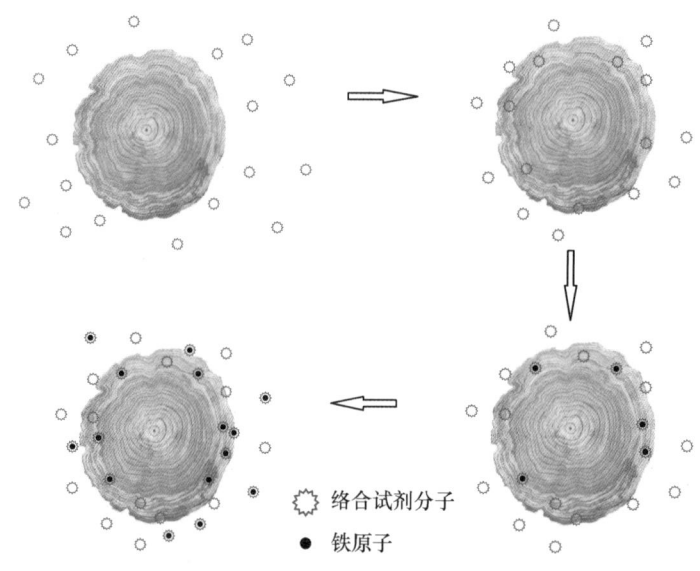

图3-13 硫铁化合物脱除过程示意图

络合试剂分子由于浓度差的作用，逐渐从木材表面迁移到木材内部，与木材表面或内部的铁相络合，再次通过浓度差的作用迁移到木材表面，并进入溶液。因此木材硫铁化合物的脱除体系是一个流体-固体之间的多相反应体系。因而该反应体系的反应速率除受到络合试剂与铁之间发生络合反应的基元反应速率的影响外，还受到体系传质、扩散等物理过程的影响。

该过程非常类似湿法冶金中的浸出过程[13]。

湿法冶金指主要在水溶液中进行的提取冶金过程，包括在水溶液中浸出（或分解）矿物原料，或冶金中间体或废旧物料以从中提取有价金属，含有价金属水溶液的净化除杂质及其中相似元素的分离，从水溶液中析出金属化合物或金属。

湿法冶金过程的温度较低，化学反应及扩散速率都较慢，因此很难达到平衡状态。实际生成过程的最终结果往往不是取决于热力学条件，而是决定于动力学条件。因此，研究浸出过程动力学，对于强化浸出过程的速率具有较大的实际意义。

湿法冶金的浸出过程如图3-14所示[13]。

浸出过程经历下列步骤：

Ⅰ．浸出剂通过扩散层向矿粒表面扩散（外扩散）；

Ⅱ．浸出剂进一步扩散通过固体膜（内扩散）；

Ⅲ．浸出剂与矿粒发生化学反应，与此同时亦伴随有吸附或解吸过程；

Ⅳ．生成的不溶产物层使固体膜增厚，而生成的可溶性产物扩散通过固体膜（内扩散）；

Ⅴ．生成的可溶性产物扩散到溶液中（外扩散）。

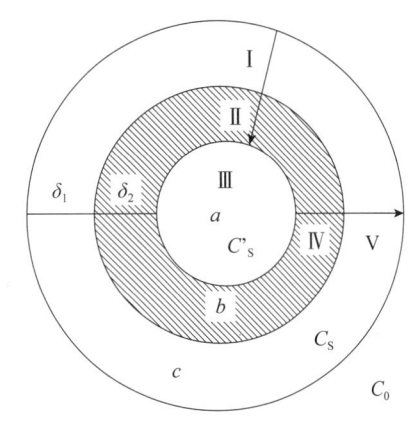

图3-14 湿法分解矿精过程示意图
a. 未反应的矿粒核；b. 反应生成的固体膜或浸出的固体残留物；c. 浸出剂的扩散层；C_0. 浸出剂在水中的浓度；C_s. 浸出剂在固体表面处的浓度；C'_s. 浸出剂在反应区的浓度；δ_1. 浸出剂扩散层的有效厚度；δ_2. 固膜厚度

浸出过程的动力学具有如下特征：

（1）浸出速率随着反应的总阻力增加而减小。反应的总阻力为浸出剂外扩散阻力、浸出剂内扩散阻力、化学反应阻力及生成物外扩散阻力之和。

（2）当反应平衡常数很大，即基本上不可逆，则反应速率取决于浸出剂的内扩散和外扩散阻力，以及化学反应阻力，而生成物的向外扩散对浸出过程的速率影响可以忽略不计。

（3）浸出速率取决于上述最慢的步骤，如当外扩散步骤最慢，以至外扩散的阻力远远大于其他步骤的阻力，则浸出过程总速率取决于外扩散步骤，外扩散成为控制性步骤，或者说过程为外扩散控制。同理若化学反应步骤最慢，反应步骤阻力远远大于其他步骤阻力，则浸出过程总速率取决于化学反应速率，化学反应步骤成为控制性步骤，或者说过程为反应控制。

若其中两个步骤的速率大体相等，且远小于第三步骤，则过程为两者混合控制。

应当指出，对于一个浸出过程而言，其控制步骤不是一成不变的，随着条件的改变也会发生转移。例如，某过程在低温下是反应控制，但如果升高温度，其化学反应速率大幅提高，以致超过扩散步骤，此时过程转为扩散控制。同样若在搅拌速度较慢时为外扩散控制，但当搅拌速率加快到一定程度后，控制步骤也可能由外扩散转为其他步骤。

研究浸出过程动力学的主要任务就是查明浸出过程的控制步骤，从而针对性地采取措施进行强化。为此应先从理论上了解各种控制步骤的特征，再用实际过程的特征与之对照，然后再进行分析。

2. 浸出过程控制步骤的判别

浸出过程控制步骤的判别有改变搅拌强度法和改变温度法。

1）改变搅拌强度法

当总速度为外扩散控制时，加强搅拌强度可以降低扩散层的厚度，从而加快反应速度。此时反应速度与搅拌强度的关系将如下：当搅拌强度不大时，随着搅拌强度的增加，扩散层厚度降低，反应加快。当搅拌速度增加到一定程度后，外扩散速度已经很快，它不再成为控制步骤，故进一步加强搅拌对反应速率影响不大。

当总速度受生成的致密固膜扩散即内扩散控制时，扩散层是固相产物且非常致密，它的厚度用普通的搅拌方法不能有效降低，故提高搅拌强度对反应速度基本无影响。

可见，从改变搅拌强度对反应速度的影响可以大体判别其控制步骤。

2）改变温度法

控制步骤不同的反应，温度的影响是不同的。当受化学反应步骤控制时，随着温度的升高，反应速度急剧增加，若测出不同温度下的反应速率常数 k，代入阿累尼乌斯方程，可求出表观活化能 E[14]：

$$k = A e^{E/RT}$$

即 $\ln k = -E/RT + B$

式中，A 为指前因子；E 为表观活化能。

化学反应控制时，E 值为 42~800kJ/mol。

受扩散控制时，反应速度正比于扩散系数 D，而温度对 D 的影响远不及对反应速度的影响大。扩散系数 D 对温度的关系，一般可用类似阿累尼乌斯方程的公式表示：

$$D = A' e^{E'/RT}$$

式中，A' 为指前因子；E' 为扩散活化能。E' 值为 4~12kJ/mol，比化学反应的活化能小得多。可见，随着温度的升高，D 值的增加率较化学反应速率小。

因此，测定反应速率与温度的关系，计算其表观活化能，也可以判断控制步骤。若表观活化能值大，达到 42kJ/mol，则说明控制步骤为化学反应步骤；若反应速率随温度变化不大，则表观活化能与扩散活化能相近，则控制步骤为扩散控制[13]。

3.2.3 海洋出水木质文物中硫铁化合物脱除过程表观动力学特征

1. 研究方法

在木材中硫铁化合物脱除动力学特征研究过程中，使用了两种硫铁化合物脱除试剂：二乙三胺五乙酸溶液及乙二胺四乙酸二钠＋H_2O_2溶液。

配制10mmol/L二乙三胺五乙酸，用1mol/L氢氧化钠溶液将溶液pH调至7.0（1#溶液），以及10mmol/L乙二胺四乙酸二钠＋10mmol/L H_2O_2 溶液1000mL（2#溶液）。

根据硫铁化合物脱除过程的实际应用情况，脱除溶液的温度通常为室温。因而实验的温度分别选择30℃、40℃和50℃。将200mL 1#溶液和2#溶液分别加入到两个500mL广口瓶中，然后在广口瓶中各加入一块2cm×2cm×2cm左右的木块。将广口瓶分别置于30℃、40℃、50℃水浴中，转速设定为800rpm，进行脱除实验。每隔一段时间取样，每次取样4mL，补加4mL（1#或2#溶液）原液。

实验过程中使用了两批木块样品。为防止在加热过程中硫和铁发生氧化，采用冷冻干燥的方法对木块样品进行干燥。

第一批木块冷冻干燥后，有白色粉末析出，木块变脆，易碎。将木块和白色粉末进行红外光谱（图3-15）和X射线光电子能谱分析。

XPS分析结果如表3-13所示。木块中Fe（能带$Fe^{III}2p$：711.72eV，图3-16）的含量非常少，大概不到0.1%，在粉末中没发现含有Fe，主要含有Na^+、K^+、Ca^{2+}、Mg^{2+}、HCO_3^-（CO_3^{2-}）、Cl^-离子。XPS测定的S有163.627eV、169.286eV、169.204 eV、170.404eV，对照表3-14所示的S的标准能谱表可知，硫元素可能是单质S和氧化态的S，未见还原态的S（图3-17）。

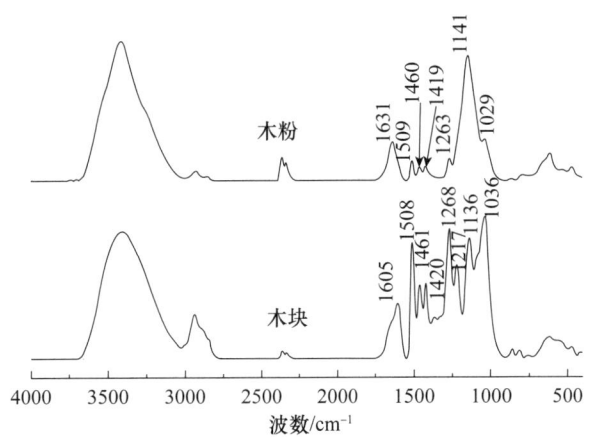

图3-15　木块和白色粉末的红外光谱

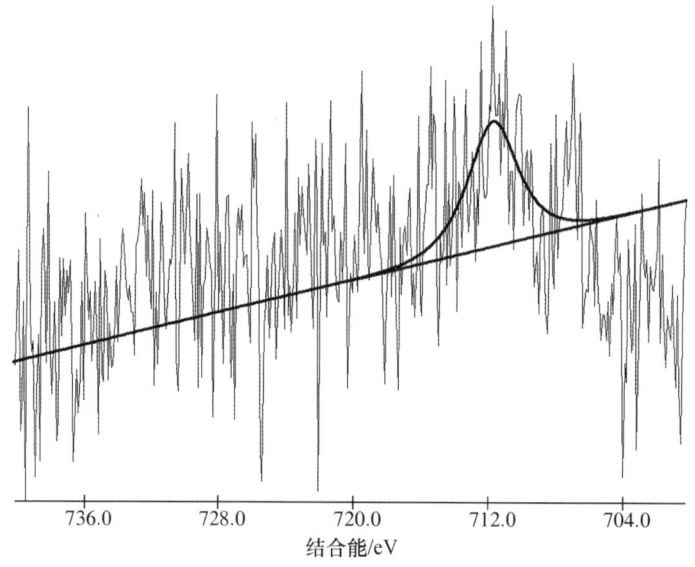

图 3-16 木块中 Fe^{III} 的 XPS 谱图

表 3-13 木块和白色粉末的 XPS 分析结果 （单位：at%）

木块样品		白色粉末	
元素	含量	元素	含量
Na 2s	3.08	Mg 2p	2.32
S 2p	1.63	Na 2s	9.8
Cl 2p	2.29	S 2p	4.32
C 1s	65.47	Cl 2p	9.33
N 1s	0.7	C 1s	48.85
O 1s	26.82	N 1s	0.98
Fe^{III} 2p	<0.1%	Ca 2s	1.01
—	—	O 1s	23.04
—	—	K 2p	0.34

表 3-14 S 的标准能谱表

能带 /eV	161.2	161.9	162.2	162.4	162.6	163.9	164.0	165.1	166.6	168.5	168.5
化合物	PbS	HgS	MoS_2	$Na_2S_2O_3$	FeS_2	S2p3	S2p	S2p1	Na_2SO_3	Na_2SO_4	$Na_2S_2O_3$

将木块干燥后经扫描电镜图观察可知（图 3-18），除了含有一些形状不规则的矿物质外，还有一些片状结构的矿物质。XRD 分析图谱见图 3-19，结果表明木块中含有少量 FeS_2。

第二批木块样品的 XPS 分析结果如表 3-15 所示。木块中 Fe（能带 $Fe^{III}2p_{3/2}$：711.22eV，图 3-20）的含量为 1.24%。XPS 测定的 S 的能带有 168.59eV、163.64eV（图 3-20），对照表 3-14 所示的 S 的标准能谱表可知，硫元素可能是单质 S 和氧化态的 S。

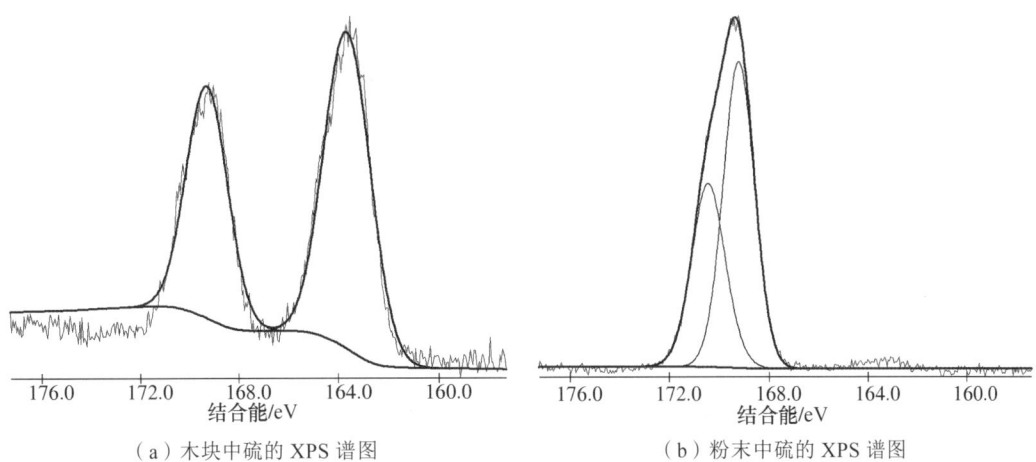

（a）木块中硫的 XPS 谱图　　（b）粉末中硫的 XPS 谱图

图 3-17　第一批样品中硫的 XPS 谱图

（a）　（b）

（c）　（d）

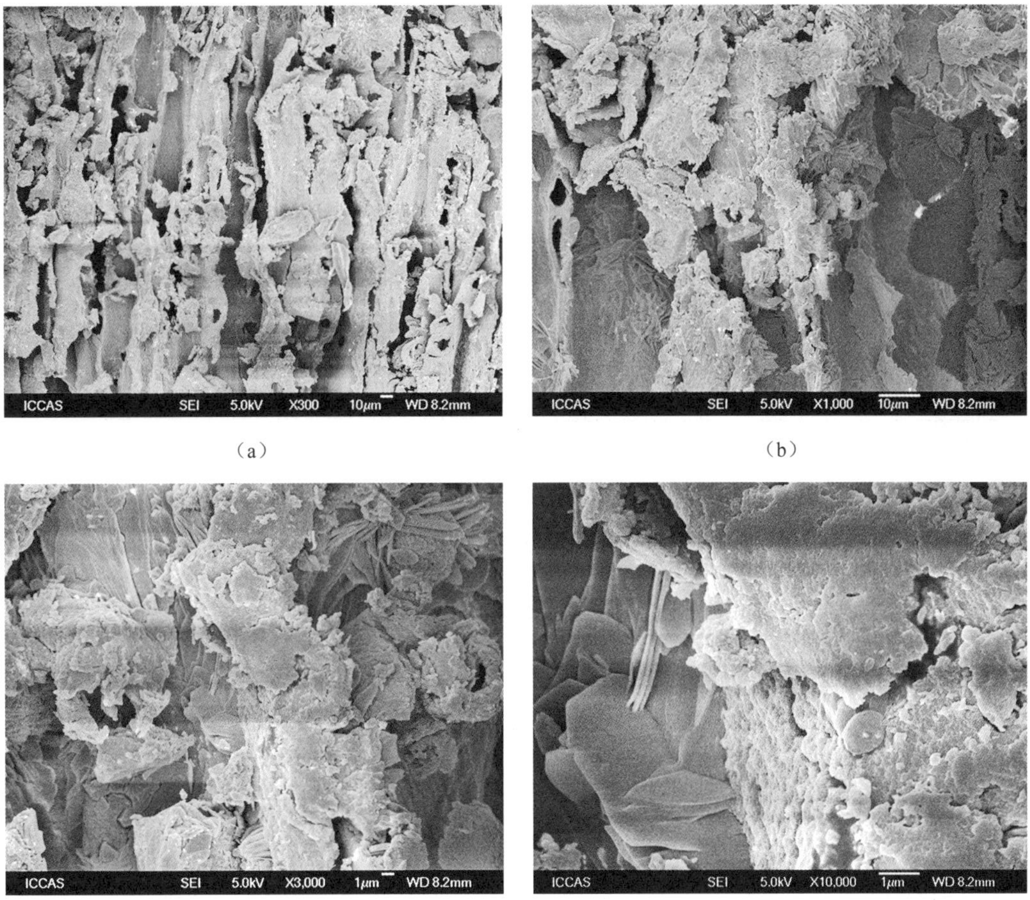

图 3-18　干燥木块的 SEM 照片

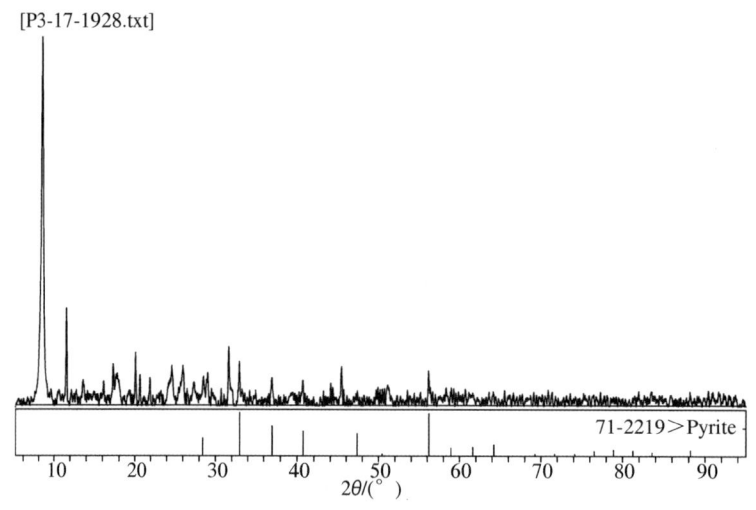

图 3-19　干燥木块的 XRD 图谱

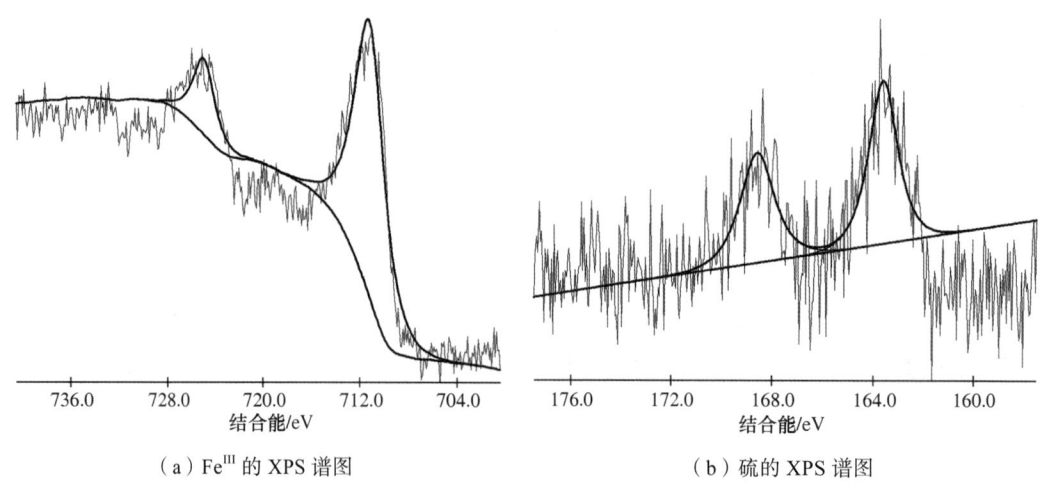

（a）Fe^{III} 的 XPS 谱图　　　　　　（b）硫的 XPS 谱图

图 3-20　第二批木块中铁和硫的 XPS 谱图

表 3-15　第二批木块样品 XPS 测试结果

元素	Fe 2p	S 2p	C 1s	N 1s	O 1s
含量 /at %	1.24	0.39	77.83	1.7	18.85

2. 二乙三胺五乙酸体系

当木块置于二乙三胺五乙酸溶液中后，溶液逐渐变黄色。如图 3-21 所示，溶液的 pH 从最初的 7 降到 5～5.5，且保持恒定。即使在不同的温度下进行脱除实验，pH 始终保持在此范围内。如图 3-22 所示，在 30℃和 40℃时，电导率逐渐降低，但是在 50℃时，电导率增加，在第 10 天时有一突变，从 2200μs/cm 增加至 2700μs/cm。图 3-23 和图 3-24 是不同温度下硫铁化合物脱除溶液中 S 含量随着时间的变化曲线。由图 3-23 可知，在 30℃和 40℃时，S 含量出现突然增加然后变化趋缓，而在 50℃时

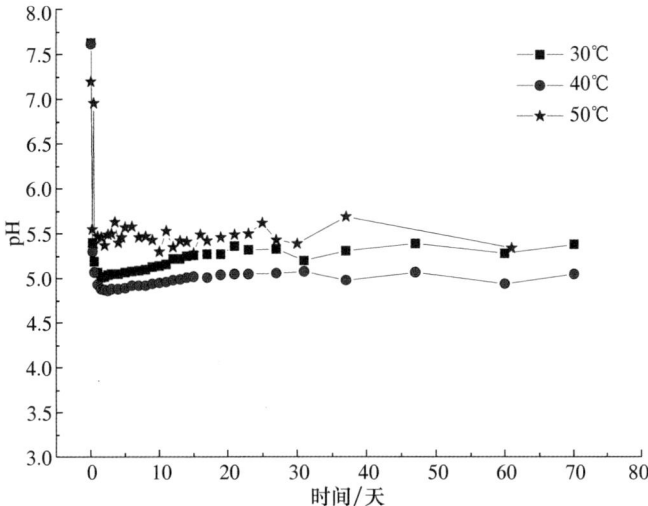

图 3-21 不同温度下二乙三胺五乙酸溶液的 pH 随时间的变化

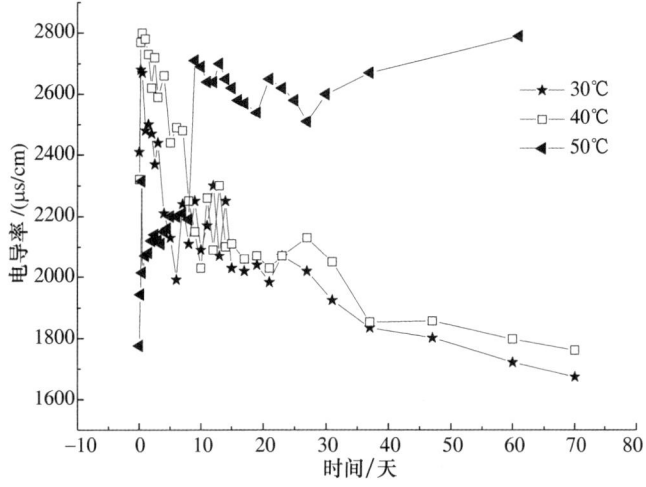

图 3-22 不同温度下二乙三胺五乙酸溶液的电导率随时间的变化

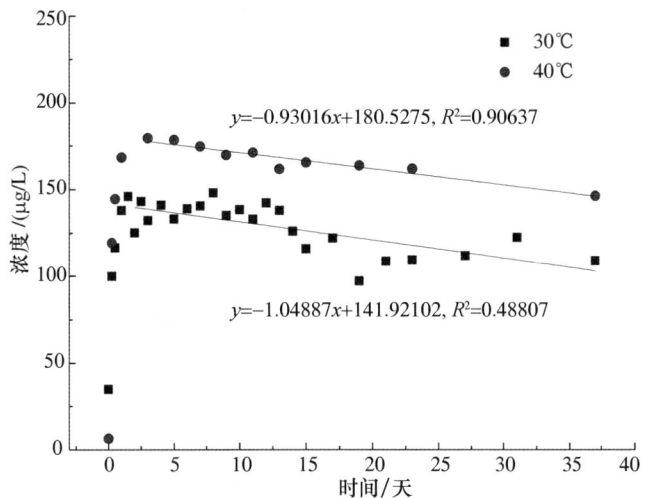

图 3-23 30℃、40℃下二乙三胺五乙酸溶液中 S 浓度随时间变化

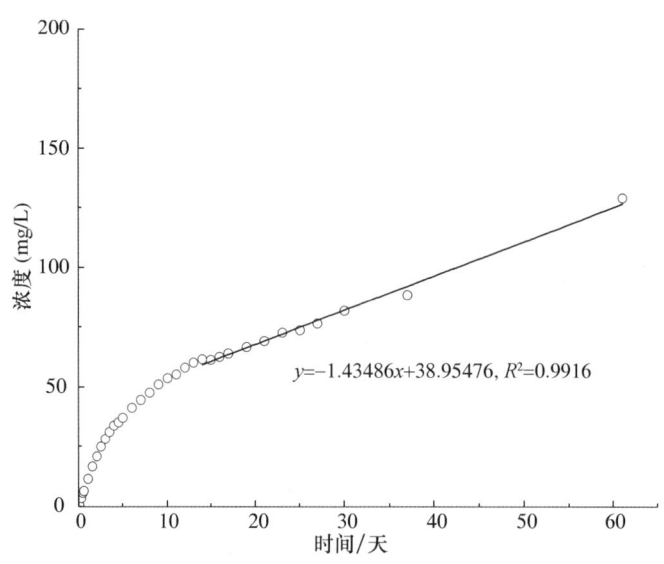

图 3-24　50℃下二乙三胺五乙酸溶液中 S 浓度随时间的变化

S 含量增加较为缓慢,在 15 天时脱除呈现线性增加的趋势。

硫化物可以分为两类：酸可溶性硫化物和酸不可溶性硫化物。酸可溶性硫化物的价带由金属原子（M）和硫原子轨道共同组成,硫原子失电子,M-S 键即断裂,因此较易溶解,如 ZnS、PbS、CuS 等。酸不可溶性硫化物的价带由金属原子的 d 轨道构成,硫原子失电子并不会造成 M-S 键断裂,只会增加金属原子的氧化势,因而较难溶解,如 FeS_2 和 MoS_2 [15]。

因此黄铁矿（FeS_2）的溶解通常伴随着氧化过程。一般认为在酸性条件下,黄铁矿氧化释放的第一个硫化物是硫代硫酸根（$S_2O_3^{2-}$）,硫代硫酸根经过一系列氧化过程,最终变为硫酸根（SO_4^{2-}）。在中性和碱性条件下,黄铁矿依靠溶解氧（$O_2(aq)$）进行氧化。在 pH 为 6～7 范围内,最主要的含硫化合物为连四硫酸根（$S_4O_6^{2-}$）和硫酸根（SO_4^{2-}）,随着 pH 升高,最主要的含硫化合物变为硫代硫酸根（$S_2O_3^{2-}$）和亚硫酸根（SO_3^{2-}）[16,17]。

因此可以说,在加入 DETPA 使硫铁化合物溶解的过程中,S 不断氧化进入溶液,生成硫酸根等各种含硫的酸根离子,使得溶液的 pH 下降,而溶液中电离的络合试剂分子与铁络合,形成稳定的络合物,因而使溶液的电导率有所下降。但随着进入溶液中的含硫酸根离子的数量增加,溶液的电导率也会有所增加。

图 3-25～图 3-27 为不同温度下二乙三胺五乙酸溶液中铁的浓度随时间变化的曲线。在开始时都存在铁浓度急剧增加的阶段。在 30℃和 40℃时,浓度达到一平台后呈直线增加；在 50℃时,浓度急剧增加后速度减缓,当到第 14 天后,脱除量呈现直线增加的趋势。比较了不同温度下的释放速率可知,在 40℃时铁的脱除速率较快。

由二乙三胺五乙酸中铁的浸出速率曲线可以看到,硫铁化合物脱除的过程可以

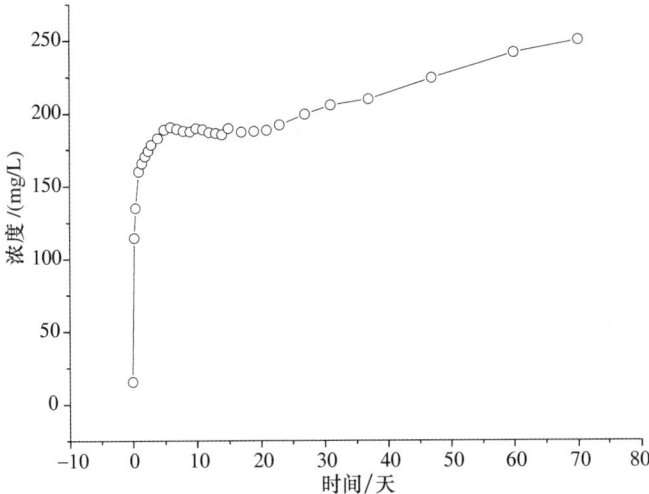

图 3-25　30℃下二乙三胺五乙酸溶液中 Fe 浓度随时间的变化

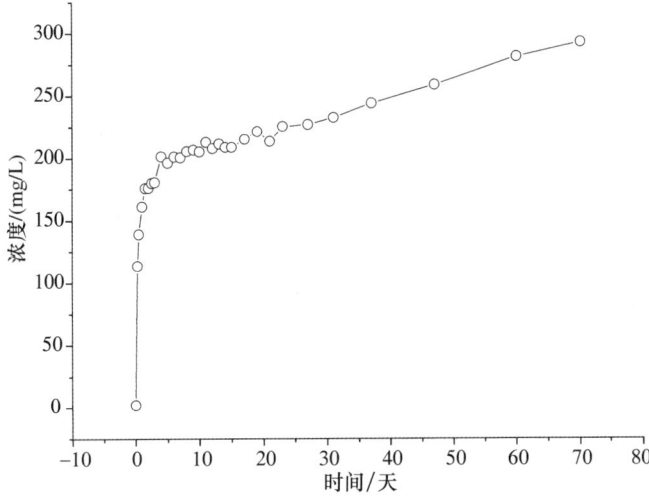

图 3-26　40℃下二乙三胺五乙酸溶液中 Fe 浓度随时间的变化

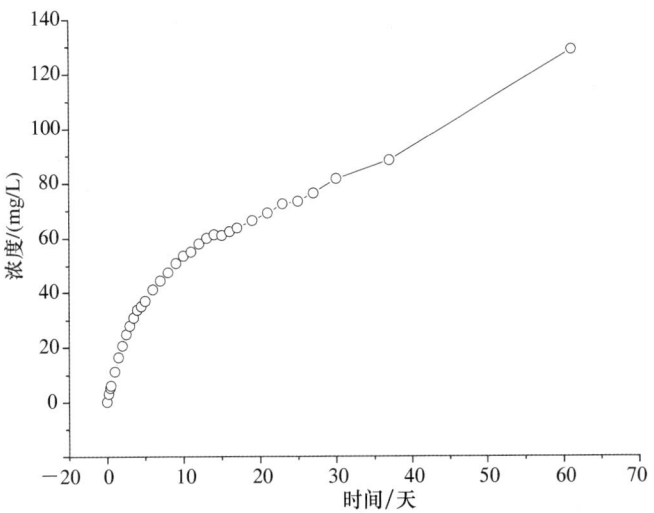

图 3-27　50℃下二乙三胺五乙酸溶液中 Fe 浓度随时间的变化

分为三个阶段：初始阶段，在加入络合试剂的 5 天之内，溶液中 Fe 的浓度有一个突然升高的过程，Fe 的浓度增加非常快，说明铁脱除的速率非常快；第二个阶段，在加入络合试剂 5~10 天内，溶液中 Fe 的浓度随时间变化的曲线斜率逐渐减小，说明铁的脱除速率减慢；第三个阶段，在加入络合试剂 10 天之后，溶液中 Fe 的浓度随时间变化的曲线斜率再次减小，之后溶液中 Fe 的浓度与时间呈线性关系，曲线斜率基本不再发生变化。因此可以把木材中铁的脱除分为三个阶段：第一个阶段为快速反应阶段，第二个阶段为减速阶段，第三个阶段为匀速阶段。

对 30℃和 40℃下二乙三胺五乙酸中铁脱除速率曲线的三个阶段分别拟合，如图 3-28 和图 3-29 所示。

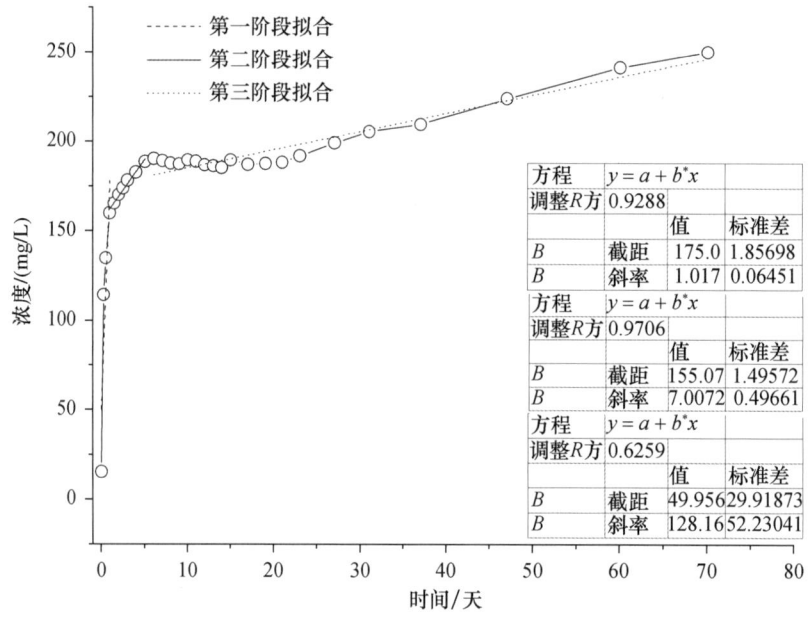

图 3-28　30℃下二乙三胺五乙酸溶液中铁脱除速率拟合结果

拟合曲线的斜率列于表 3-16 中。

表 3-16　二乙三胺五乙酸溶液中铁脱除速率拟合结果

拟合结果	第一阶段	第二阶段	第三阶段
斜率（30℃）	128.1634	7.00725	1.01775
斜率（40℃）	140.7348	9.92351	1.45005
E_a/（kJ/mol）	7.385	27.513	27.939

化学反应的活化能可以根据阿累尼乌斯方程计算［式（3-4）］，对于基元反应，其中 E_a 为反应活化能。阿累尼乌斯方程不但适用于基元反应，也适用于多数非基元反应，其中 E_a 为非基元反应总的活化能。由实验测得的 k-T 数据按照阿累尼乌斯方

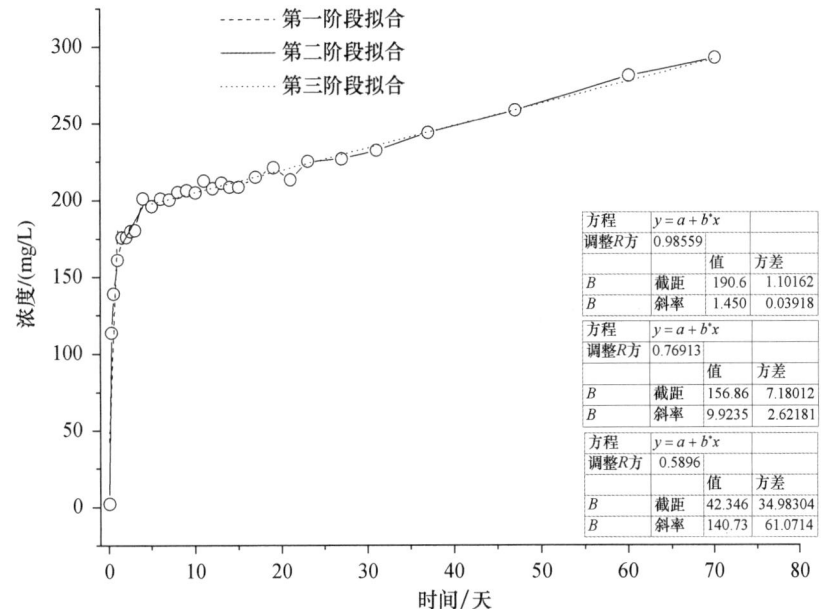

图 3-29　40℃下二乙三胺五乙酸溶液中铁脱除速率拟合结果

程计算所得的活化能为表观活化能[14]。

利用式（3-5）计算 30~40℃温度间，二乙三胺五乙酸对于铁脱除过程三个阶段的表观活化能，结果列于表 3-16。

$$\ln\frac{k_2}{k_1}=-\frac{E_a}{R}\left(\frac{1}{T_2}-\frac{1}{T_1}\right) \quad (3-5)$$

化学反应控制的浸出过程动力学，浸出过程的速率或浸出率随温度的升高而迅速增加，根据不同温度下的 k 值或 k' 值，按照阿累尼乌斯公式求出的表观活化能应大于 41.8kJ/mol。扩散控制时，其表观活化能较小，为 1~12kJ/mol。混合物控制的特征是表观活化能为 14~41.8kJ/mol，搅拌速度及温度等因素都对浸出速度有一定影响[13]。

根据表 3-16 表观活化能的计算结果，在硫铁化合物脱除的第一个阶段，表观活化能为 7.385kJ/mol，小于 14kJ/mol，该阶段应为扩散控制阶段。而硫铁化合物脱除的第二阶段和第三阶段表观活化能分别为 27.513kJ/mol 和 27.939kJ/mol，均在 14~41.8kJ/mol，应为混合控制阶段。

3. 乙二胺四乙酸体系

当木块置于乙二胺四乙酸溶液中后，溶液逐渐变黄色。如图 3-30 所示，溶液的 pH 从最初的 4.7 逐渐下降，电导率增加。随着时间的增加，pH 一直降低，到 60 天的时候 pH 达到 3.2~3.8。图 3-31 是电导率随时间的变化曲线。在 30℃和 40℃时，电导率逐渐升高；但是在 50℃时，电导率降低，在第 40 天达到恒定。

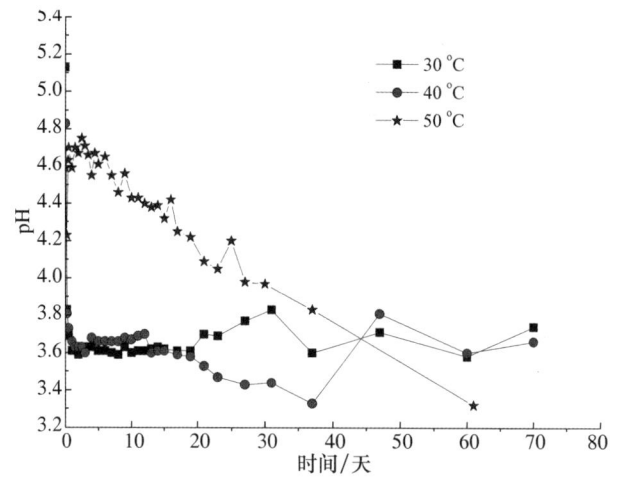

图 3-30　不同温度下乙二胺四乙酸二钠溶液 pH 随时间变化曲线

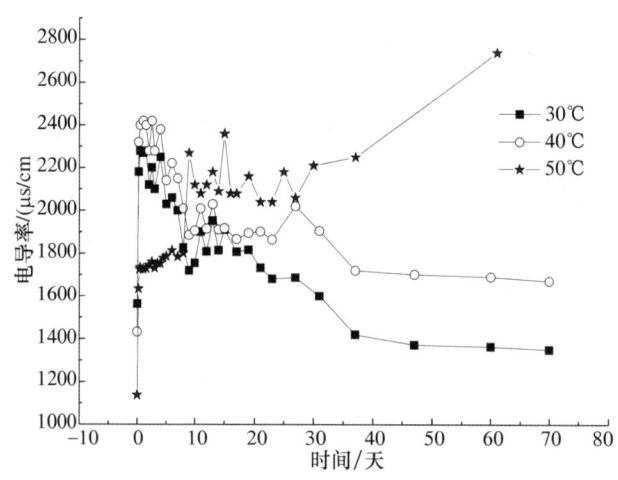

图 3-31　不同温度下乙二胺四乙酸二钠溶液电导率随时间变化曲线

图 3-32～图 3-34 分别为 30℃、40℃和 50℃时溶液中 S 浓度的变化曲线。在开始时 S 浓度快速增加，然后增加速率减慢，最后达到一个匀速状态。

图 3-35～图 3-37 是溶液中 Fe 的浓度变化曲线。

与 DETPA 体系类似，在加入 EDTA 使硫铁化合物溶解的过程中，S 不断氧化进入溶液，生成硫酸根等各种含硫的酸根离子，使得溶液的 pH 下降，而溶液中电离的络合试剂分子与铁络合，形成稳定的络合物，因而使溶液的电导率有所下降。但随着进入溶液中的含硫酸根离子的数量增加，溶液的电导率有会有所增加。最后随着氧化和络合达到平衡，pH 和电导率均达到较为稳定的数值。

由图 3-35～图 3-37 可以看到，与二乙三胺五乙酸溶液体系相似，对于乙二胺四乙酸中 Fe 的浸出速率曲线，硫铁化合物脱除的过程同样可以分为三个阶段：第一个阶段，在加入络合试剂的 5 天之内，溶液中 Fe 的浓度有一个突然升高的过程，Fe 的

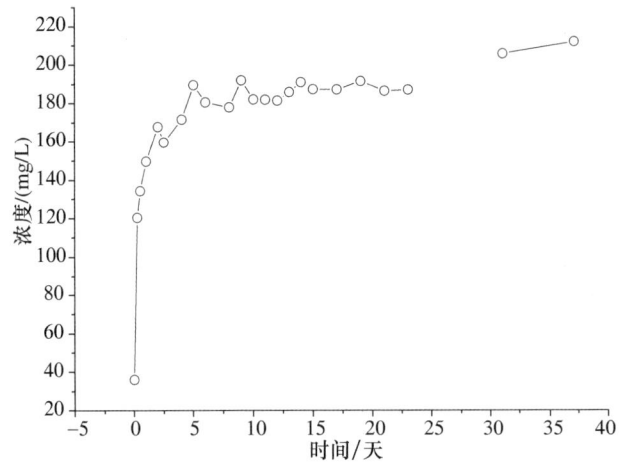

图 3-32 30℃下乙二胺四乙酸二钠溶液中 S 浓度随时间变化曲线

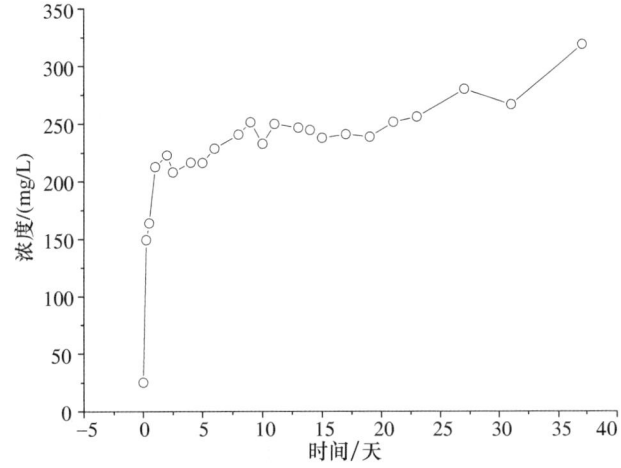

图 3-33 40℃下乙二胺四乙酸二钠溶液中 S 浓度随时间变化曲线

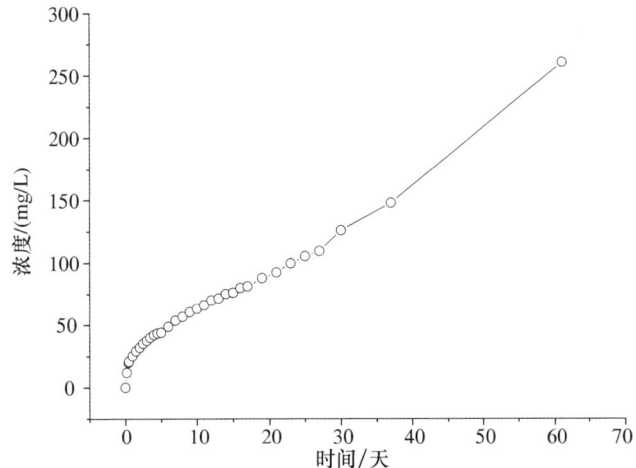

图 3-34 40℃下乙二胺四乙酸二钠溶液中 S 浓度随时间的变化曲线

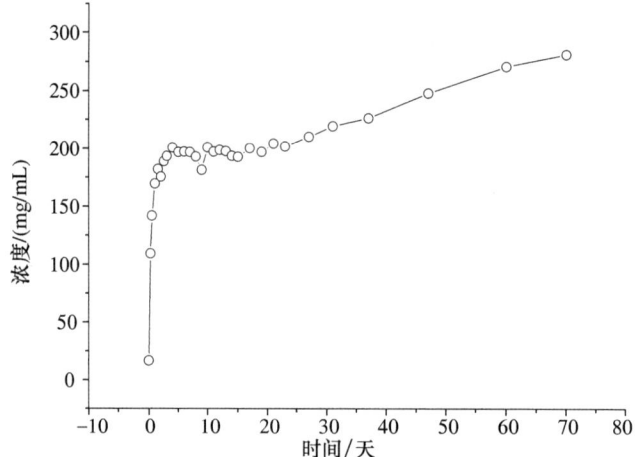

图 3-35 30℃下乙二胺四乙酸二钠溶液中 Fe 浓度随时间变化曲线

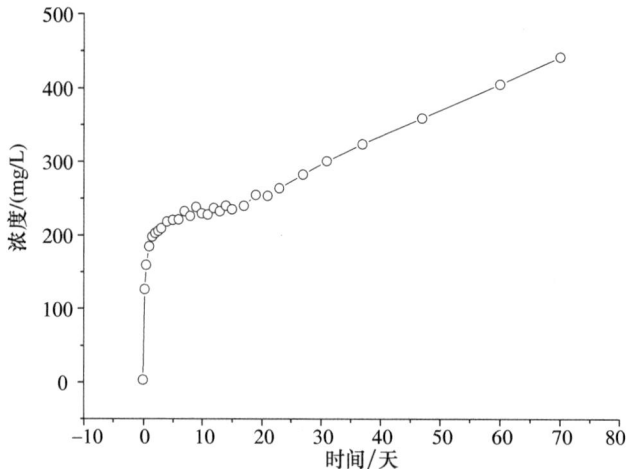

图 3-36 40℃下乙二胺四乙酸二钠溶液中 Fe 浓度随时间变化曲线

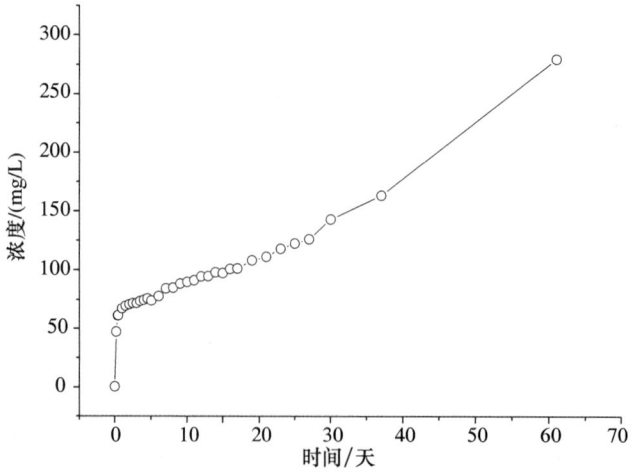

图 3-37 50℃下乙二胺四乙酸二钠溶液中 Fe 浓度随时间变化曲线

浓度增加非常快，说明铁脱除的速率非常快；第二个阶段，在加入络合试剂 10 天内，溶液中 Fe 的浓度随时间变化的曲线斜率逐渐减小，说明铁的脱除速率变缓；第三个阶段，在加入络合试剂 10 天之后，溶液中 Fe 的浓度随时间变化的曲线斜率再次减小，之后溶液中 Fe 的浓度与时间呈线性关系，曲线斜率基本不再发生变化。因此可以把木材中铁的脱除分为三个阶段：第一个阶段为快速反应阶段；第二个阶段为减速阶段；第三个阶段为匀速阶段。

对 30℃、40℃和 50℃下二乙三胺五乙酸中铁脱除速率曲线的三个阶段分别进行拟合，如图 3-38～图 3-40 所示。每个阶段拟合曲线的斜率见表 3-17 和表 3-18。

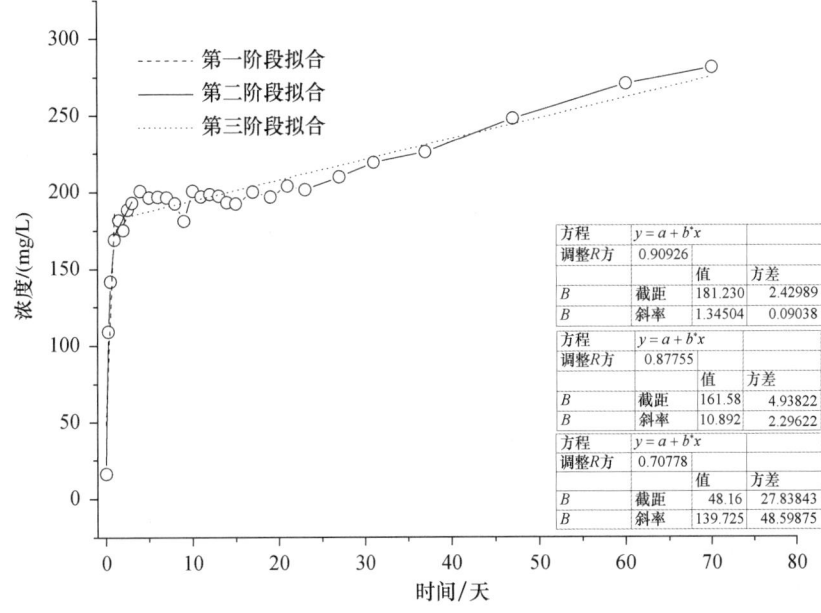

图 3-38　30℃下乙二胺四乙酸溶液中铁脱除速率拟合结果

利用式（3-5）分别计算在 30～40℃、40～50℃乙二胺四乙酸溶液对于铁脱除过程三个阶段的表观活化能，结果列于表 3-17 和表 3-18。

表 3-17　30～40℃乙二胺四乙酸溶液中铁脱除速率拟合结果

拟合结果	第一阶段	第二阶段	第三阶段
斜率（30℃）	139.7257	10.892	1.34504
斜率（40℃）	162.0365	13.364	3.42497
E_a /（kJ/mol）	11.692	22.137	72.511

表 3-18　40～50℃乙二胺四乙酸溶液中铁脱除速率拟合结果

拟合结果	第一阶段	第二阶段	第三阶段
斜率（40℃）	162.0365	13.364	3.42497
斜率（50℃）	220.8236	21.752	4.4901
E_a /（kJ/mol）	26.042	40.984	22.781

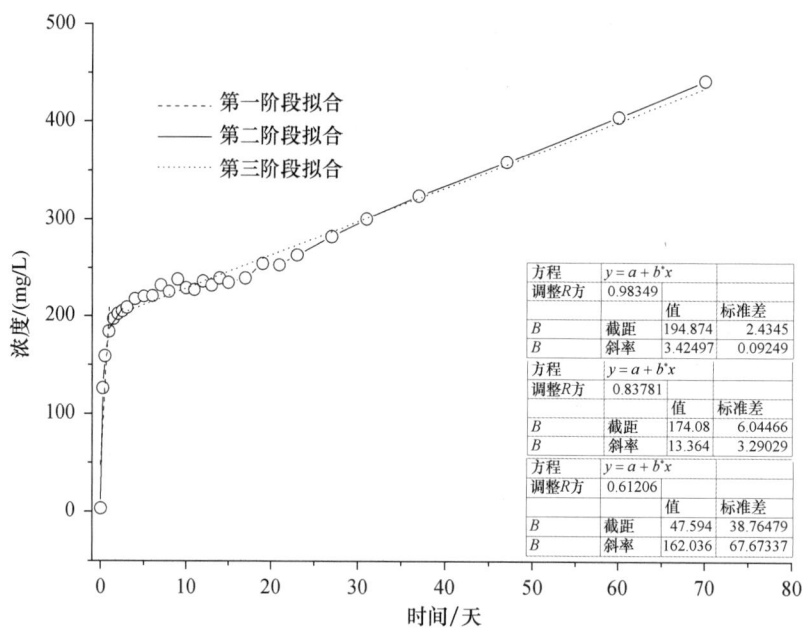

图 3-39 40℃下乙二胺四乙酸溶液中铁脱除速率拟合结果

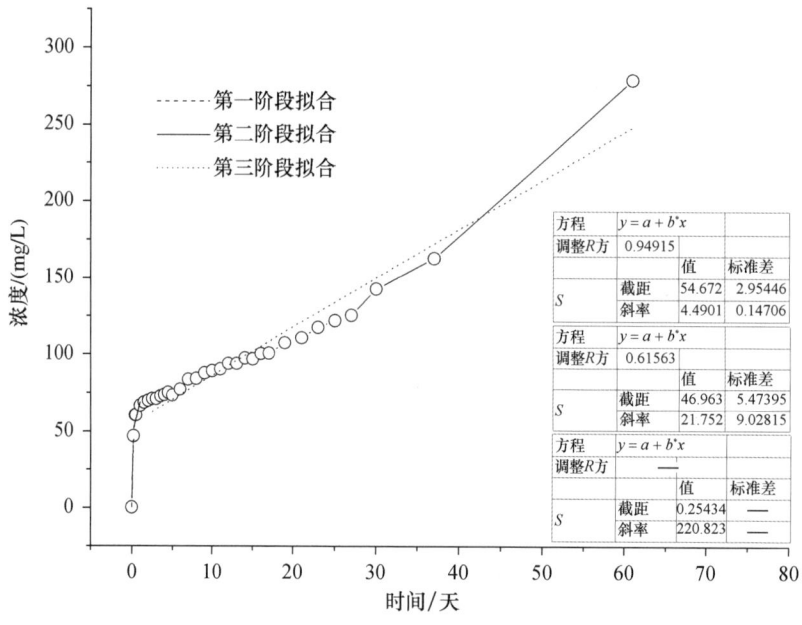

图 3-40 50℃下乙二胺四乙酸溶液中铁脱除速率拟合结果

由表 3-17 和表 3-18 的数据可知,对于乙二胺四乙酸溶液,在 30～40℃,第一阶段是扩散控制,第二阶段是混合控制,第三阶段是化学反应控制,而随着温度的升高,在 40～50℃,整个过程都是混合控制。

3.3 硫铁化合物脱除体系及其表观动力学特征

仅采用去离子水浸泡的方法，不能有效溶出海洋出水木材中的硫铁化合物。采用二乙三胺五乙酸可以有效脱除海洋出水木材中的硫铁化合物，且对于硫铁化合物的溶出效率高于相同浓度的乙二胺四乙酸。二乙三胺五乙酸的浓度在25～50mmol/L范围内都明显具有溶出硫铁化合物的作用。

DETPA作为络合剂，可以有效溶出硫铁化合物。在实际应用过程中，在可溶盐脱除之前可以采用该方法脱除硫铁化合物。虽然在使用过程中，引入了Na离子，但Na离子所形成的化合物均可溶于水，因此可以在可溶盐脱除过程中去除。采用添加络合剂方法去除硫铁化合物虽然增加了保护处理的步骤，延长了保护处理的时间，但是对于在海底埋藏时沉积了大量硫铁化合物的海洋出水木材，可以防止保护处理后木材的酸化，有利于海洋出水木质文物的长期保存。

在处理海洋出水木质文物过程中，特别是木质沉船，往往涉及的保护对象体量很大，远远超出通常实验室保护处理的规模。保护过程中需要使用大量的化学试剂，其规模与中等生产规模的工厂类似。在保护过程中的能耗、化学试剂使用效率、保护处理的工作效率就会成为比较突出的问题。因此了解这些保护处理过程中的动力学特征，以此为理论依据，提出提高保护处理效率、加快保护处理过程的方法有重要意义。在本部分，从理论上探讨了海洋出水木质文物硫铁化合物脱除过程中的动力学特征，可以据此指导硫铁化合物脱除过程中的工艺设计。

在采用络合试剂脱除海洋出水木质文物硫铁化合物的过程中，脱除过程由络合试剂向木材内部的迁移、络合试剂与铁的结合、结合了铁的络合试剂分子由木材内部向溶液中迁移几个过程组成。该过程与湿法冶金的浸出过程非常类似。因此可以将浸出过程动力学理论应用于海洋出水木质文物的硫铁化合物脱除过程。

根据硫铁化合物脱除过程的实际应用条件，选择了二乙三胺五乙酸体系和乙二胺四乙酸体系，研究了两个体系在30～50℃范围内的反应动力学。两个体系在不同温度下的动力学曲线都由铁浓度快速增加、铁浓度增加速率减慢和匀速增加三个阶段组成。根据阿累尼乌斯方程分别求得两个体系在30～40℃和40～50℃三个阶段的表观活化能。

对于二乙三胺五乙酸体系，在30～40℃，第一阶段是扩散控制，第二阶段和第三阶段均为混合控制。对于乙二胺四乙酸体系，在30～40℃，第一阶段是扩散控制，第二阶段是混合控制，第三阶段是化学反应控制；在40～50℃，整个过程都是混合控制。

化学反应控制时,提高分解分数(浸出率)的途径有以下几种:提高温度、提高浸出剂初始浓度和降低颗粒原始半径。

对于扩散控制,提高浸出率的途径主要有:

(1)加强搅拌/减少扩散层厚度δ_1,加强搅拌,加快溶液与固体颗粒表面的相对速度,能减小扩散层的厚度,加快溶液与固体颗粒之间的传质速度。根据计算,强烈搅拌下,δ_1可以减小到静止时的1/5~1/50。

(2)提高浸出溶液的浓度。

(3)提高温度。由于扩散系数D随温度的升高而增大,所以提高温度也能加快扩散的速度,提高浸出率,但其提高的幅度远比化学反应控制时小。

对于二乙三胺五乙酸和乙二胺四乙酸体系,在30~50℃范围内,在铁脱除的初期阶段,都是扩散控制,这一阶段,应当适当增加搅拌速率,以提高脱除率。其余的脱除过程大部分都是混合控制,适当增加搅拌速率和提高温度都可以增加脱除率。在实际操作条件下,往往脱盐体系不会安装加温设施,此时,应适当增加脱盐溶液体系的循环流动,以增加脱除率。

总体来说,海洋出水木质文物硫铁化合物脱除过程中,硫铁化合物脱除溶液的流动性在整个脱除过程中起到重要作用,因此在脱盐池的设计过程中,应该设计合理的流体循环方式,以保证脱盐池中的溶液有充分的流动性,提高硫铁化合物脱除效率。

参 考 文 献

[1] Fellowes D, Hagan P, Oxidation P.The conservation of historic shipwrecks and geological and palaeontological specimens. Reviews in Conservation, 2003,(4): 1-13

[2] 徐延飚. 配位化学在工业中的应用. 北京:高等教育出版社, 1989

[3] Speight J G. Lange's Handbook of Chemistry, 16th edition.New York: MCGRAW-HILL, 2005: 1365-1368

[4] Suess H U. Pulp Bleaching Today. Berlin/New York: Walter De Gruyter GmbH & Co. KG, 2010: 233

[5] Swinburne T R. Iron, Siderophores, and Plant Diseases. New York: Springer, 1986: 78

[6] Almkvist G, Persson I. Extraction of iron compounds from wood from the Vasa. Holzforschung, 2006, 60: 678-684

[7] Sandström M, Fors Y, Persson I. The Vasa's New Battle, Sulphur, Acid and iron. National Maritime Museums, 2003: 50-55

[8] Sandström M, Jalilehavand F, Persson I, et al. Acidity and salt precipitation on the Vasa: The sulfur problem. in Proceedings 8th ICOM-CC WOAM Conference.Stockholm, 2001: 67-89

[9] https：//micronutrients.nouryon.com/products/guide/

[10] 郭揩，唐小恒，周旭美. 化学反应工程. 北京：化学工业出版社，2000

[11] 孙康. 宏观反应动力学及其解析方法. 北京：冶金工业出版社，1998

[12] 张廷安，豆志河. 宏观动力学研究方法. 北京：化学工业出版社，2014

[13] 李洪桂. 湿法冶金学. 长沙：中南大学出版社，2002：69-120

[14] 傅献彩. 物理化学. 北京：高等教育出版社，2005

[15] Tributsch H. Direct versus indirect bioleaching. Hydrometallurgy, 2001, 59: 177-185

[16] 牛晓鹏. 方铅矿、黄铜矿和黄铁矿表面氧化与可浮性研究. 北京：中国科学院过程工程研究所，2019

[17] Goldhaber M B. Experimental study of metastable sulfur oxyanion formation during pyrite oxidation at pH6-9 and 30℃. American Journal of Science, 1983, 283: 193-217

第 4 章 硫铁化合物脱除效果的评价

海洋出水木质文物硫铁化合物脱除过程中,微观形态、硫铁元素的存在形式均发生变化,这些变化均反映硫铁化合物的脱除程度。在硫铁化合物脱除过程中,需要定量分析溶液中,以及木材本体中硫元素及铁元素的浓度,从化学状态、微观形态等角度研究硫铁化合物的变化,评估硫铁化合物的脱除效果。

直接鉴别无机化合物成分的方法非常有限,分析方法通常有化学分析、XRD、FT-IR、拉曼光谱(Raman)等方法,其他可以通过化学分析、离子色谱分析、能谱分析、光谱分析、元素分析等间接方法分析离子成分或元素成分,以推断化合物的成分。目前应用于海洋出水木质文物中硫铁化合物分析的方法主要是间接方法。一种是通过分析大量的微小样品,通过XPS[1~3]、XANES[1,3,4]等方法区分元素的价态,进而定量化合物。另外一种方法就是采用元素成像方法,包括SEM-EDS[5]及SXM[1,6]检测一个样品上的元素含量及元素分布,进而推测化合物的组成。

海洋出水木质文物中硫铁化合物控制方法研究的过程中,针对采用碱中和酸的方法,通常采用测试木材pH的方法确定中和的效果,采用XRD确定中和后生产的产物[7~9]。对于海洋出水木质文物硫铁化合物脱除程度的表征方法,最初仅通过肉眼观察溶液和木块试样颜色的变化来判断铁从木材中析出[10]。随着研究的深入,开始采用离子色谱分析溶液中硫酸根离子的浓度,采用等离子体发射光谱分析木材中铁元素的含量[11],采用原子吸收光谱分析木材及溶液中铁元素的含量[12]。

本部分采用定量X射线衍射方法确定木材本体中初始硫铁化合物等无机盐分的含量;采用等离子体发射光谱-质谱方法确定络合试剂对于硫铁化合物脱除的量;采用扫描电镜能谱、元素分析等方法确定木材本体中残余的硫铁元素的含量,从而对硫铁化合物的脱除过程进行评估。

4.1 定量 X 射线衍射方法分析海洋出水木质文物中盐分含量

4.1.1 定量 X 射线衍射方法

由于海洋出水木质文物通常体量较大，木材中沉积的盐分通常分布非常不均匀。微量的样品分析难以代表整体的状况，而常用的 XANES 等方法通常分析非常少的样品量，因此对于整体情况的判断具有一定难度。海洋出水木质文物中盐分成分通常非常复杂，红外光谱和拉曼光谱由于数据库和软件的限制，对于复杂化合物的定性和定量分析具有一定困难。

X 射线衍射方法是一种相对宏观的分析方法，可以对无机化合物进行定性和定量分析，但通常用于定性分析。本书通过比较各种 XRD 定量分析方法，最终选择了基体冲洗法（K 值法），对海洋出水木质文物样品中的无机盐进行了定量分析。

XRD 定量分析的理论基础是物质参与衍射的体积或重量与其衍射强度呈正比。因而可通过衍射强度的大小求出混合物中某项参与衍射的体积分数或重量分数[13~15]。

XRD 定量分析方法主要有外标法、内标法、基体冲洗法、绝热法等。

外标法是指以纯待测物质为标样，制成一系列不同比例的外标样品，测出工作曲线，进行定量分析。

内标法是指在含有多相物质（各相质量百分比不同）的待测样品中加入一恒定质量百分数的内标物质，进行定量分析的方法。

基体冲洗法是在内标法基础上进行改进，在推导过程中将强度公式中各吸收系数用其他量取代，类似于将吸收效应从基体中冲洗出去，故称基体冲洗法。

绝热法是在基体冲洗法的基础上提出来的。待测样品中不加入内标物质，而是由样品中某一项充当，系统与外界隔离，类似于物理学中的绝热体系，故称绝热法。

外标法和内标法都需要作出多点的工作曲线，程序繁琐；绝热法不必加入内标物质，可用于块状和粉末样品，一次测试就可以得到全部物相含量，但不能用于含未鉴定相的样品，不能用于含有非晶相的样品，也不能只对样品中一部分物相进行分析；K 值法虽然只适用于粉末样品，但 K 值法可以判断样品中有无非晶相并判断其含量，还可用于分析包含未知物相的样品，只对其中部分物相进行定量分析。

海洋出水木质文物易于研成粉末，其中含有结晶相，如沉积的盐分、纤维素，以及非晶相，如降解的纤维素、木质素。因此对比几种 XRD 定量方法的优缺点，K 值法较适用于海洋出水木质文物中盐分的定量分析。

K 值法的基本工作原理如下[13]：设质量为 m 的待测多相样品中 j 相含量为 W_j，在加有质量为 m_s 的内标物质 s 的混合样品中，其含量变为 W'_j，$W'_j = W_j(1-W_s)$，欲求 W_j，则需要先求出混合样品中的 W'_j。

j 相某衍射线的强度 I_j 可以表示为

$$I_j = CK_j \frac{W'_j}{\rho_j \sum_{j=1}^{N+1} W_j \mu_{mj}} \tag{4-1}$$

s 相某衍射线的强度 I_s 可以表示为

$$I_s = CK_s \frac{W'_s}{\rho_s \sum_{j=1}^{N+1} W_j \mu_{mj}} \tag{4-2}$$

式中，C 为与仪器参数有关的常数；K 为与某物相晶体结构有关的常数；μ 为线吸收系数。

比较式（4-1）和式（4-2）可得

$$I_j/I_s = \frac{K_j \rho_s W'_j}{K_s \rho_j W_s}$$

令 $\frac{K_j \rho_s}{K_s \rho_j} = K_s^j$，则有

$$I_j/I_s = K_s^j \frac{W'_j}{W_s} = K \frac{W'_j}{W_s}$$

K_s^j 也即 K 是与 ρ_s、ρ_j 及 K_s、K_j 有关的系数，当内标物质和 j 相已经确定，且仪器参数一定时，K_s^j 也是一个常数，与加入的内标物质多少无关。冲洗掉了基体的吸收效应，故称为基体冲洗法。如果内标物质和 j 相以 α-Al_2O_3（刚玉）为参考物质的参考强度比值 K_c^j 和 K_c^s 均已在 PDF 卡片中列出，则 $K_s^j = \frac{K_c^j}{K_c^s}$ 可以直接引用。

综上，待测样品中 j 相的含量 W_j 应为

$$W_j = \frac{I_j}{I_s} \times \frac{K_c^s}{K_c^j} \times \frac{m_s}{m-m_s} \tag{4-3}$$

4.1.2 XRD K 值法定量分析的实验方法及数据处理

海洋出水木质文物样品成分复杂，晶相和非晶相共存。K 值法能够分析存在非晶相的样品，试验过程较简单，符合分析此类样品的要求。由于海洋出水木质文物样品主要成分为降解的有机质，包括降解的纤维素、半纤维素及木质素。半纤维素和木质素均为非晶相。木材中原本存在结晶的纤维素也基本降解变为非晶态，或者部分降解导致结晶程度降低。非晶相和半结晶相的存在会影响 XRD 谱峰的识别及面积计算。因此测试时应采用较高的 X 射线能量，才能使得 XRD 谱图的谱峰更强、更尖锐，更易于物相分析和计算。

内标物质通常选用 α-Al$_2$O$_3$（刚玉）ZnO、KCl、LiF、CaF$_2$（萤石）、NiO、MgO、NaCl、SiO$_2$、CaCO$_3$ 等。具体的选择应在没加标样前，对样品进行一次测试，解析后，根据样品的组成成分进行选择。选择的原则应遵循以下几点：①选择的标样不应与样品的组成成分发生化学反应；②标样的 XRD 谱带应简单清晰易于识别；③标样的 XRD 谱带不应与样品的谱带重合。由于海洋出水木质文物中通常含有氯化钠、硫酸钙、碳酸盐，偶尔也会含有二氧化硅，因此根据实际情况，CaF$_2$（萤石）和 MgO 是较合适的内标物质。对于一些含有 CaF$_2$ 的样品，可以选择氧化镁作为内标。

以日本理学公司（Rigaku）衍射仪使用的 Jade5 软件为例，参考中南大学黄继武老师编写的培训手册[16]，K 值法定量分析的数据处理过程如下：

（1）首先对 XRD 数据进行解析，找出各个物相，如图 4-1 所示。点击 Jada 软件中 View-Report & Files-Peak ID（extended），如图 4-2 所示，得到物相鉴定报告（图 4-3），找到每一物相标准卡片上标明 I%＝100 的峰，标记下 2θ。

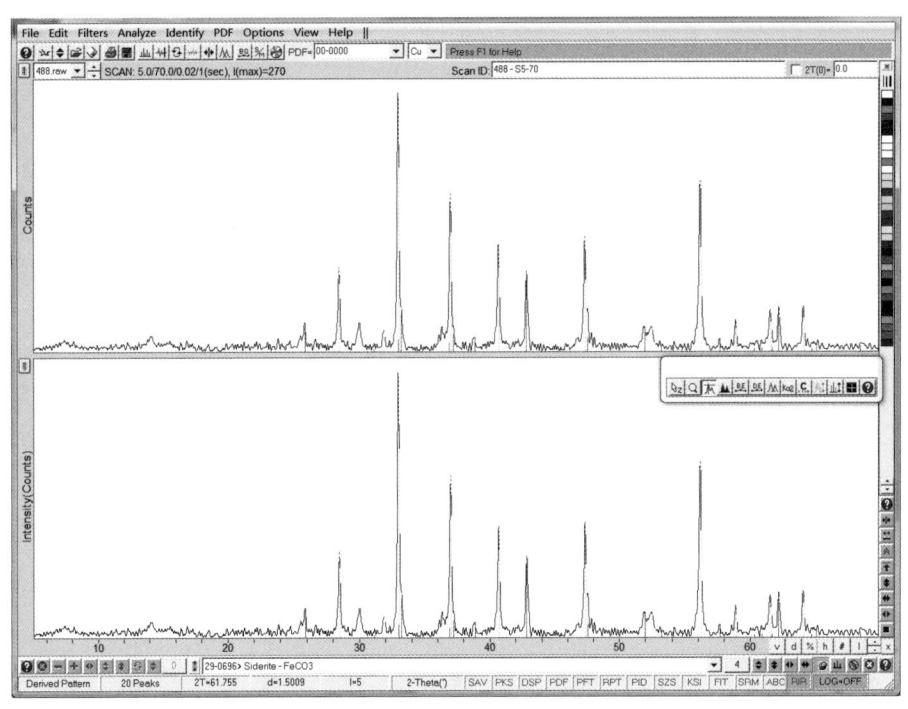

图 4-1　XRD 物相解析

（2）点击 Jada 软件中 View-Report & Files-Peak Search Report，如图 4-4 所示，查看谱峰检索报告，如图 4-5 所示。找出步骤（1）中所标记的 2θ 所对应的峰的积分面积，即为式（4-3）中的 I 值。

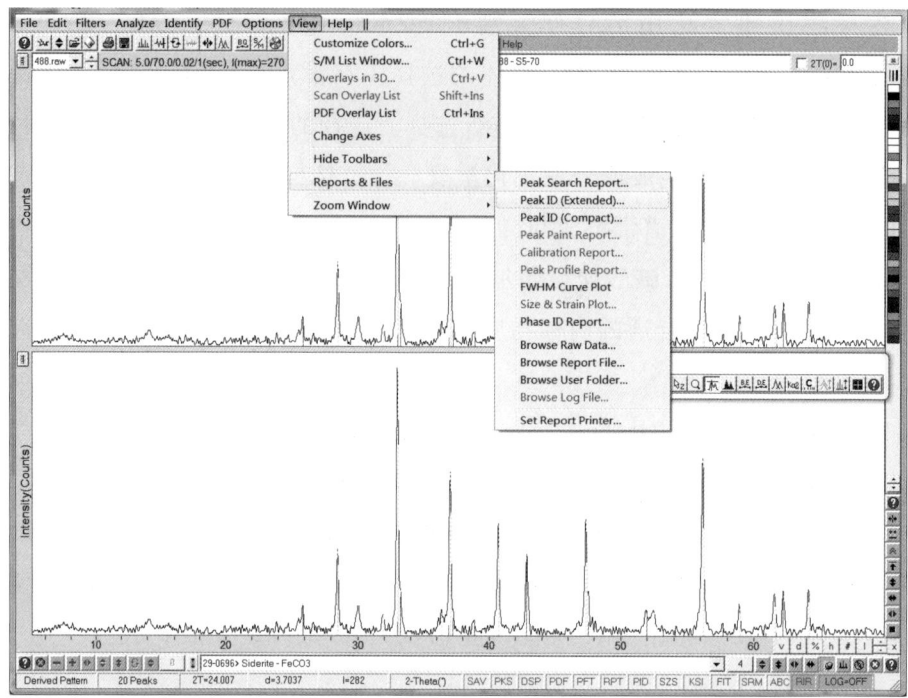

图 4-2 查看物相鉴定报告

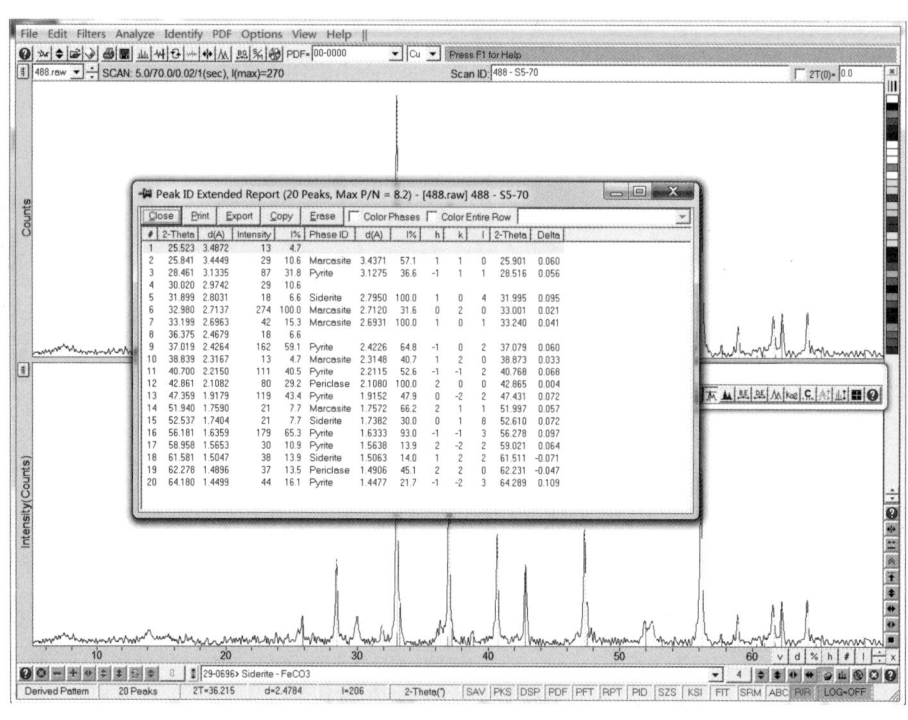

图 4-3 物相鉴定报告

（3）点击 PDF 卡片列表后的数字（图 4-6），显示物相鉴定过程中得到的 PDF 卡片列表（图 4-7），其中 RIR 值即为式（4-3）中的 K 值。将上述数值代入式（4-3），计算可得样品中各个物相的质量百分比。

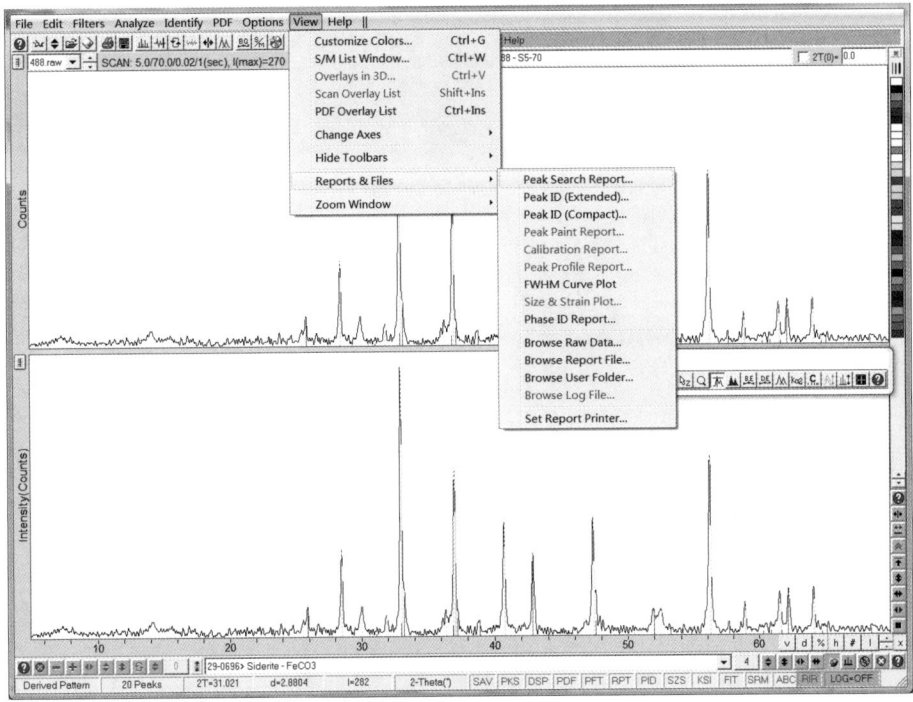

图 4-4　查看谱峰检索报告

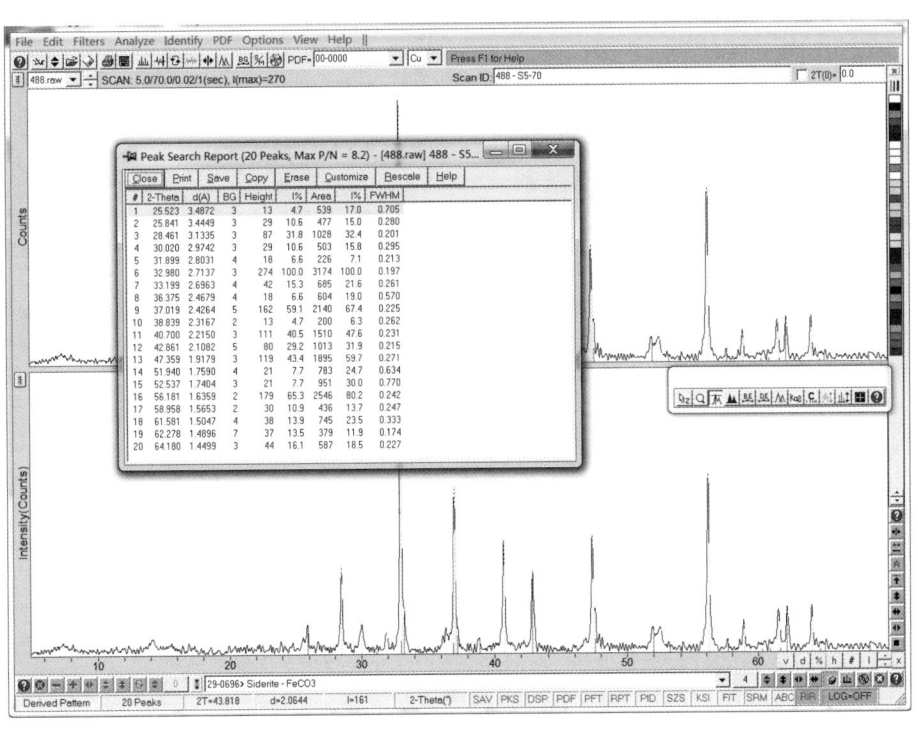

图 4-5　XRD 谱峰检索报告

对于一些解析结果，PDF 卡片没有提供 RIR 值。在这种情况下可以参考其他 PDF 卡片上的 RIR 值。不同 PDF 卡片上的 RIR 值会有差异，主要是与晶体的结构差

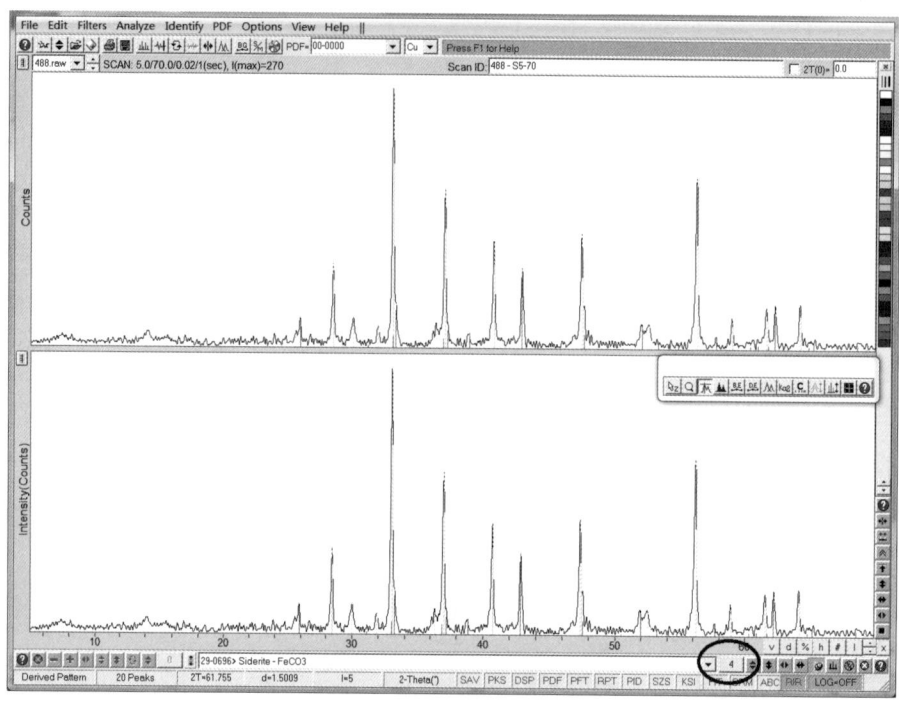

图 4-6　显示 PDF 卡片列表

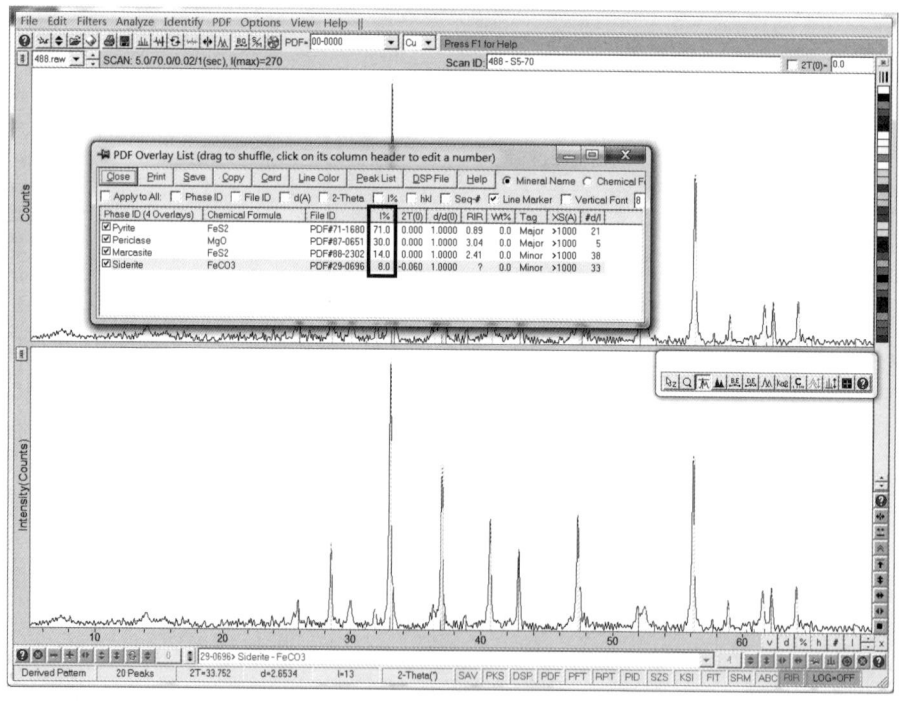

图 4-7　PDF 卡片列表

异、密度和测试时的研磨程度有关。如果找到一个物相的多个卡片，应使用较新的、可靠度高的、非计算机的、来自晶体学数据库（ICSD）的卡片。

此外 Jade 软件也提供了 RIR 值计算的功能。在 Jade 软件中点击 PDF-Retrival，如图 4-8 所示，得到 PDF 卡片检索信息，如图 4-9 所示。选择其中一个检索结果，点击 Calc MDI，可以通过计算得到 RIR 值（图 4-10）。

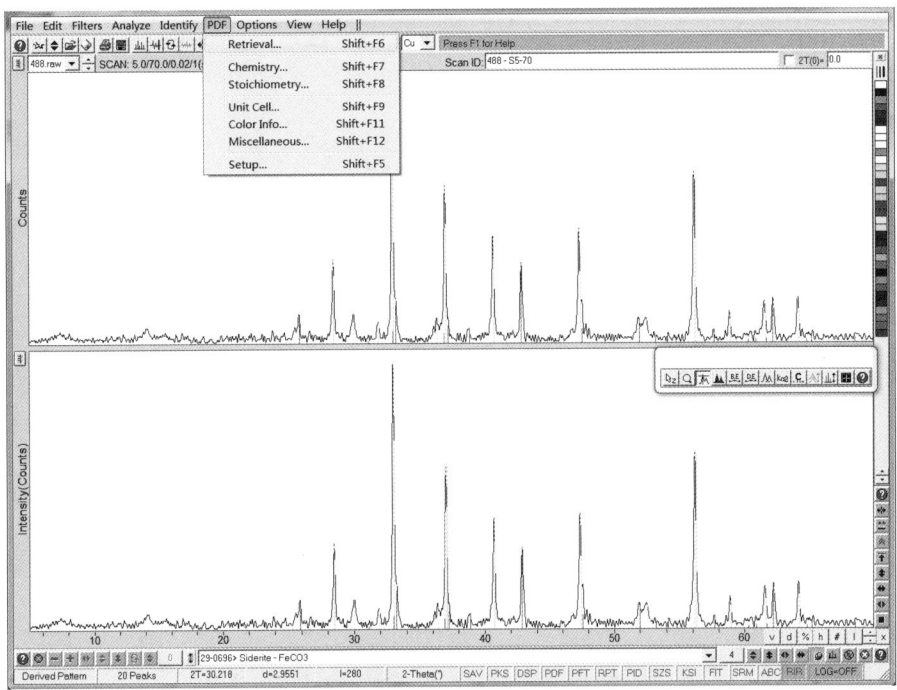

图 4-8　寻找 PDF 卡片检索信息

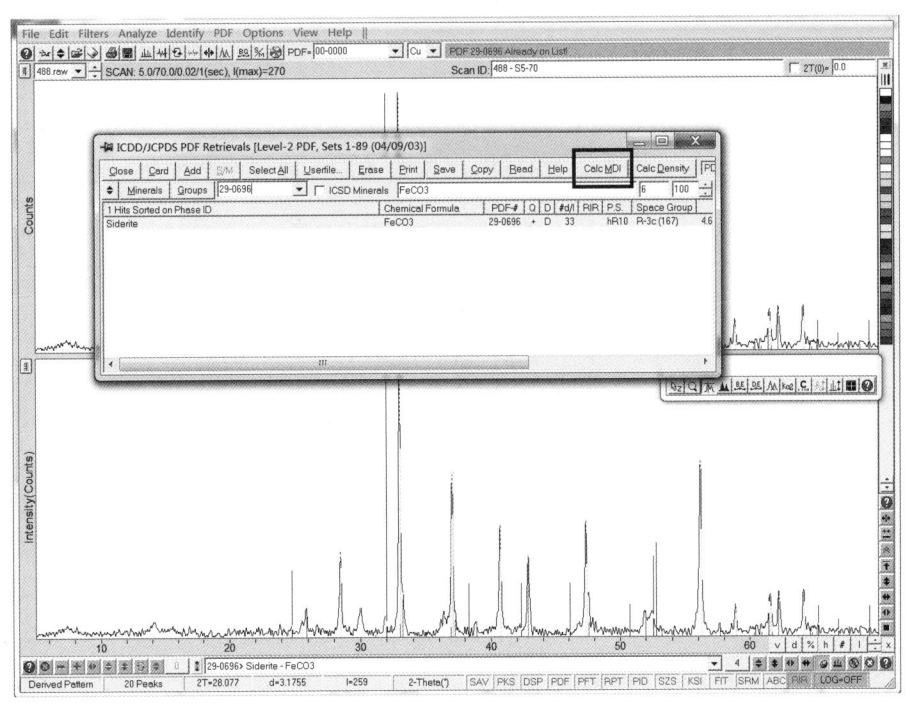

图 4-9　PDF 卡片检索信息

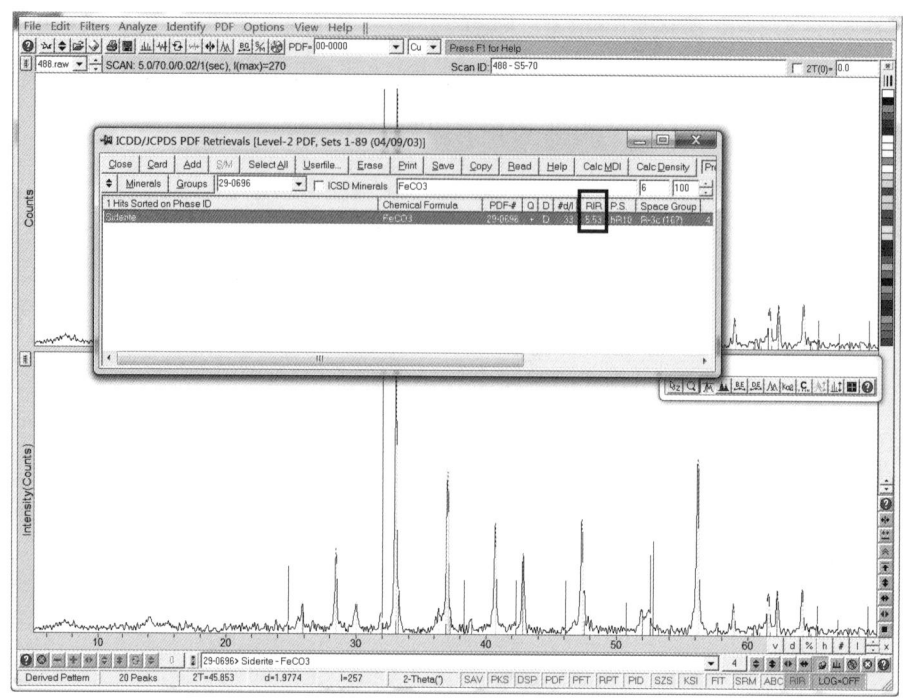

图 4-10 通过软件计算 RIR 值

4.1.3 海洋出水木质文物中盐分含量的定量分析

1. 华光礁 I 号样品分析

由于华光礁 I 号样品经 XRD 初步测试后，发现其中含有氟化钙，因此以 MgO 作为内标，进行 XRD 定量分析。XRD 图谱见图 4-11。定量分析结果见表 4-1。

表 4-1 华光礁 I 号样品盐分含量

样品名称	盐分种类	质量百分比 /wt%	样品名称	盐分种类	质量百分比 /wt%
XHI-96	Pyrite（黄铁矿）	4.22	XHI-383	Pyrite（黄铁矿）	2.21
	Marcasite（白铁矿）	3.10		Marcasite（白铁矿）	2.39
	$MnCO_3$（菱锰矿）	6.55		$MnCO_3$（菱锰矿）	1.25
	CaF_2（萤石）	13.02		Lepidocrocite（纤铁矿）	0.36
XHI-319	Pyrite（黄铁矿）	14.08	XHI-488	Pyrite（黄铁矿）	23.47
	Marcasite（白铁矿）	3.81		Marcasite（白铁矿）	2.38
	$MnCO_3$（菱锰矿）	9.95		$FeCO_3$（菱铁矿）	0.48

可以看到，华光礁 I 号样品中无机盐的主要成分是以硫铁化合物 FeS_2（黄铁矿、白铁矿）、$MnCO_3$、CaF_2 为主。同时也可以看到，沉积盐在华光礁 I 号样品中的分布

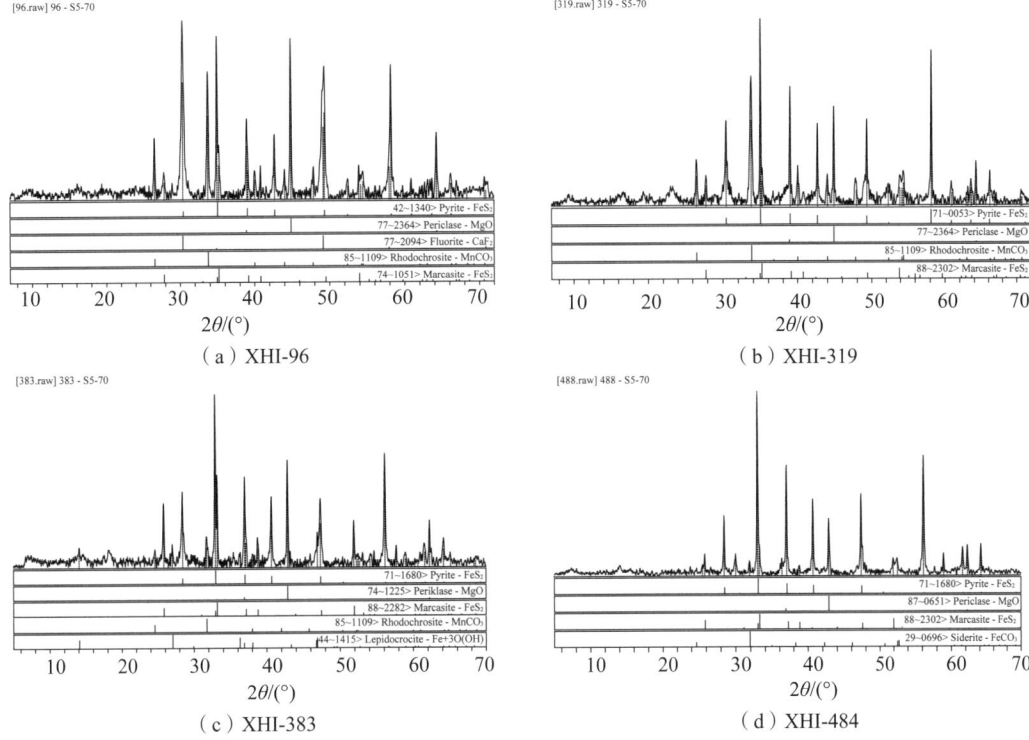

图 4-11 华光礁 Ⅰ 号样品 XRD 定量分析图谱

是非常不均匀的。一些样品盐分含量较高，一些样品仅含有少量盐分。

采用 SEM-EDX 对"华光礁 Ⅰ 号"木材样品中盐分的微观形貌和化学成分进行分析。部分样品的扫描电镜照片见图 4-12（a）～（h），能谱分析结果见表 4-2。

表 4-2 华光礁 Ⅰ 号样品 SEM-EDS 分析结果　　（单位：at%）

分析点位	C	O	F	Na	Mg	Al	Si	S	Ca	Fe
图 4-12（a）	—	—	58.1	3.2	2.7	—	—	1.3	29.9	4.8
图 4-12（b）	—	—	58.8	2.4	4.9	1.9	—	—	32.0	
图 4-12（c）	—	—	0.3	—	—	—	1.6	64.3	0.7	33.0
图 4-12（d）	26.7	39.0	—	0.5	—	—	0.8	4.4	0.3	28.1
图 4-12（e）	—	—	—	—	—	—	3.0	59.7	—	37.3
图 4-12（f）	—	—	0.32	—	—	—	1.6	64.3	0.7	33.0
图 4-12（g）	—	—	48.3	3.8	6.2	2.3	—	1.7	—	37.6
图 4-12（h）	—	—	50.0	3.2	6.2	2.2	—	2.3	36.0	—

由图 4-12（a）、（b）、（g）、（h）中可以看到，在木材的中空部分存在很多较光滑的球状颗粒。采用能谱对颗粒的成分进行分析。其中球状颗粒主要由氟元素和钙元素组成，二者原子比约为 2∶1，因此推测球状颗粒为 CaF_2。采用 XRD 分析样品 XHI-383，其中含有纤铁矿，图 4-12（d）为 XHI-383 的扫描电镜照片，可以看到其

中存在微小的针状晶体,其元素组成主要为铁、氧,应为纤铁矿。图4-12(c)、(e)和(f)中均存在由微小球状颗粒聚集而成的较大的瘤状颗粒,其主要元素组成均为硫和铁,且二者摩尔比均接近2∶1,应为二硫化亚铁。以上结果与XRD分析结果相符。

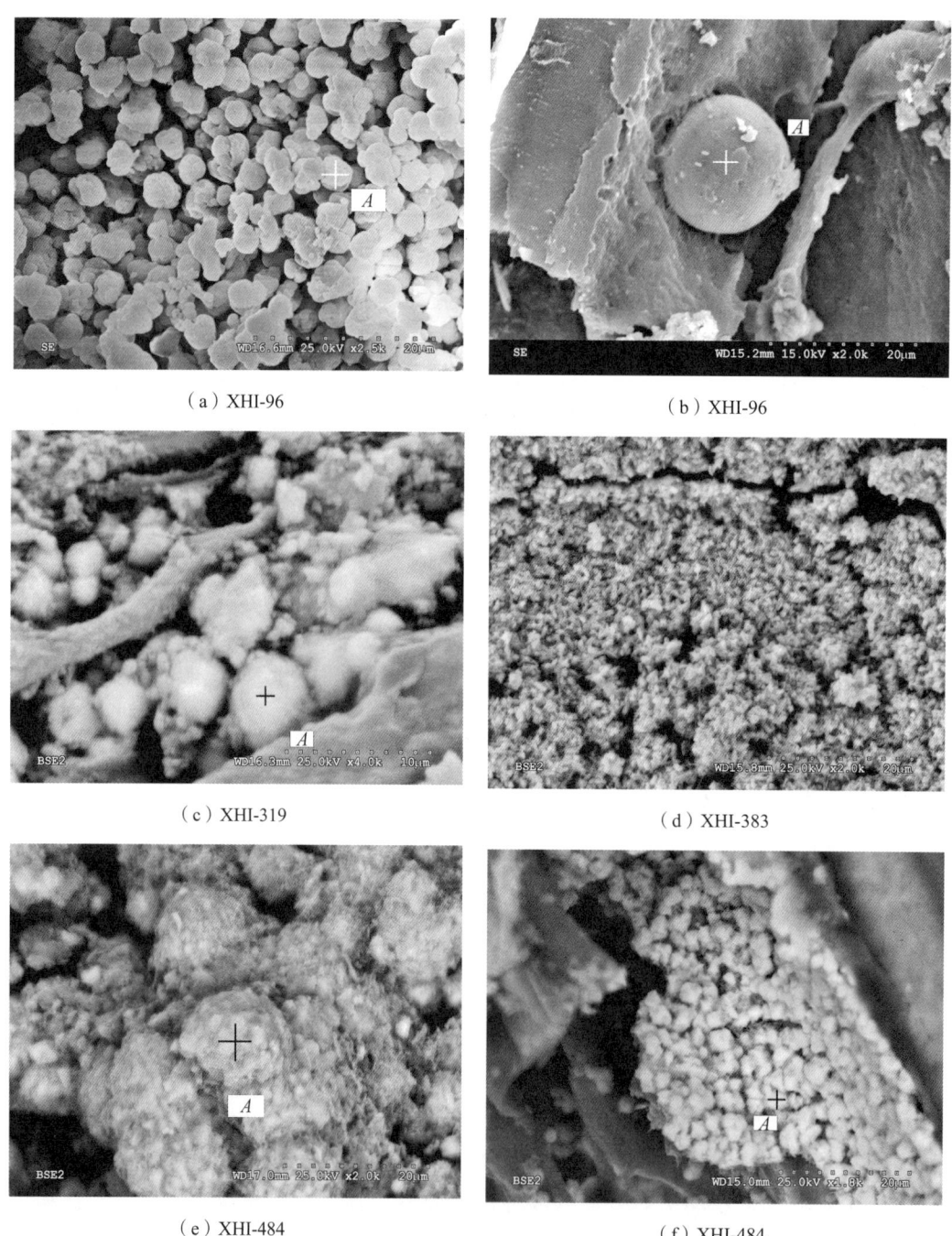

(a) XHI-96

(b) XHI-96

(c) XHI-319

(d) XHI-383

(e) XHI-484

(f) XHI-484

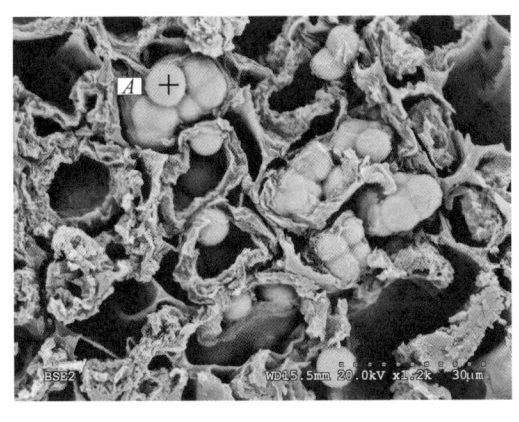

（g）XHI-484　　　　　　　　　　　　　（h）XHI-484

图 4-12　华光礁 I 号样品扫描电镜照片

2. 泉州湾宋代海船样品分析

以 CaF_2 为内标，通过 K 值法分析了两批泉州湾宋代海船盐分的含量，共 16 个样品。其结果见图 4-13 和表 4-3。

由表 4-3 中可以看到，泉州湾宋代海船样品中无机盐分的成分与含量与华光礁 I 号样品有很大不同。其成分更为复杂，主要的无机盐为氯化钠、硫酸钙、碳酸钙。硫铁化合物、铁的氧化物相对含量较低，铁的存在形式也以三价铁的化合物为主。

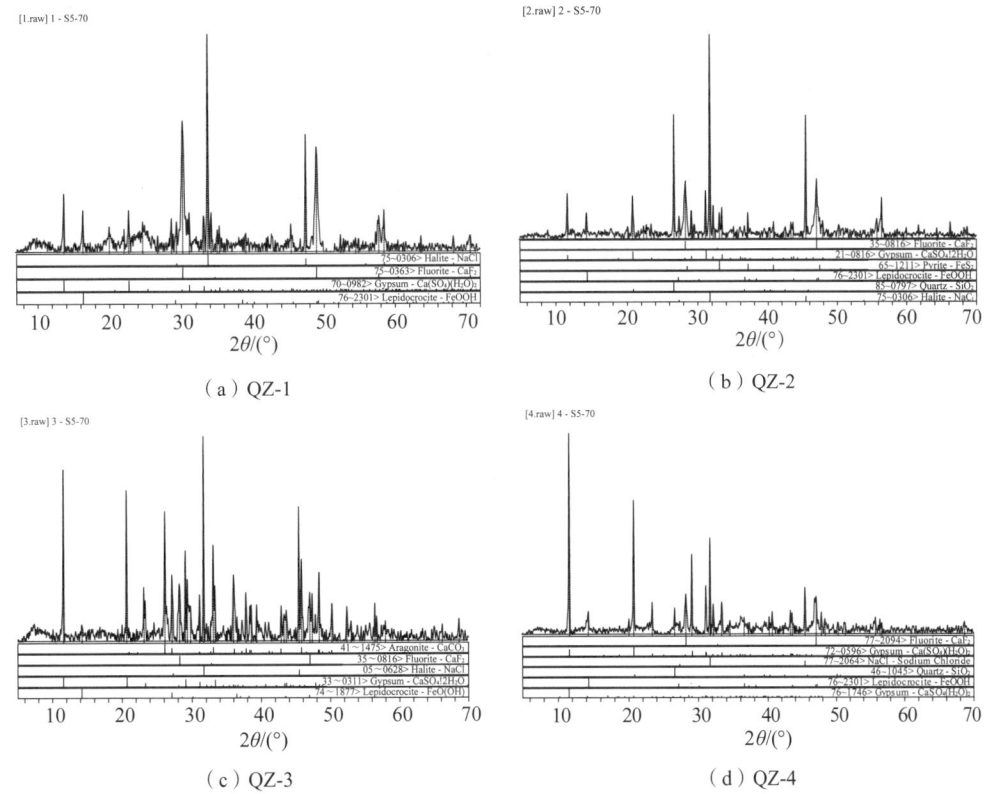

（a）QZ-1　　　　　　　　　　　　　（b）QZ-2

（c）QZ-3　　　　　　　　　　　　　（d）QZ-4

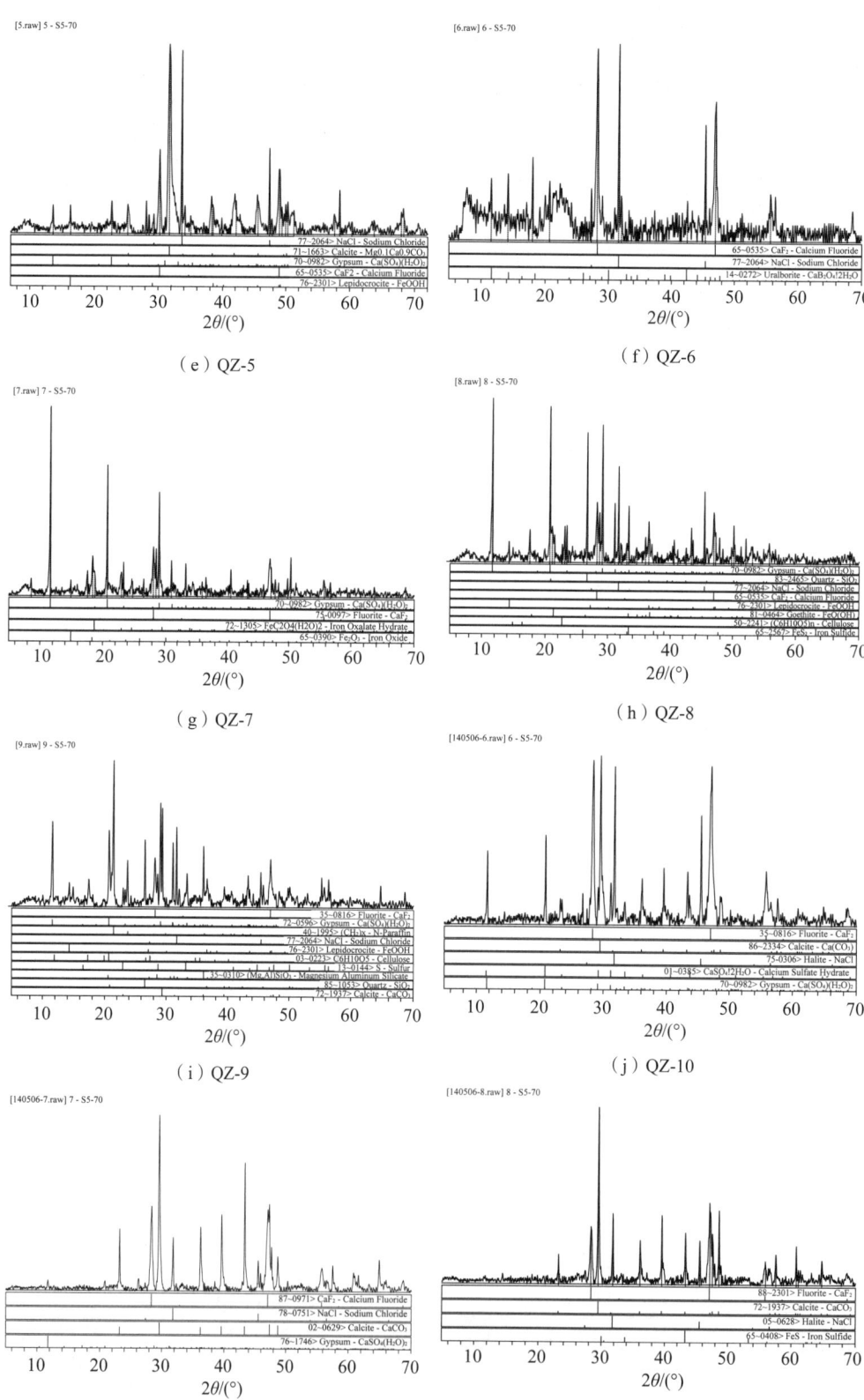

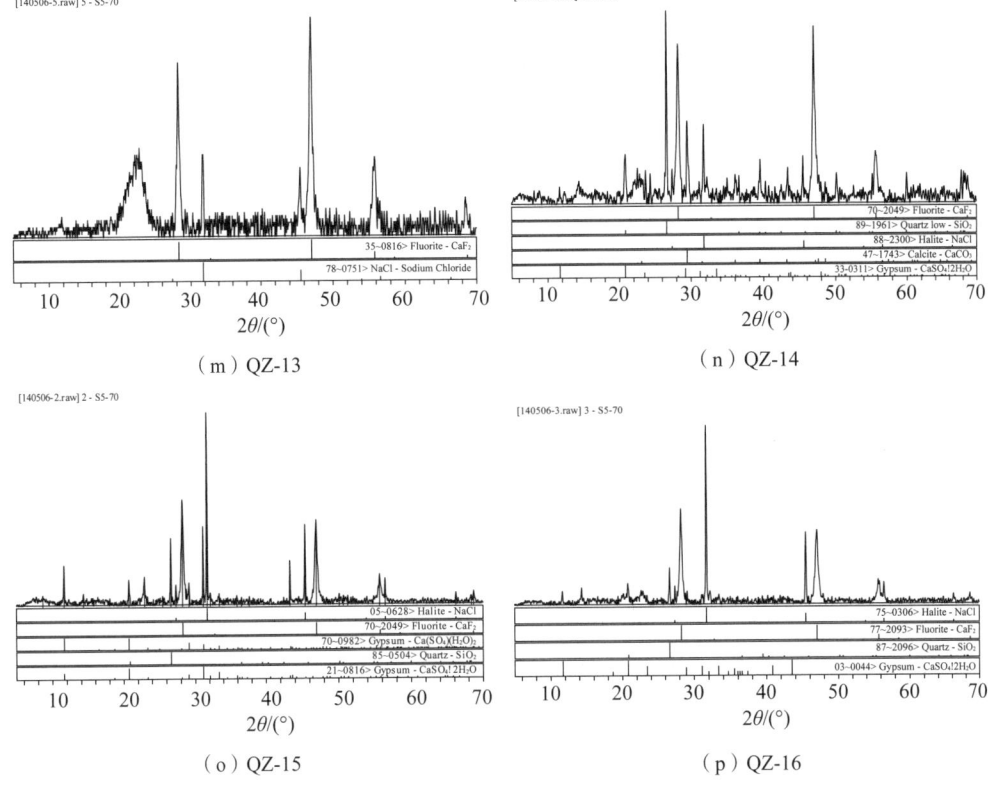

图 4-13 泉州湾宋代海船样品 XRD 图谱

表 4-3 泉州湾宋代海船样品盐分含量

样品编号	盐分种类	质量百分比 /wt%	备注
QZ-1	$CaSO_4 \cdot 2H_2O$（石膏）	3.144	
	NaCl	4.43	
	FeOOH	0.96	
QZ-2	NaCl	3.84	
	$CaSO_4 \cdot 2H_2O$（石膏）	2.27	
	SiO_2	3.06	
	FeS_2（黄铁矿）	4.45	
	FeOOH（纤铁矿）	0.68	
QZ-3	$CaSO_4 \cdot 2H_2O$（石膏）	8.37	
	FeOOH（纤铁矿）	0.86	
	$CaCO_3$	20.48	
	NaCl	3.32	
QZ-4	$CaSO_4 \cdot 2H_2O$（石膏）	27.97	
	NaCl	5.34	
	SiO_2	4.46	
	FeOOH（纤铁矿）	2.65	

续表

样品编号	盐分种类	质量百分比 /wt%	备注
QZ-5	$CaSO_4 \cdot 2H_2O$（石膏）	2.89	
	$CaMg(CO_3)_2$（镁方解石）	35.81	
	NaCl	6.05	
	FeOOH（纤铁矿）	1.25	
QZ-6	$CaB_2O_4 \cdot 2H_2O$（水合硼酸钙）	4.29	
	NaCl	2.94	
QZ-7	$CaSO_4 \cdot 2H_2O$（石膏）	21.43	
	$FeC_2O_4(H_2O)_2$（水合草酸铁）	14.01	
	Fe_2O_3（三氧化二铁）	1.023	
QZ-8	$CaSO_4 \cdot 2H_2O$（石膏）	15.16	
	SiO_2	6.83	
	NaCl	2.82	
	FeOOH（纤铁矿）	0.96	
	FeO(OH)（针铁矿）	8.88	
	FeS_2（黄铁矿）	4.72	
	纤维素	—	
QZ-9	$CaSO_4 \cdot 2H_2O$（石膏）	12.98	
	石蜡	—	
	NaCl	2.71	
	FeOOH（纤铁矿）	2.21	
	纤维素	—	
	S（硫）	2.52	
	$MgAlSiO_3$（硅酸镁铝）	2.60	
	SiO_2	4.11	
	$CaCO_3$	5.84	
QZ-10	$CaSO_4 \cdot 2H_2O$（石膏）	3.5	松木
	NaCl	3.2	
	$CaCO_3$（方解石）	9.4	
	$CaSO_4$	2.8	
QZ-11	NaCl	0.8	松木
	$CaSO_4 \cdot 2H_2O$（石膏）	4.0	
	$CaCO_3$（方解石）	24.9	
QZ-12	FeS（硫铁矿）	4.1	松木
	NaCl	6.7	
	$CaCO_3$（方解石）	24.4	
QZ-13	石蜡	—	樟木
	NaCl	1.7	

续表

样品编号	盐分种类	质量百分比 /wt%	备注
QZ-14	SiO_2（石英）	6.2	杉木
	NaCl	2.9	
	$CaCO_3$（方解石）	7.2	
	$CaSO_4 \cdot 2H_2O$（石膏）	3.7	
QZ-15	SiO_2（石英）	3.6	腐朽粉末
	NaCl	1.7	
	$CaSO_4 \cdot 2H_2O$（石膏）	3.9	
	$CaSO_4$	5.9	
QZ-16	SiO_2（石英）	1.1	腐朽粉末
	NaCl	7.2	
	$CaSO_4 \cdot 2H_2O$（石膏）	1.6	

采用 SEM-EDX 对泉州船木材样品中盐分的微观形貌和化学成分进行了分析。部分样品的扫描电镜照片见图 4-14，能谱分析结果见表 4-4。

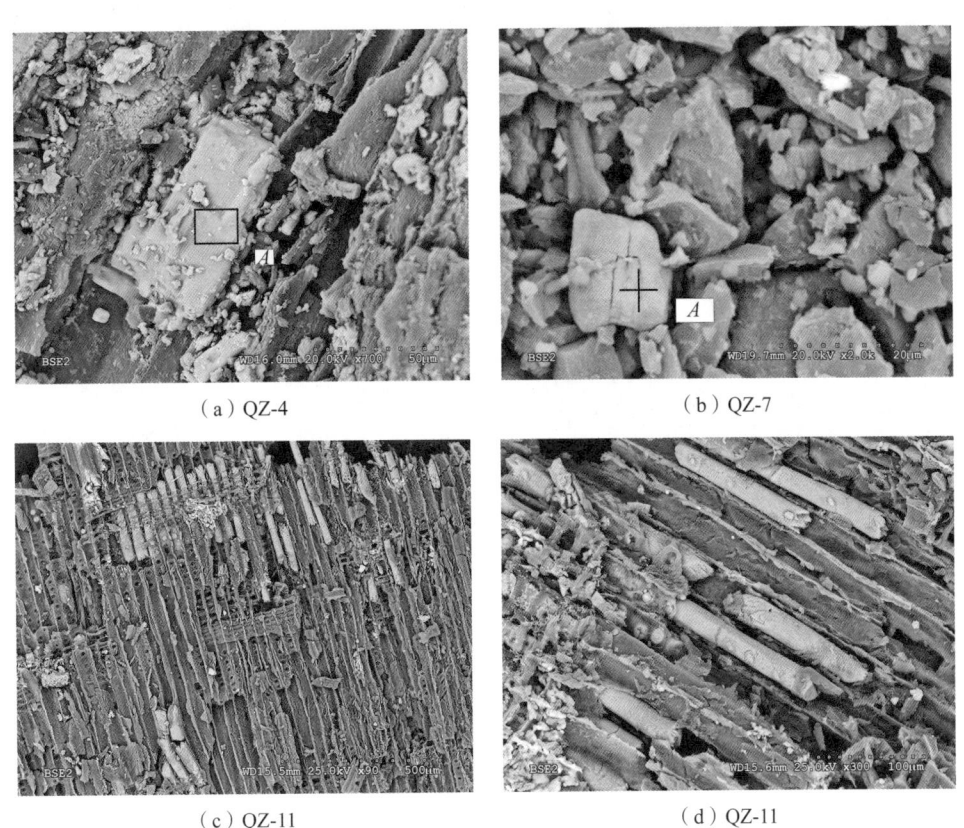

(a) QZ-4　　　　　　　　　　(b) QZ-7

(c) QZ-11　　　　　　　　　　(d) QZ-11

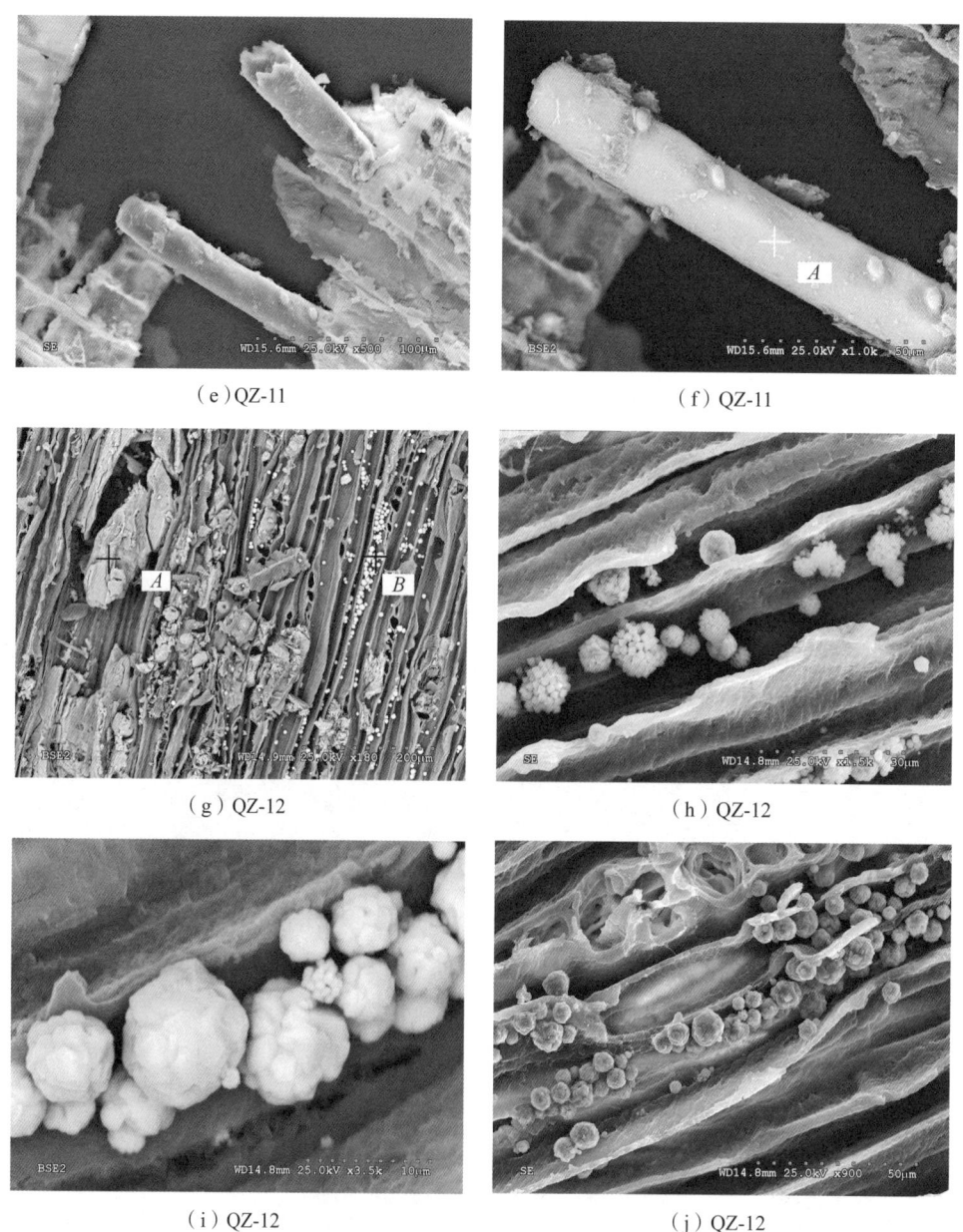

图 4-14 泉州船样品扫描电镜照片

表 4-4 泉州船样品 SEM-EDS 分析结果　　　　（单位：at%）

分析点位	C	O	Na	Mg	Al	S	Cl	Ca	Fe
图 4-14（a）	—	—	41.1	—	—	—	58.9	—	—
图 4-14（b）	18.3	39.5	—	—	—	21.6	—	20.5	—
图 4-14（f）	41.3	43.6	0.6	0.3	—	—	0.5	13.8	—
图 4-14（g）点 A	46.0	35.6	0.5	0.3	0.2	0.5	0.3	16.7	—
图 4-14（g）点 B	—	—	—	—	—	63.6	—	—	36.4

根据 XRD 结果，泉州船样品中几乎都含有氯化钠。图 4-14（a）中颗粒的元素成

分为钠和氯。二者摩尔比接近1∶1，可以判断是沉积在木材中的氯化钠晶体。图4-14（b）中 A 点所示颗粒，主要元素成分为硫和钙，应为硫酸钙颗粒。

XRD 结果表明样品 QZ-11 其中主要的盐分为石膏、氯化钠和方解石。图4-14（c）～（f）为 QZ-11 的扫描电镜照片。通过 SEM 可以直观观察到在样品的边缘，有整齐排列的柱状沉积盐，盐分完全填充在木材的导管中。图4-14（f）中 A 点元素组成中钙含量很高，与 XRD 结果中含有大量的碳酸钙相一致。

XRD 结果表明 QZ-12 盐分成分主要是方解石，氯化钠，并含有硫铁化合物。扫描电镜照片见图4-14（g）～（j）。图4-14（g）表明，QZ-12 号样品中沉积了不同的无机物，块状的、体积较大的部分，也有球状的、数量较多的颗粒。能谱结果表明，其中块状的沉积物主要成分为碳、氧、钙，推测应为碳酸钙（方解石）。由扫描电镜照片可见，每一球状颗粒均有直径约为 1μm 的小颗粒组成，形态与图4-12（c）、（e）和（f）中的颗粒相似，其元素成分也接近，均为硫和铁，二者摩尔比例接近 2∶1，应二硫化亚铁。以上结果与 XRD 结果相吻合。

华光礁 I 号和泉州湾宋代海船的分析结果表明，可以将 X 射线衍射方法应用于海洋考古木质文物中无机盐分的定量分析，并可在较为宏观的尺度上对海洋考古木质文物中无机化合物含量进行定量分析。扫描电镜-能谱方法可以观察到沉积盐微观形貌，但是缺乏对样品的总体描述。X 射线衍射与扫描电镜-能谱二者可以互为补充，互相验证。

4.2 ICP-MS 方法分析硫铁化合物脱除溶液中铁元素脱除量

电感耦合等离子体质谱（inductively coupled plasma，ICP-MS）利用高温氩等离子体产生正电荷离子。在高温等离子体中，样品气溶胶首先蒸发变成干的颗粒，然后离解成基态的原子，并进一步获得能量，失去电子，生成带正电荷的离子，再被传输到质谱仪中进行检测。ICP 技术具有很多优点，已经成为最为通用的无机多元素分析工具[17]。

在硫铁化合物脱除过程中，木材中的硫铁化合物中的铁与络合试剂络合，不断促进硫铁化合物的溶解，由木材内部向外部迁移，逐渐进入溶液。采用 ICP-MS 方法分析华光礁 I 号木船构件硫铁化合物脱除溶液中铁的量，可以准确计算由木材中脱除铁的量。

4.2.1 研究方法与实验条件

华光礁 I 号木船构件中硫铁化合物脱除分为三个阶段（表4-5），第一阶段为2013 年 4 月中旬至 2014 年 1 月，硫铁化合物脱除试剂为 10mmol/L EDTA 二钠溶液，

NaOH 溶液调 pH 至中性；第二阶段为 2014 年 1 月至 2015 年 4 月，硫铁化合物脱除试剂为 10mmol/L EDTA 二钠＋10mmol/L H_2O_2，NaOH 溶液调 pH 至中性；第三阶段为 2015 年 4 月至 2015 年 11 月，硫铁化合物脱除试剂为 10mmol/L EDTA 二钠溶液，NaOH 溶液调 pH 至中性。

表 4-5　华光礁 I 号船体构件硫铁化合物脱除情况列表

阶段	周期	浸泡时间	硫铁化合物脱除试剂	备注
1	1～6	2013.4.15～2014.1.10	10mmol/L EDTA 二钠	—
2	7～19	2014.1.10～2015.4.1	10mmol/L EDTA 二钠＋10mmol/L H_2O_2	第 11 周期为去离子水浸泡
3	20～23	2015.4.1～11.2	10mmol/L EDTA 二钠	—

自 2013 年 4 月至 2015 年 11 月，历经 23 个脱盐周期，完成了华光礁 I 号沉船木构件硫铁化合物脱除工作。在每个脱盐周期内，对南部和北部脱盐池内溶液进行取样，采用 ICP-MS 测试溶液中的铁离子含量，评价木船构件中铁的脱除情况和硫铁化合物脱除试剂的效果。浸泡前期每周采集 1 次脱盐池内的水样，持续 3 个月，后期每个月取样 1 次；根据脱盐池尺寸，取样点选择两侧和中间各布 4 个点，共计 12 个点。

所采用的测试条件为 ICP-MS：美国 PerkinElmer ELAN 9000 型 ICP-MS；进样系统：Scott 耐腐蚀雾化室和耐腐蚀正交雾化器；ICP 离子源：40MHz 自激式 RF 发生器；离子检测器：ETP 双层多阶电子倍增器；冷却保护气：氩气；进样蠕动泵速：26prm；测试基体：2%HNO_3（wt%）。

4.2.2　华光礁 I 号北部脱盐池木船构件铁脱除量分析

华光礁 I 号北部脱盐池水溶液内 Fe 元素的 ICP-MS 含量测试数据见表 4-6，Fe 含量随时间变化见图 4-15，可以看出，在每个脱盐周期内，随时间的延长，在 10mmol/L EDTA 二钠溶液的络合作用下，溶液中 Fe 的浓度不断增加。

表 4-6　北部脱盐池水溶液内［Fe］元素的 ICP-MS 测试结果

脱盐周期	浸泡日期	取样时间/天	脱盐池内水样编号	［Fe］/(mg/L)	$\overline{［Fe］}$/(mg/L)
1	2013.4.15～6.28，约 74 天	22	B1-130507	83.9	84.2
		22	B2-130507	86.8	
		22	B3-130507	82.0	
		46	B1-130531	123.6	123.0
		46	B2-130531	122.6	
		46	B3-130531	122.7	

续表

脱盐周期	浸泡日期	取样时间/天	脱盐池内水样编号	[Fe]/(mg/L)	$\overline{[Fe]}$/(mg/L)
1	2013.4.15~6.28，约74天	74	B1-130628	166.7	168.5
			B2-130628	166.2	
			B3-130628	172.6	
2	2013.7.4~8.28，约56天	26	B1-130730	186.6	183.8
			B2-130730	183.9	
			B3-130730	181.0	
		36	B2-130809	201.8	201.8
		50	B1-130823	212.1	217.8
			B2-130823	217.7	
			B3-130823	223.5	
3	2013.9.1~10.10，40天	13	B1-130913	75.5	74.9
			B2-130913	73.9	
			B3-130913	75.3	
		20	B2-130920	110.1	110.1
		34	B1-131004	130.7	130.4
			B2-131004	130.3	
			B3-131004	130.1	
4	2013.10.1~11.26，47天	22	B1-131101	60.8	61.3
			B2-131101	60.1	
			B3-131101	63.0	
		42	B1-131121	91.4	92.1
			B2-131121	91.9	
			B3-131121	92.9	
5	2013.11.26~2014.1.10，45天	17	B1-131213	30.4	31.2
			B2-131213	31.1	
			B3-131213	32.1	
		31	B1-131227	39.4	40.2
			B2-131227	40.1	
			B3-131227	41.0	
		38	B1-140103	8.5	8.6
			B2-140103	8.7	
			B3-140103	8.7	
		45	B1-140110	9.7	10.3
			B2-140110	11.0	
			B3-140110	10.1	

续表

脱盐周期	浸泡日期	取样时间/天	脱盐池内水样编号	[Fe]/(mg/L)	$\overline{[Fe]}$/(mg/L)
6	2014.1.10~3.3,52天	7	B1-140117	9.5	9.5
			B2-140117	9.9	
			B3-140117	9.0	
		14	B1-140124	42.2	41.7
			B2-140124	41.3	
			B3-140124	41.6	
		28	B1-140207	63.9	67.3
			B2-140207	68.5	
			B3-140207	69.6	
		42	B1-140221	90.8	88.8
			B2-140221	92.9	
			B3-140221	82.8	
		49	B1-140228	96.1	97.7
			B2-140228	93.8	
			B3-140228	103.3	
7	2014.3.3~4.22,50天	9	B1-140312	34.0	35.4
			B2-140312	35.8	
			B3-140312	36.5	
		16	B1-140319	52.2	52.8
			B2-140319	53.0	
			B3-140319	53.2	
		23	B1-140325	65.3	70.1
			B2-140325	72.4	
			B3-140325	72.7	
		30	B1-140402	82.5	83.8
			B2-140402	85.2	
			B3-140402	83.6	
		37	B1-140409	86.7	92.2
			B2-140409	94.4	
			B3-140409	95.5	
		44	B1-140416	103.9	103.0
			B2-140416	101.9	
			B3-140416	103.3	
8	2014.4.22~6.3,42天	12	B1-140504	53.8	51.5
			B2-140504	54.3	
			B3-140504	46.4	

续表

脱盐周期	浸泡日期	取样时间/天	脱盐池内水样编号	[Fe]/(mg/L)	$\overline{[Fe]}$/(mg/L)
8	2014.4.22～6.3，42天	22	B1-140514	100.2	102.2
			B2-140514	102.9	
			B3-140514	103.4	
9	2014.6.5～7.2，27天	7	B1-140611	29.4	29.6
			B2-140611	29.9	
		14	B1-140618	42.8	43.5
			B2-140618	42.7	
			B3-140618	45.1	
		27	B1-140702	81.0	84.8
			B2-140702	86.6	
			B3-140702	86.9	
10	2014.7.4～7.28，25天	—	—	—	—
11	2014.7.30～8.21，22天	6	B1-140805	35.0	35.3
			B2-140805	35.5	
			B3-140805	35.4	
		13	B1-140812	36.9	35.7
			B2-140812	32.9	
			B3-140812	37.3	
		20	B1-140819	37.4	37.9
			B2-140819	38.0	
			B3-140819	38.2	
12	2014.8.22～9.23，32天	6	B1-140828	6.7	6.6
			B2-140828	6.6	
			B3-140828	6.6	
		13	B1-140904	25.4	23.2
			B2-140904	25.0	
			B3-140904	19.1	
		31	B1-140922	21.8	20.9
			B2-140922	20.3	
			B3-140922	20.6	
13	2014.9.24～10.9，15天	14	B1-141008	27.8	28.3
			B2-141008	27.7	
			B3-141008	29.5	
14	2014.10.10～10.29，15天	6	B1-141016	20.2	21.3
			B2-141016	23.3	
			B3-141016	20.3	

续表

脱盐周期	浸泡日期	取样时间/天	脱盐池内水样编号	[Fe]/(mg/L)	$\overline{[Fe]}$/(mg/L)
15	2014.11.1～12.2，32天	—	—	—	—
16	2014.12.3～12.30，28天	7	B1-141210	13.1	13.3
			B2-141210	13.7	
			B3-141210	13.0	
		12	B1-141215	15.9	20.0
			B2-141215	25.0	
			B3-141215	19.1	
		19	B1-141222	21.8	20.9
			B2-141222	20.3	
			B3-141222	20.6	
		25	B1-141228	19.5	19.3
			B2-141228	18.6	
			B3-141228	19.8	
17	2014.12.31～2015.1.27，28天	10	B1-150109	27.8	28.3
			B2-150109	27.7	
			B3-150109	29.5	
		17	B1-150116	36.4	36.9
			B2-150116	36.8	
			B3-150116	37.4	
		22	B1-150121	42.4	43.1
			B2-150121	42.7	
			B3-150121	44.1	
18	2015.1.28～3.2，34天	6	B1-150203	11.7	11.7
			B2-150203	11.5	
			B3-150203	11.8	
		13	B1-150210	8.1	8.2
			B2-150210	8.2	
			B3-150210	8.3	
		18	B1-150215	9.5	9.3
			B2-150215	9.2	
			B3-150215	9.2	
		33	B1-150301	14.7	14.8
			B2-150301	14.9	
			B3-150301	14.8	

续表

脱盐周期	浸泡日期	取样时间/天	脱盐池内水样编号	[Fe]/(mg/L)	$\overline{[Fe]}$/(mg/L)
19	2015.3.3~3.31，29天	4	B1-150306	4.2	4.1
		4	B2-150306	4.2	
		4	B3-150306	4.0	
		11	B1-150313	0.6	0.8
		11	B2-150313	0.8	
		11	B3-150313	0.9	
		21	B1-150323	8.2	8.3
		21	B2-150323	8.4	
		21	B3-150323	8.2	
		25	B1-150327	10.2	10.2
		25	B2-150327	10.3	
		25	B3-150327	10.1	
		28	B1-150330	7.4	6.8
		28	B2-150330	6.8	
		28	B3-150330	6.3	
20	2015.4.1~6.10，71天	17	B1-150417	13.0	13.0
		24	B1-150424	14.5	14.5
		34	B1-150504	14.1	14.1
		45	B1-150515	3.5	3.5
		59	B1-150529	12.5	12.5
		71	B1-150610	8.9	8.9
21	2015.6.11~8.5，56天	2	B1-150612	3.6	3.6
		16	B1-150626	14.1	14.1
		30	B1-150710	20.8	20.8
		44	B1-150724	25.2	25.2
		56	B1-150805	25.2	25.2
22	2015.8.6~8.31，26天	2	B1-150807	3.0	3.0
		16	B1-150821	7.2	7.2
		26	B1-150831	6.8	6.8
23	2015.9.1~11.2，63天	1	B1-150911	1.1	1.1
		18	B1-150918	0.2	0.2

每个周期所用硫铁化合物脱出溶液体积约为 50.29m³，对北部脱盐池脱除 Fe 元素的总质量分别进行计算（表 4-7），可以看出，23 个周期脱除的铁量至少达到 59.86kg。

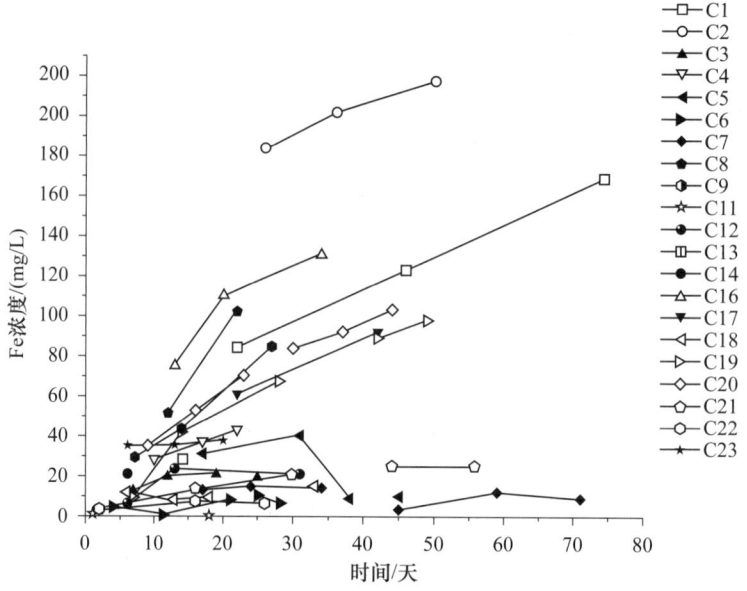

图 4-15 北脱盐池水溶液内 Fe 浓度随时间变化图

表 4-7 北部脱盐池水溶液内脱除 Fe 的量

周期	浸泡时间	取样时间/天	$\overline{[Fe]}$/(mg/L)	Fe 脱除量/kg
1	2013.4.15~6.28，约 74 天	74	168.5	8.47
2	2013.7.4~8.28，约 56 天	50	217.8	10.95
3	2013.9.1~10.10，40 天	34	130.4	6.56
4	2013.10.10~2014.11.26，47 天	42	92.1	4.63
5	2013.11.26~2014.1.10，45 天	45	10.3	0.52
6	2014.1.10~3.3，52 天	49	97.7	4.91
7	2014.3.3~4.22，50 天	44	103.0	5.18
8	2014.4.22~6.3，42 天	22	102.2	5.14
9	2014.6.5~7.2，27 天	27	84.8	4.26
10	2014.7.4~7.28，25 天	—	—	—
11	2014.7.30~8.21，22 天	20	37.9	1.90
12	2014.8.22~9.23，32 天	31	20.9	1.05
13	2014.9.24~10.9，15 天	—	—	—
14	2014.10.10~10.29，15 天	—	—	—
15	2014.11.1~12.2，32 天	—	—	—
16	2014.12.3~12.30，28 天	25	19.3	0.97
17	·2014.12.31~2015.1.27，28 天	22	43.1	2.17
18	2015.1.28~3.2，34 天	33	14.8	0.74

续表

周期	浸泡时间	取样时间/天	$\overline{[Fe]}$/(mg/L)	Fe 脱除量/kg
19	2015.3.3~3.31, 29 天	28	6.8	0.34
20	2015.4.1~6.10, 71 天	71	8.9	0.45
21	2015.6.11~8.5, 71 天	56	25.2	1.27
22	2015.8.6~8.31, 26 天	26	6.8	0.34
23	2015.9.1~11.2, 63 天	18	0.2	0.01
合计				59.86

4.2.3　华光礁Ⅰ号南部脱盐池木船构件铁脱除量分析

南部脱盐池水溶液内 Fe 元素的 ICP-MS 含量测试结果见表 4-8，Fe 含量随时间变化见图 4-16。

表 4-8　南部脱盐池水溶液内 [Fe] 的 ICP-MS 测试结果

周期	浸泡时间	取样时间/天	脱盐池内水样编号	[Fe]/(mg/L)	$\overline{[Fe]}$/(mg/L)
1	2013.4.15~6.28, 约 74 天	22	N1-130507	102.1	102.3
			N2-130507	102.6	
			N3-130507	102.3	
		46	N1-130531	147.0	145.6
			N2-130531	145.8	
			N3-130531	144.1	
		74	N1-130628	172.2	176.1
			N2-130628	179.0	
			N3-130628	177.0	
2	2013.7.4~8.28, 约 56 天	26	N1-130730	135.9	133.1
			N2-130730	117.5	
			N3-130730	146.0	
		36	N2-130809	144.9	144.9
		50	N1-130823	177.7	181.1
			N2-130823	183.8	
			N3-130823	181.5	
3	2013.9.1~10.10, 40 天	13	N1-130913	80.2	81.6
			N2-130913	81.4	
			N3-130913	83.1	
		20	N2-130920	123.4	123.4

续表

周期	浸泡时间	取样时间/天	脱盐池内水样编号	[Fe]/(mg/L)	$\overline{[Fe]}$/(mg/L)
3	2013.9.1～10.10，40天	34	N1-131004	156.8	156.9
			N2-131004	155.5	
			N3-131004	158.3	
4	2013.10.10～11.26，47天	22	N1-131101	76.7	78.7
			N2-131101	79.4	
			N3-131101	80.1	
		42	N1-131121	118.0	119.2
			N2-131121	118.0	
			N3-131121	121.7	
5	2013.11.26～2014.1.10，45天	17	N1-131213	33.3	34.4
			N2-131213	35.5	
			N3-131213	34.5	
		31	N1-131227	47.9	47.6
			N2-131227	47.0	
			N3-131227	47.8	
		38	N1-140103	9.7	9.5
			N2-140103	9.4	
			N3-140103	9.4	
		45	N1-140110	9.7	12.6
			N2-140110	16.6	
			N3-140110	11.6	
6	2014.1.10～3.3，52天	7	N1-140117	15.4	11.8
			N2-140117	10.0	
			N3-140117	9.9	
		14	N1-140124	51.6	52.8
			N2-140124	53.2	
			N3-140124	53.6	
7	2014.3.3～4.22，50天	9	N1-140312	22.3	22.6
			N2-140312	22.8	
			N3-140312	22.7	
		16	N1-140319	36.6	40.2
			N2-140319	41.6	
			N3-140319	42.5	
		23	N1-140325	74.2	78.6
			N1-140325	78.7	
			N1-140325	83.0	

续表

周期	浸泡时间	取样时间/天	脱盐池内水样编号	[Fe]/(mg/L)	$\overline{[Fe]}$/(mg/L)
7	2014.3.3~4.22，50天	30	N1-140402	93.8	96.8
			N2-140402	96.6	
			N3-140402	100	
		37	N1-140409	109.8	111.2
			N2-140409	111.0	
			N3-140409	112.9	
		44	N1-140416	120.3	116.2
			N2-140416	108.9	
			N3-140416	119.4	
8	2014.4.22~6.3，42天	12	N1-140504	62.5	65.5
			N2-140504	69.5	
			N3-140504	64.6	
		22	N1-140514	123.0	118.5
			N2-140514	101.5	
			N3-140514	131.1	
9	2014.6.5~7.2，27天	7	N1-140611	43.5	43.9
			N2-140611	44.8	
			N3-140611	43.5	
		14	N1-140618	63.5	61.6
			N2-140618	71.2	
			N3-140618	50.0	
		27	N1-140702	120.2	113.7
			N2-140702	102.7	
			N3-140702	118.2	
10	2014.7.4~7.28，25天	—	—	—	—
11	2014.7.30~8.21，22天	6	N1-140805	36.4	30.6
			N2-140805	32.4	
			N3-140805	23.0	
		13	N1-140812	53.5	63.8
			N2-140812	54.5	
			N3-140812	83.4	
		20	N1-140819	70.2	69.4
			N2-140819	70.9	
			N3-140819	67.2	
12	2014.8.22~9.23，32天	6	N1-140828	4.9	4.7
			N2-140828	4.7	
			N3-140828	4.4	

续表

周期	浸泡时间	取样时间/天	脱盐池内水样编号	[Fe]/(mg/L)	$\overline{[Fe]}$/(mg/L)
12	2014.8.22~9.23，32天	13	N1-140904	21.1	21.2
			N2-140904	22.6	
			N3-140904	19.9	
		31	N1-140922	22.1	23.2
			N2-140922	26.0	
			N3-140922	21.4	
13	2014.9.24~10.9，15天	5	N1-140929	13.0	16.8
			N2-140929	18.9	
			N3-140929	18.5	
		14	N1-141008	27.3	28.4
			N2-141008	29.2	
			N3-141008	28.6	
14	2014.10.10~10.29，15天	6	N1-141016	18.6	18.7
			N2-141016	18.6	
			N3-141016	19.0	
15	2014.11.1~12.2，32天	—	—	—	—
16	2014.12.3~12.30，28天	7	N1-141210	12.6	12.5
			N2-141210	12.4	
			N3-141210	12.5	
		12	N1-141215	21.1	21.2
			N2-141215	22.6	
			N3-141215	19.9	
		19	N1-141222	22.1	23.2
			N2-141222	26.0	
			N3-141222	21.4	
		25	N1-141228	13.0	16.8
			N2-141228	18.9	
			N3-141228	18.5	
17	2014.12.31~2015.1.27，28天	10	N1-150109	27.3	28.4
			N2-150109	29.2	
			N3-150109	28.6	
		17	N1-150116	23.8	23.8
			N2-150116	23.7	
			N3-150116	23.8	
		22	N1-150121	26.8	27.0
			N2-150121	27.3	
			N3-150121	27.0	

续表

周期	浸泡时间	取样时间/天	脱盐池内水样编号	[Fe]/(mg/L)	$\overline{[Fe]}$/(mg/L)
18	2015.1.28~3.2, 34天	6	N1-150203	11.1	10.9
			N2-150203	11.0	
			N3-150203	10.7	
		13	N1-150210	8.2	8.1
			N2-150210	8.0	
			N3-150210	8.1	
		18	N1-150215	9.7	9.7
			N2-150215	9.6	
			N3-150215	9.7	
		33	N1-150301	11.7	11.9
			N2-150301	12.0	
			N3-150301	11.9	
19	2015.3.3~3.31, 29天	4	N1-150306	2.7	2.7
			N2-150306	2.7	
			N3-150306	2.8	
		11	N1-150313	1.1	1.1
			N2-150313	1.1	
			N3-150313	1.2	
		21	N1-150323	9.8	10.2
			N2-150323	9.9	
			N3-150323	11.0	
		25	N1-150327	12.3	12.3
			N2-150327	12.3	
			N3-150327	12.3	
		28	N1-150330	10.3	9.5
			N2-150330	9.9	
			N3-150330	8.3	
20	2015.4.1~6.10, 71天	17	N1-150417	14.6	14.6
		24	N1-150424	16.8	16.8
		34	N1-150504	21.2	21.2
		45	N1-150515	6.8	6.8
		59	N1-150529	2.4	2.4
		71	N1-150610	34.4	34.4
21	2015.6.11~8.5, 56天	2	N1-150612	4.5	4.5
		16	N1-150626	17.3	17.3
		30	N1-150710	15.3	15.3

续表

周期	浸泡时间	取样时间/天	脱盐池内水样编号	[Fe]/(mg/L)	$\overline{[Fe]}$/(mg/L)
21	2015.6.11~8.5, 56 天	44	N1-150724	10.6	10.6
		56	N1-150805	12.2	12.2
22	2015.8.6~8.31, 26 天	2	N1-150807	1.4	1.4
		16	N1-150821	12.3	12.3
		26	N1-150831	14.5	14.5
23	2015.9.1~11.2, 63 天	1	N1-150911	1.6	1.6
		18	N1-150918	0.4	0.4

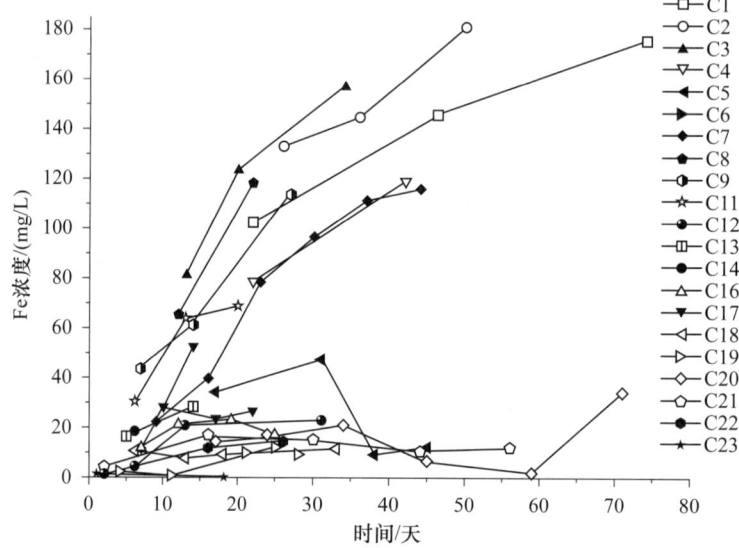

图 4-16 南部脱盐池水溶液内 Fe 浓度随时间变化图

每个周期所用硫铁化合物脱出溶液体积约为 50.29m³，对南部脱盐池脱除 Fe 元素的总质量分别进行统计（表 4-9），可以看出，23 个周期铁的脱除量合计至少为 66.06kg。

表 4-9 南部脱盐池水溶液内脱除 Fe 的量

周期	浸泡时间	取样时间/天	$\overline{[Fe]}$/(mg/L)	Fe 脱除量/kg
1	2013.4.15~6.28, 约 74 天	74	176.1	8.86
2	2013.7.4~8.28, 约 56 天	50	181.1	9.11
3	2013.9.1~10.10, 40 天	34	156.9	7.89
4	2013.10.10~11.26, 47 天	42	119.2	5.99
5	2013.11.26~2014.1.10, 45 天	45	12.6	0.63

续表

周期	浸泡时间	取样时间/天	$\overline{[Fe]}$/(mg/L)	Fe 脱除量/kg
6	2014.1.10～3.3, 52 天	14	52.8	2.66
7	2014.3.3～4.22, 50 天	44	116.2	5.84
8	2014.4.22～6.3, 42 天	22	118.5	5.96
9	2014.6.5～7.2, 27 天	27	113.7	5.72
10	2014.7.4～7.28, 25 天	—	—	—
11	2014.7.30～8.21, 22 天	20	69.4	3.49
12	2014.8.22～9.23, 32 天	31	23.2	1.17
13	2014.9.24～10.9, 15 天	14	28.4	1.43
14	2014.10.10～10.29, 15 天	6	18.7	0.94
15	2014.11.1～12.2, 32 天	—	—	—
16	2014.12.3～12.30, 28 天	25	16.8	0.84
17	2014.12.31～2015.1.27, 28 天	22	27.0	1.36
18	2015.1.28～3.2, 34 天	33	11.9	0.60
19	2015.3.3～3.31, 29 天	28	9.5	0.48
20	2015.4.1～6.10, 71 天	71	34.4	1.73
21	2015.6.11～8.5, 56 天	56	12.2	0.61
22	2015.8.6～8.31, 26 天	26	14.5	0.73
23	2015.9.1～11.2, 63 天	18	0.4	0.02
合计				66.06

采用 ICP-MS 分析了华光礁 I 号木船构件铁脱除的量, 由两个脱盐池内脱盐溶液中 Fe 元素含量分析结果可以看出: 在第一阶段, 以 10mmol/L EDTA 二钠盐溶液为硫铁化合物脱除试剂的第 1～6 周期内, Fe 的脱除效率先高后低。在第二阶段, 即第 7～19 周期, 当将硫铁化合物脱除试剂更换为 10mmol/L EDTA 二钠＋10mmol/L H_2O_2 后, Fe 的脱除效率又明显提高, 在第 11 周期之后又逐渐降低, 趋于稳定。第三阶段, 即 20～23 周期, 继续采用 10mmol/L EDTA 二钠进行难溶盐脱除, Fe 的脱除率保持在较低水平。

在经过 19 个周期, 约 2 年时间的难溶盐脱除处理后, 浸泡溶液中 Fe 离子含量较低, 基本维持在 30mg/L 以下, 说明木船构件中的大部分硫铁化合物盐已被脱除, 难溶盐脱除工作已基本结束。但考虑到难溶盐硫铁化合物对木材的危害作用, 在时间允许的情况下, 可采用 10mmol/L EDTA 二钠盐溶液继续进行脱盐处理工作。

用 ICP-MS 继续监测脱盐池中 Fe 的浓度, 共经过 23 个周期, 约 32 个月的硫铁化合物脱除处理后, 浸泡液中 Fe 离子含量已经很低, 小于 15mg/L 以下。

4.3 木材本体中残余硫铁化合物的分析

本部分采用扫描电镜-能谱（SEM-EDS）观察木材微观结构，直观观察了木材中包括硫铁化合物在内的沉积盐的微观形态和存在形式。采用元素分析方法分析木材基体中 S 元素的含量；采用 ICP-MS 分析木材基体中残余的硫、铁元素的含量。

4.3.1 微观形貌的变化

华光礁Ⅰ号的木材在水下埋藏过程中，木材间隙、管胞、纹孔等各种微结构内都沉积了大量盐分，形态各异，成分复杂。具体的分析结果见 2.1 节和 4.1.3 节。采用扫描电镜，可以直观观察到华光礁Ⅰ号木材样品中盐分的形态、分布状态；通过扫描电镜-能谱分析，可以知道沉积物的成分，因此可以通过硫铁化合物脱除前后扫描电镜下微观形貌的对比、能谱分析结果的对比，评估硫铁化合物及其他可溶分盐分脱除的效果。本部分通过对比 2009 年（未脱盐），2012 年（去离子水浸泡脱除可溶盐），2015 年（脱除硫铁化合物后）木材样品的微观形貌，评估华光礁Ⅰ号船体木材脱盐的处理的效果。

2009 年华光礁Ⅰ号木材样品的扫描电镜照片见图 4-17。

华光礁Ⅰ号木材样品扫描电镜照片表明，木材中含有大量的沉积盐。部分木材的管胞中充满了盐分［图 4-17（d）、（i）］，细胞腔的间隙存在大量颗粒状沉积物［图 4-17（b）］，管胞的外壁也被分盐分覆盖［图 4-17（c）］，部分木材的纹孔完全被盐分覆盖［图 4-17（h）］。研究表明（见 2.1 节及 4.1.3 节），这些沉积物中有氯化钠等可溶于水化合物，也有硫酸钙、碳酸钙、氟化钙等完全呈氧化态的难溶于水的化合物，还有二硫化亚铁、硫化亚铁、硫酸铁钾等还原性的难溶于水的化合物。通过去离子水的浸泡，可以去除木材中可溶的盐分，而通过络和试剂的作用，沉积物中的铁、钙等离子与络和试剂络和，增加了溶解性，使难溶于水的化合物溶解，或者发生形状、数量的改变。

自 2009 年起，采用去离子水对华光礁Ⅰ号木构件进行浸泡脱盐。采用 SEM-EDX 分析了 2012 年 10 月采集的华光礁Ⅰ号木材样品的微观形貌和显微元素成分。分析结果见图 4-18 及表 4-10。

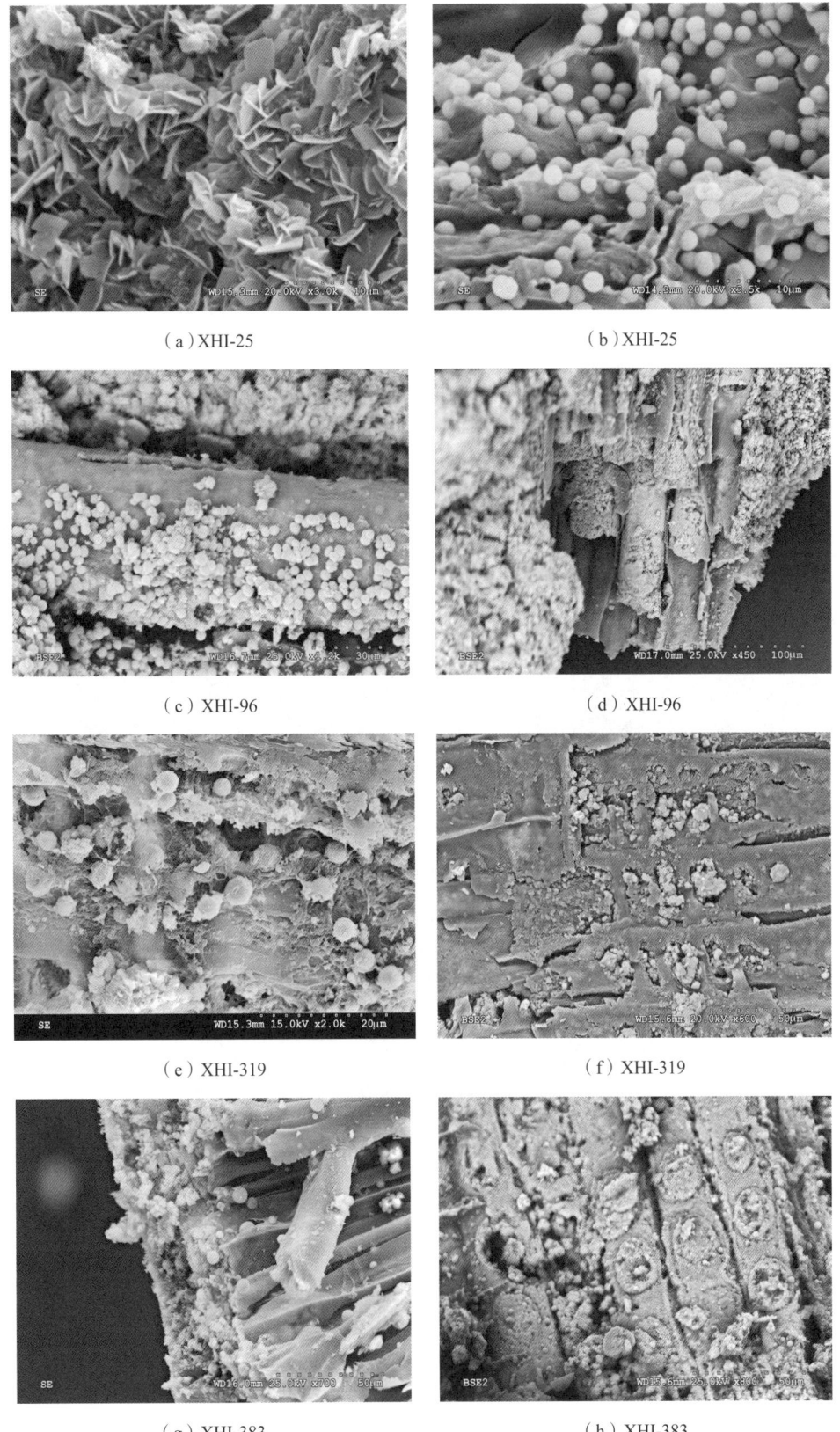

(a) XHI-25　　　　　　　　　　　(b) XHI-25

(c) XHI-96　　　　　　　　　　　(d) XHI-96

(e) XHI-319　　　　　　　　　　 (f) XHI-319

(g) XHI-383　　　　　　　　　　 (h) XHI-383

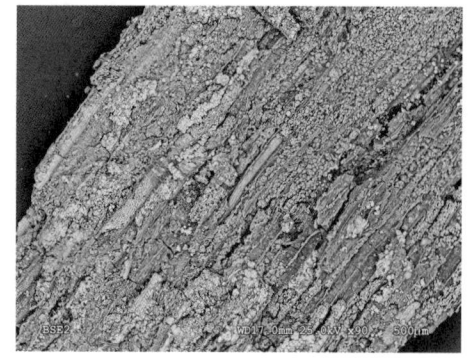

(i) XHI-484

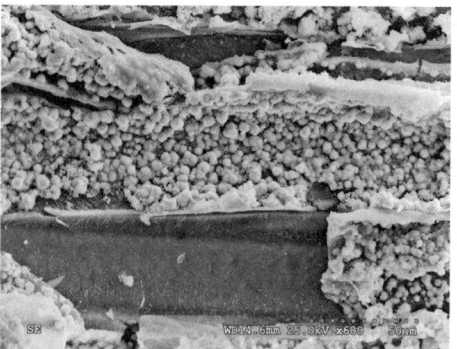

(j) XHI-484

图 4-17　华光礁 I 号木材样品 2009 年样品扫描电镜照片

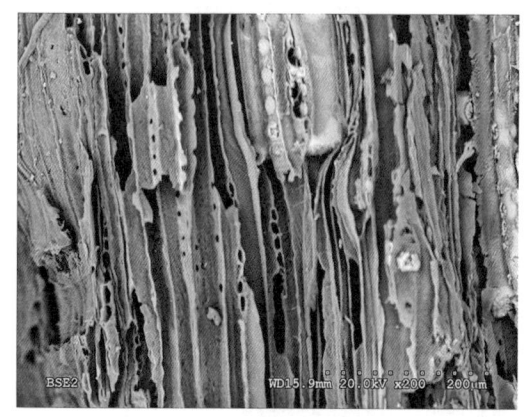

(a) XHI-382

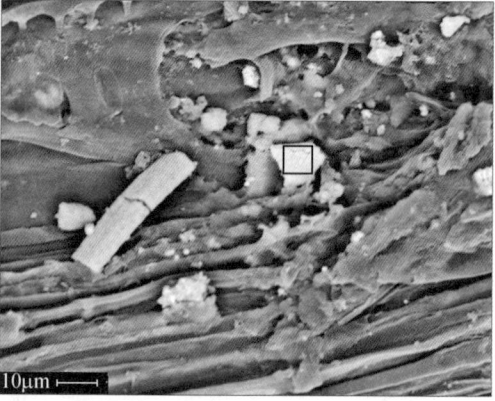

(b) XHI-416

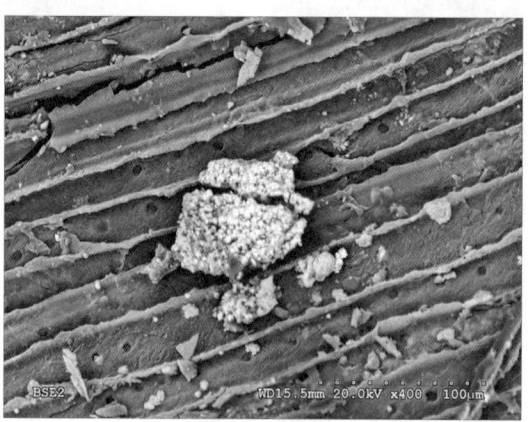

(c) XHI-357

图 4-18　华光礁 I 号木材 2012 年样品扫描电镜照片

表 4-10　华光礁 I 号样品 XHI-357 中白色颗粒的 SEM-EDS 分析结果

元素	O	Fe	S
含量 /at%	19.38	45.88	34.74

由图 4-18 可见，木材在去离子水脱盐处理后剖面上没有明显的颗粒物质存在，木材管胞内壁仅有少量的颗粒存在。说明脱盐处理后可以除去木材中大量的可溶性盐分。而从图 4-18（b）、（c）可知，木材样品中仍有些瘤状颗粒存在。根据能谱分析的结果（表 4-10），可知这些颗粒物是含硫、铁元素的化合物，主要化学组分可能为铁的氧化物和铁的硫化物，说明在长时间的浸泡过程中，原来大量呈还原态的二硫化亚铁已经部分发生了氧化。

对比两次取样的显微形貌分析结果，经过 3 年的脱盐处理后，木材中大量的球状颗粒消失，但仍存有硫铁化合物。说明仅凭去离子水浸泡脱盐处理，短期内不能完全除去这些难溶的硫铁化合物。

华光礁 I 号船体木材样品 XHI-174 采集分别用 12.5mol/L 的二乙三胺五乙酸和乙二胺四乙酸溶液浸泡脱除硫铁化合物。浸泡约 3 年后采集样品，通过扫描电镜观察微观结构，并采用能谱分析沉积物的元素组成。其结果分别见图 4-19 和图 4-20 及表 4-11 和表 4-12。

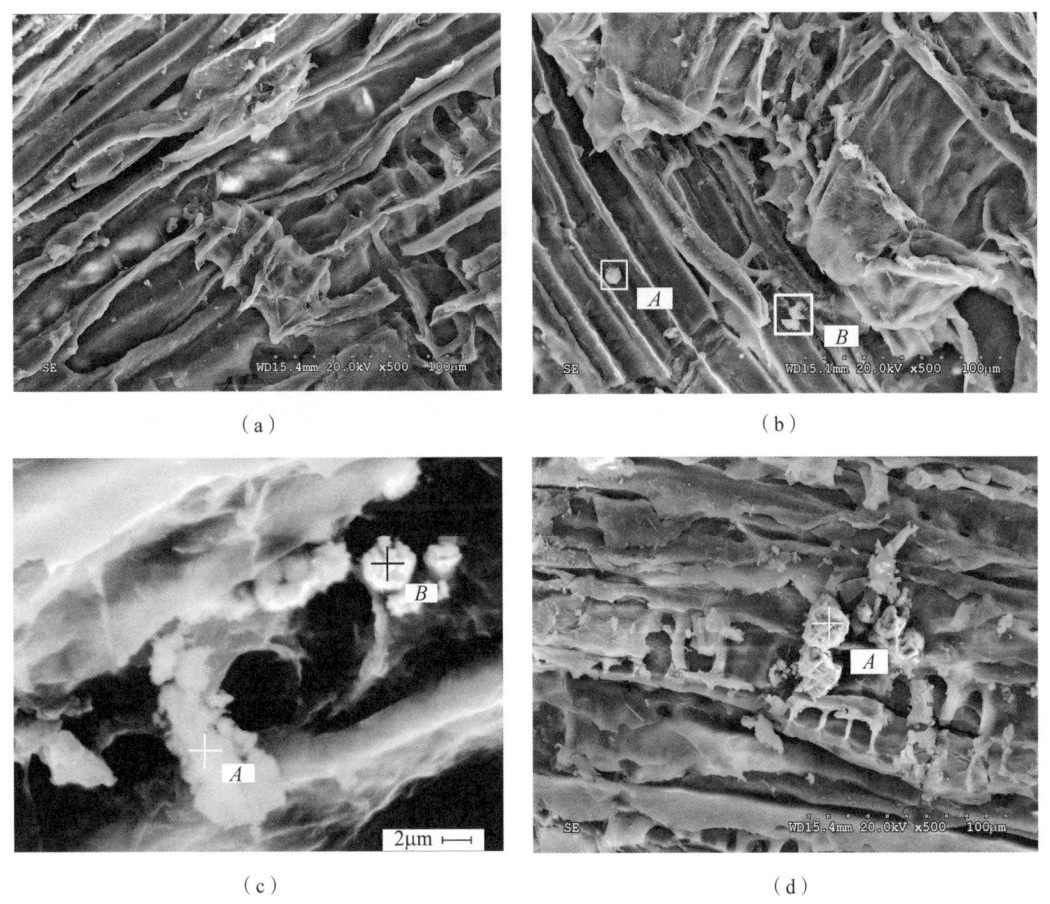

图 4-19　DETPA 浸泡后样品 XHI-174 的 SEM 照片

表 4-11 华光礁 I 号样品 DETPA 浸泡后 XHI-174 的 SEM-EDS 分析结果　　（单位：at%）

分析点位	F	Na	Mg	Al	Si	S	Ca	Fe
图 4-19（b）点 A	56.3	3.9	2.1	1.2	0.6	12.2	23.7	—
图 4-19（b）点 B	—	12.8	3.8	3.8	—	70.7	8.8	—
图 4-19（c）点 A	52.5	2.3	—	—	—	5.2	40.1	—
图 4-19（c）点 B	—	8.8	—	—	—	61.0	2.5	27.7
图 4-19（d）点 A	70.5	—	—	—	—	0.9	28.6	—

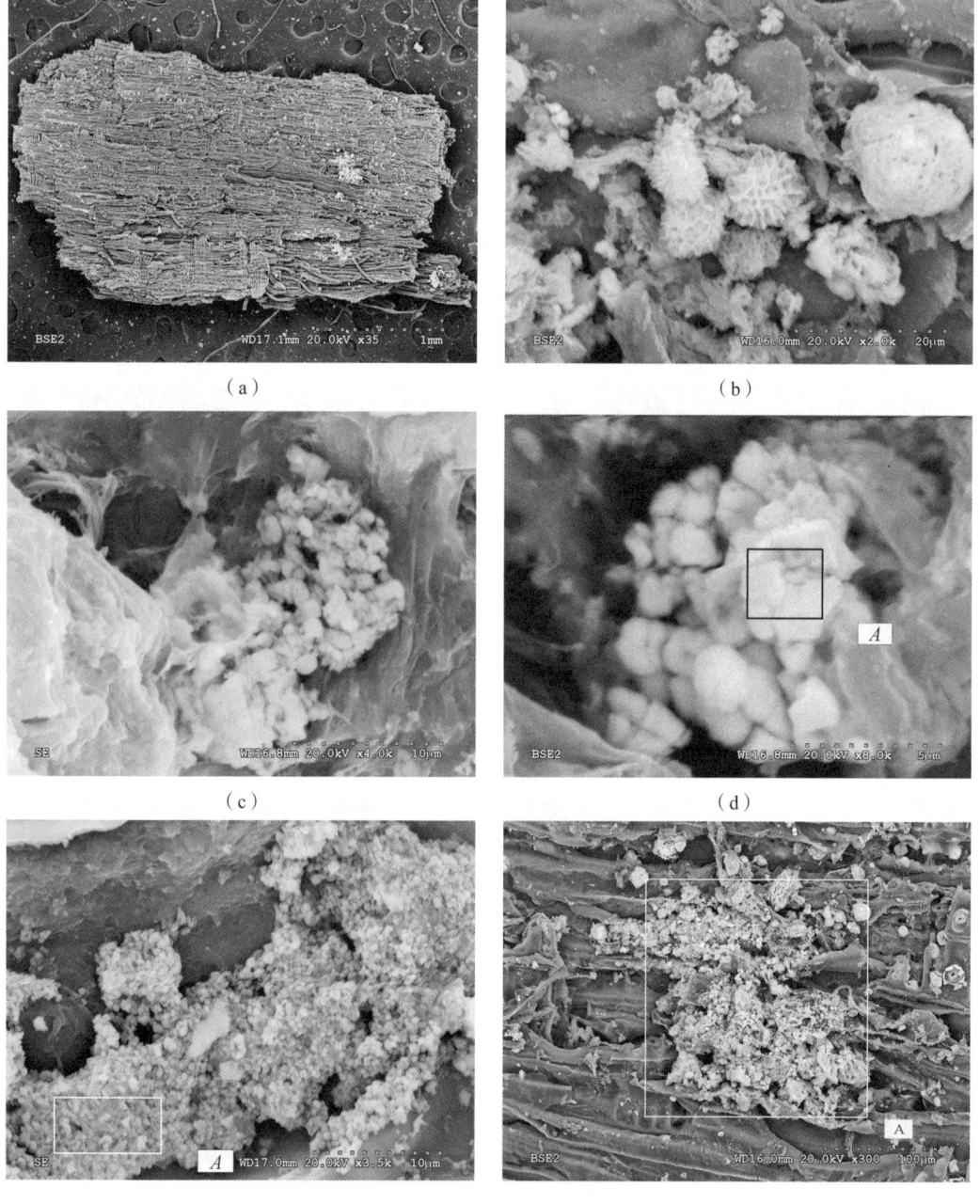

图 4-20 EDTA 浸泡后样品 XHI-174 的 SEM 照片

表 4-12　华光礁Ⅰ号样品 XHI-174 的 EDTA 浸泡后 SEM-EDS 分析结果　　（单位：at%）

分析点位	C	O	F	Al	Si	S	Ca	Fe
图 4-20（d）	44.0	16.2	21.2	—	0.9	0.9	15.0	1.9
图 4-20（e）	45.2	30.2	—	0.2	0.9	1.4	0.7	21.5
图 4-20（f）	59.3	14.7	15.0	—	—	1.3	8.6	1.1

由图 4-19 中可以看到，经过二乙三胺五乙酸溶液的浸泡，木材表面光滑，没有大量的盐分颗粒。管胞和木材细胞间隙仅存在少量颗粒，能谱分析表明，这些颗粒的元素不同。大部分颗粒的元素组成主要为氟和钙［图 4-19（b）点 A、图 4-19（c）点 A 和图 4-19（d）点 A］，应是氟化钙颗粒。根据前期分析，除硫铁化合物外，华光礁Ⅰ号木材样品中存在大量的氟化钙，见图 4-10（a）、（c）（2.1 节及 4.1.3 节），其形状大多为较规则的球形。氟化钙是难溶化合物，26℃下，溶解度仅为 0.0017g/mL[18]，化学性质相对稳定。在络和试剂的作用下，也发生了一定的溶解，形状变得不规则。即使木材中的氟化钙无法完全去除，由于其难溶于水，且化学性质稳定，因此不会对木材造成破坏。此外在木材中还有硫酸钙存在。而在初始状态下大量存在于木材中的硫铁化合物颗粒基本上已经消失，但还有少部分硫铁化合物仍然没有被去除［图 4-19（c）点 B］。

由图 4-20 可以看到，经乙二胺四乙酸溶液浸泡后，木材中的沉积物大部分已经去除，但还有沉积物富集的区域。大量硫铁化合物已经被去除，原来存在的莓球状的硫铁化合物颗粒已经被溶解，残留莓球的骨架部分［图 4-20（b）］，也有铁含量较高的沉积物，但元素成分分析表明，主要是铁的氧化物［图 4-20（e）］。此外，也残留了大量的氟化钙［图 4-20（c）和（d）］，而氟化钙颗粒也被部分破坏，形状变得不规则。在实验过程中，可以观察到这样的宏观现象，氟化钙微球被部分溶解，从木材基体上脱落，形成肉眼可见的白色颗粒。

华光礁Ⅰ号船体木材样品 XHI-424（见 3.1.3 节）采用 12.5mol/L 的二乙三胺五乙酸溶液浸泡脱除硫铁化合物。浸泡 2 年后，采集试样 XHI-424 的微小残片，采用扫描电镜观察了微观结构。不同放大倍数下扫描电镜照片见图 4-21。木材的显微结构较光滑平整。仅在样品的局部存在少量沉积盐颗粒。

可以看到，经过 2 年浸泡脱除硫铁化合物后，原本遍布木材基体的盐分沉积已经基本消失。说明 DETPA 溶液浸泡对于脱除木材间隙沉积的盐分具有比较明显的效果。

对图 4-21（e）、（f）中的无机盐进行能谱分析，结果见表 4-13。

表 4-13　华光礁Ⅰ号样品 XHI-424 浸泡后其中颗粒 SEM-EDS 分析结果　　（单位：at%）

分析点位	F	Na	S	Ca	Al
图 4-21（e）	63.0	3.2	4.4	29.4	—
图 4-21（f）	45.0	20.1	21.3	12.7	1.0

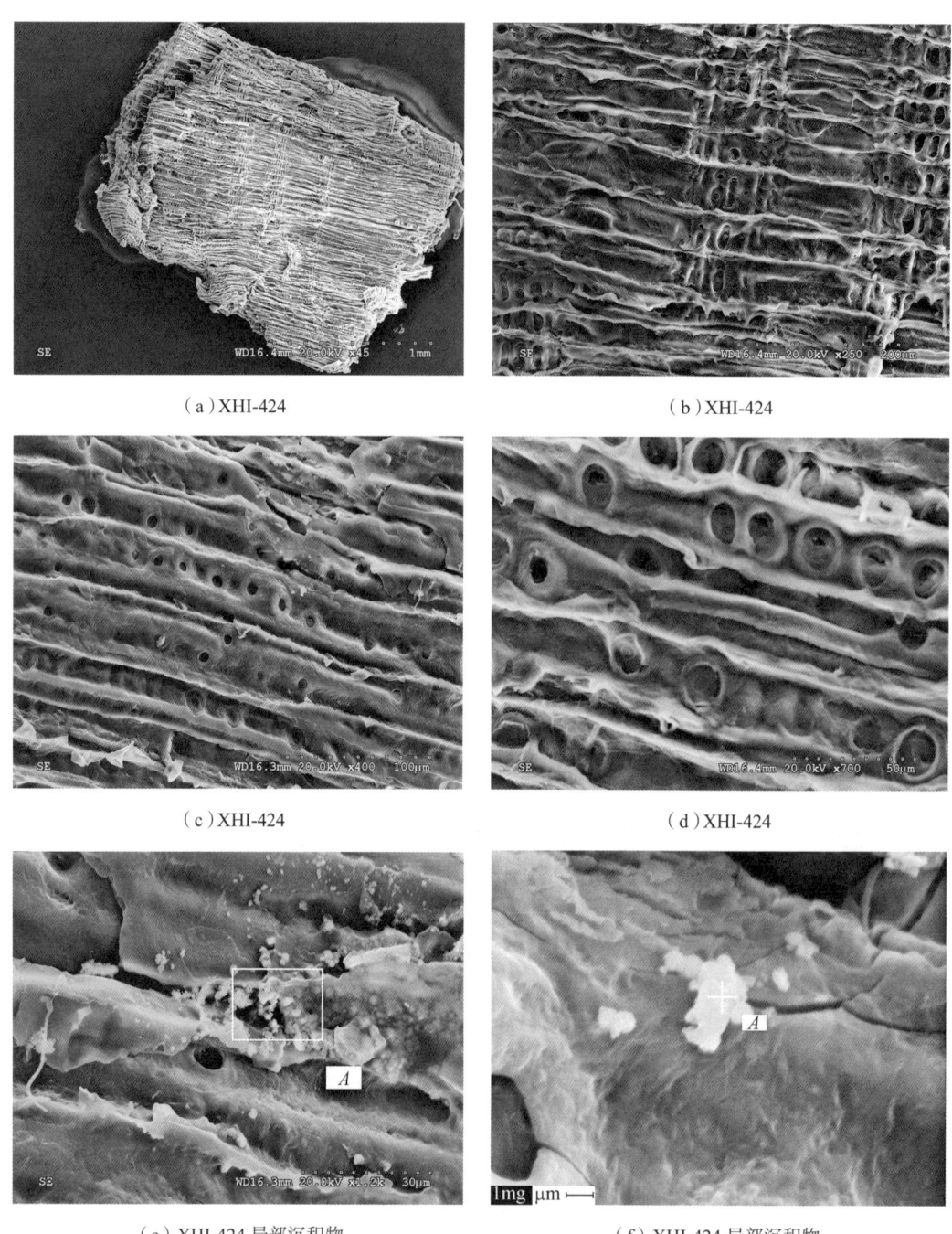

(a) XHI-424　　　　　　　　　　　　　(b) XHI-424

(c) XHI-424　　　　　　　　　　　　　(d) XHI-424

(e) XHI-424 局部沉积物　　　　　　　(f) XHI-424 局部沉积物

图 4-21　华光礁Ⅰ号样品 XHI-424 浸泡 2 年后 SEM 照片

由能谱分析结果可知，明显残留的无机盐元素成分主要是氟和钙。氟化钙是难溶盐，在华光礁Ⅰ号木材样品中均以形状规则的球状颗粒存在［图 4-12（a）、(b)］。与图 4-19 和图 4-20 一样，图 4-21（e）和图 4-21（f）中的氟化钙颗粒形状不规则，边缘不清晰，说明通过 DETPA 与钙的络合，难溶的氟化钙也被部分溶解。

对图 4-21（e）的区域做面扫描能谱分析，结果见图 4-22。

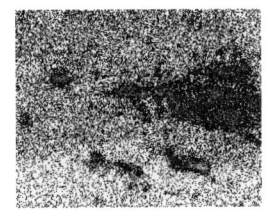 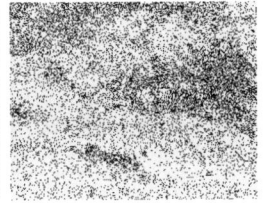  

（a）Ca元素分布图　　（b）F元素分布图　　（c）S元素分布图　　（d）Na元素分布图

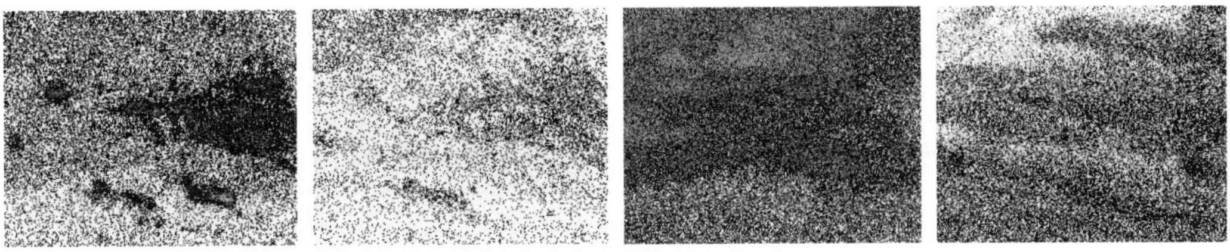

图4-22　图4-21（e）区域面扫描能谱分析结果

能谱面扫描的分析结果表明，在试样中，除去C、H、O这些有机质的特征元素外，主要存在F、S、Ca、Na等元素。其中F元素与Ca元素的分布基本重合，应为原本沉积在木材中的氟化钙的残留。Fe元素已经基本检测不到，但木材基体中仍存在含量较高的S元素，有可能为通过共价键与有机质结合的S。

华光礁Ⅰ号船体木材样品XHI-424采用12.5mol/L的二乙三胺五乙酸溶液浸泡脱除硫铁化合物约3年后，再次采集试样，采用扫描电镜-能谱进行了分析。观察了微观结构。不同放大倍数下扫描电镜照片见图4-23，能谱分析结果见表4-14。

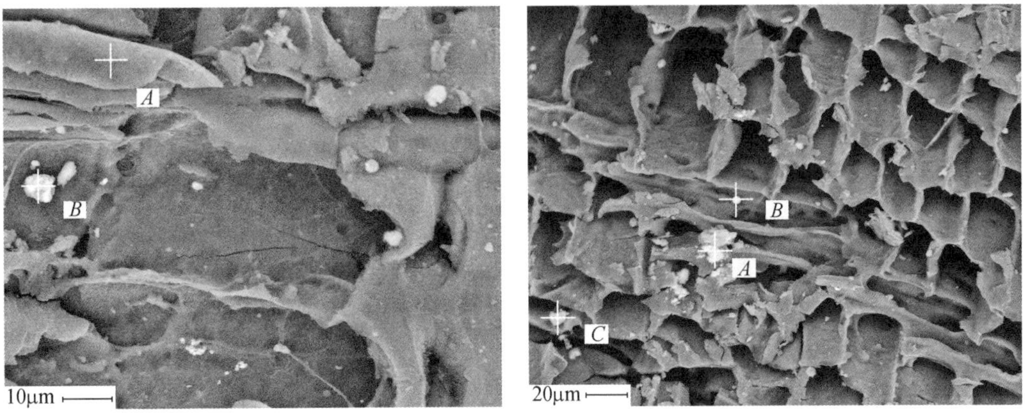

图4-23　华光礁Ⅰ号样品XHI-424浸泡3年后SEM照片

表4-14 华光礁Ⅰ号样品XHI-424浸泡3年后其中颗粒SEM-EDS分析结果 （单位：at%）

电镜照片编号	图4-23（a）	图4-23（b）	图4-23（c）点A	图4-23（c）点B	图4-23（d）点A	图4-23（d）点B	图4-23（d）点C
B	—	13.5	15.7	21.5	—	—	—
C	77.1	74.9	75.6	50.4	63.1	41.1	59.3
O	21.6	10.6	8.1	3.8	6.2	35.4	25.6
F	—	—	—	—	1.5	—	—
Na	0.6	0.4	0.2	0.1	12.5	—	0.6
Mg	—	—	—	0.3	—	—	2
Al	—	—	—	1.4	—	—	3.1
Si	—	—	—	2.6	—	—	5.2
S	0.7	0.6	0.3	1.6	0.8	—	0.5
Cl	—	—	—	—	0.4	—	—
Cu	—	—	—	—	10.4	—	—
Zn	—	—	—	—	5.2	—	—
K	—	—	—	0.5	—	—	0.4
Ca	—	—	—	—	—	—	0.2
Fe	—	—	—	15.5	—	23.4	3.1

由样品SEM照片可知，木材的显微结构较光滑平整，大量沉积物已经消失，管胞内部也未见大量沉积物。木材基体的主要元素为C、O、S，都是有机物的组成元素。能谱结果表明，木材中硼元素的含量较高，与木材使用了硼酸/硼砂作为防腐剂有关。仅在样品的局部存在少量沉积盐颗粒，其中的Na可以通过进一步去离子水浸泡去除。极少量部位存在铁的化合物［图4-23（c）点B、图4-23（d）点B］，主要应为铁的氧化物。

大量SEM-EDS分析表明，通过去离子水浸泡的可溶盐脱除过程和络和试剂溶液浸泡的硫铁化合物脱除过程，木材中大量的盐分可以去除。大部分硫铁化合物消失，存留的少量含铁化合物以铁的氧化物或碳酸盐形式存在。木材中原有的大量氟化钙部分被溶解，形貌发生改变。

4.3.2 木材中残余硫、铁元素含量分析

为了定量分析脱硫铁化合物脱除2年前后华光礁木材中铁、硫的含量变化，将木材样品灰化，采用ICP对木材中硫和铁的绝对含量进行了分析。由于脱盐的木材构件大小不一，含盐情况不同，保存状况各异，所以根据其含盐特点，选择有代表

性的红色木块、中间色、黑色木块三类木块，并各选2~3件作为代表。第一次取样应现场标识样品，1~2个月后现场测试一次，6个月后取样测试一次。

对华光礁Ⅰ号典型木块4#中铁的含量进行了测定，结果见表4-15和图4-24。

表4-15　华光礁Ⅰ号典型木块中铁的含量变化

时间/月	0	6	24
铁含量/ppm	24078	17646	263.26
脱除率/%	0	26.71	98.9

注：ppm是用溶质质量占全部溶液质量的百万分比来表示浓度

从表4-15和图4-24可见，典型木材样块经硫铁化合物脱除24个月后铁含量显著降低，脱除率达98.9%。说明木材中的铁基本脱除。

对华光礁Ⅰ号典型木块4#中硫的含量进行了测定，结果见表4-16和图4-25。

表4-16　华光礁Ⅰ号典型木块中硫的含量变化

时间/月	0	6	24	32
硫含量/wt%	28.01	19.89	12.45	4.46
脱除率/%	0	28.99	55.55	84.08

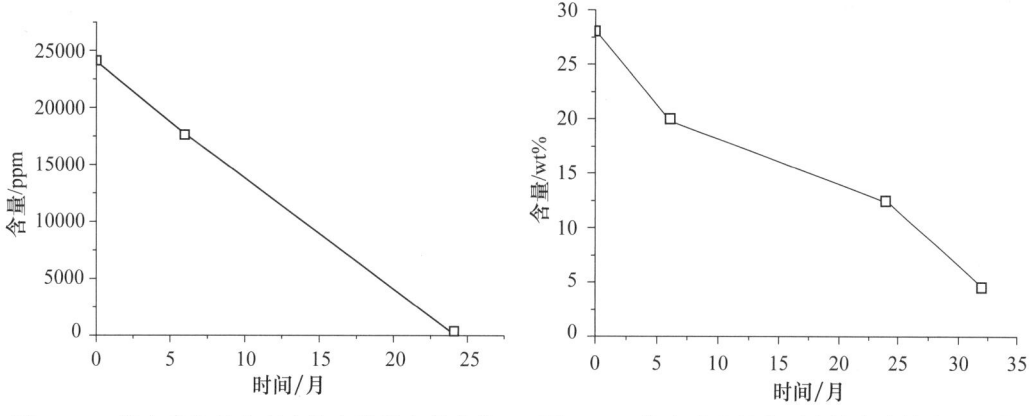

图4-24　华光礁Ⅰ号典型木块中铁的含量变化　　图4-25　华光礁Ⅰ号典型木块中硫的含量变化

从表4-16和图4-25可见，典型木材样块经硫铁化合物脱除32个月后硫含量显著降低，脱除率达84.08%，这与铁的脱除效果较一致。由于木材内有机物内含有硫元素，所以脱硫除去的主要是以硫铁化合物形式存在的硫。结合铁的脱除情况分析，华光礁1号木船4#构件内的无机硫基本脱除。

为了解硫脱除的普遍效果，在硫铁化合物脱除32个月后，对华光礁1号木材样品进行有机元素分析，分析了其中C元素和S元素的含量，结果见表4-17。由表4-17可知，经过32个月的硫铁化合物脱除，木材基体中的S元素含量在2%~6%，C元素含量为20%~45%。

表 4-17 脱硫 32 个月后华光礁Ⅰ号木材样品中碳硫元素含量　　（单位：wt%）

元素	1#	2#	3#	4#	7#	9#
C	45.09	35.79	29.14	41.76	38.72	39.52
S	2.92	2.43	5.75	4.46	2.48	5.18

对 2009 年和 2012 年的华光礁Ⅰ号样品也进行了 C 元素和 S 元素分析，结果见表 4-18 和表 4-19。

表 4-18 2009 年 9 月所取华光礁Ⅰ号样品元素分析结果　　（单位：wt%）

元素	XHI-25	XHI-96	XHI-488	XHI-383	XHI-319	XHI-174-2	XHI-174-3
C	29	32.5	29.3	30.15	30.38	12.54	50.8
S	8.88	11.54	20.2	18.27	12.57	26.48	3.75

表 4-19 2012 年 10 月所取华光礁Ⅰ号木材样品元素分析结果　　（单位：%）

元素	XHI-382	XHI-416	XHI-404-1	XHI-W-1	XHI-357
C	20.19	49.98	29.63	31.37	48.09
S	18.21	2.78	1.22	10.99	2.28

由表 4-18 和表 4-19 可知，2009 年木材基体中 S 元素含量普遍较高，有 2 个样品 S 元素含量甚至超过了 20%，而 C 元素含量普遍较低，在 10%～35%。2012 年在经去离子水浸泡脱盐后，S 元素有所降低，个别样品，如 XHI-382，S 元素仍然很高，为 18.2%。一般认为，木材中的 S 以无机化合物的形式存在，属于木材灰分的成分。对于健康材，通常灰分在树皮中的含量较高，而在心材和边材中的含量低于 1%。S 元素以 S 的氧化物 SO_3 计，在木材灰分中所占质量百分比为 1%～5%。因此对于健康材来说，木材中的 S 元素含量非常低[19]，而高的 S 含量说明其中存在难溶于水的硫铁化合物。对比硫铁化合物脱除 32 个月的数据（表 4-17），S 元素均明显降低，说明硫铁化合物被有效脱除。同时，C 元素含量普遍明显升高，说明随着硫铁化合物等盐分的脱除，木材中有机物的相对含量增高。

通过扫描电镜-能谱分析，可以直观观察到木材中沉积盐分的变化。随着脱盐的不断进行，木材中沉积盐分的量不断减少，盐分的形态也发生了变化。去离子水浸泡可以脱除可溶盐，硫铁化合物脱除试剂则脱除了大部分硫铁化合物，同时也使得氟化钙等其他难溶盐分逐渐消失。

通过 ICP 和有机元素分析，可以表征木材中残留的硫、铁元素的绝对含量。随着硫铁化合物脱除过程的不断进行，硫元素和铁元素的含量不断降低，有机化合物的相对含量不断升高。大部分以无机物形态存在的硫铁化合物已经被脱除，而以有机硫形式存在的硫元素则仍存在于木材中。

4.4 硫铁化合物脱除效果评价的三个方面

从木材本体中硫铁化合物的含量、脱除溶液中铁元素的含量、木材本体中残余的硫和铁元素的含量三个层面开展研究,建立了系统评价硫铁化合物脱除效果的评价体系,并评估了华光礁Ⅰ号硫铁化合物脱除的效果。

X射线衍射方法可应用于海洋考古木质文物中无机盐分的定量分析,建立了包括测试条件、内标物质、数据处理方法在内的较为合适的实验条件,可在较为宏观的尺度上,对于海洋考古木质文物中无机化合物含量进行定量分析。

采用定量X射线衍射方法分析了华光礁Ⅰ号和泉州湾宋代海船样品中无机盐分的含量。结果表明,华光礁Ⅰ号样品中主要的沉积物为氟化钙和黄铁矿、白铁矿及菱锰矿,而泉州湾宋代海船中主要沉积物是硫酸钙、碳酸钙、氯化钠及铁的氧化物。应用扫描电镜-能谱验证了X射线衍射方法的结果。扫描电镜-能谱方法可以观察到沉积盐微观形貌,但是缺乏对样品的总体描述。X射线衍射与扫描电镜-能谱二者可以互为补充,互相验证。

采用ICP-MS分析了硫铁化合物脱除溶液中铁元素的浓度,从而推断铁元素脱除的量。由两个脱盐池内脱盐溶液中Fe元素含量分析结果可以看出:在第一阶段,以10mmol/L EDTA二钠盐溶液为硫铁化合物脱除试剂的第1~6周期内,Fe的脱除效率先高后低。在第二阶段,即第7~19周期,当将硫铁化合物脱除试剂更换为10mmol/L EDTA二钠+10mmol/L H_2O_2后,Fe的脱除效率又明显提高,在第11周期之后又逐渐降低,趋于稳定。第三阶段,即20~23周期,继续采用10mmol/L EDTA二钠进行难溶盐脱除,Fe的脱除率保持在较低水平。

在经过19个周期,约2年时间的难溶盐脱除处理后,浸泡溶液中Fe离子含量较低,基本维持在30mg/L以下。继续采用10mmol/L EDTA二钠盐溶液浸泡4个周期后,浸泡液中Fe离子含量已经很低,小于15mg/L,说明木船构件中的大部分硫铁化合物盐已被脱除,难溶盐脱除工作已基本结束。但考虑到难溶盐硫铁化合物对木材的危害作用,在时间允许的情况下,可采用10mmol/L EDTA二钠盐溶液继续进行脱盐处理工作。

采用扫描电镜-能谱、ICP和有机元素分析等方法考察了硫铁化合物脱除后木材中残余的盐分的形态,以及硫元素和铁元素的量。去离子水浸泡和络合试剂溶液浸泡可以有效脱除木材中的可溶盐和硫铁化合物,经过2~3年的浸泡,木材中大量的盐分可以去除,大部分硫铁化合物也已经被脱除,木材中剩余的硫主要以有机硫的形态存在。存留的少量含铁化合物以铁的氧化物或碳酸盐形式存在。木材中原有的大量氟化钙部分被溶解，形貌发生改变。

参 考 文 献

[1] Sandström M, Jalilehvand F, Damian E, et al. Sulfur accumulation in the timbers of King Henry VIII's warship Mary Rose: A pathway in the sulfur cycle of conservation concern. Proceedings of the National Academy of Science of the USA, 2005, 102(40): 14165-14170

[2] Sandström M, Jalilehvand F, Persson I, et al. Acidity and salt precipitation on the Vasa: The sulfur problem. Proceedings 8th ICOM-CC WOAM Conference, Stockholm, 2001: 67-89

[3] Sandström M, Jalilehvand F, Persson I, et al. Deterioration of the seventeenth century warship Vasa by internal formation of sulphuric acid. Nature, 2002, 415: 893-897

[4] Jalilehvand F. Sulfur: Not a "silent" element any more. Chemical Society Review, 2006, 35: 1256-1268

[5] Jespersen K. Precipitation of iron corrosion products on PEG treated wood. In Conservation of Wet Wood and Metal- Proceedings of the ICOM Conservation Working Group on Wet Organic Archaeological Materials and Metals, Western Australian Museum, 1987: 141-152

[6] Wetherall K M, Moss R M, Jones A M, et al. Sulfur and iron speciation in recently recovered timbers of the Mary Rose revealed via X-ray absorption spectroscopy. Journal of Archaeological Science, 2008, 35: 1317-1328

[7] Fors Y, Richards V. The effects of the ammonia neutralizing treatment on Marine Archaeological Vasa Wood. Studies in Conservation, 2010, 55:41-54

[8] Fors Y, Egsgaard H, Wickholm K. Ammonia treating of Acidic Vasa wood. In: Strætkvern K, Huisman D J. Proceedings of the 10th ICOM Group on Wet Organic Archaeological Materials Conference. Amsterdam, 2007: 539-561

[9] Giorg R, Dei L, Ceccato M, et al. Nanotechnologies for conservation of cultural heritage: Paper and Canvas Deacidification. Langmuir, 2002, 18: 8198-8203

[10] Shipwreck. Science to the rescue. Science in School, 2006,（1）:22-29

[11] Almkvist G, Persson I. Extraction of iron compounds from wood from the Vasa. Holzforschung, 2006, 60: 678-684

[12] Pele C, Guilminot E, Labroche S, et al. Iron removal from waterlogged wood: Extraction by electrophoresis and chemical treatments. Studies in Conservation, 2015, 60（3）: 155-171

[13] 鞍钢钢铁研究所, 丘利, 胡玉和. X射线衍射技术及设备. 北京：冶金工业出版社, 2001

[14] 金属材料定量相分析-X射线衍射K值法. 中华人民共和国黑色冶金行业标准. YB/T 5320—2006

[15] 沉积岩中黏土矿物和常见非粘土矿物X衍射分析方法. 中华人民共和国石油天然气行业标准. SY/T 5163—2010

[16] 黄继武. X射线衍射实验技术培训之二：MDI Jade 使用. 长沙：中南大学材料科学与工程实验教学中心

[17] Thomas R. ICP-MS 实践指南. 李金英，等译. 北京：原子能出版社，2007

[18] 李梦龙. 化学数据速查手册. 北京：化学工业出版社，2003

[19] 成俊卿. 木材学. 北京：中国林业出版社，1985：249-251

第 5 章 硫铁化合物脱除过程对木材本体的影响

海洋出水木质文物硫铁化合物的脱除，目前采用的方法大都是利用络和试剂络和木材中的铁，增加难溶的硫铁化合物的溶解性，使之从木材中迁移到溶液中。这一过程中需要使用络和试剂，如二乙三胺五乙酸、乙二胺四乙酸等；为了促进铁、硫的氧化，还有可能使用过氧化氢等氧化剂作为辅助。这些试剂是否对木材本体产生影响，是否会造成木材化学组分的进一步降解，是否会导致木材细胞壁微观结构的变化，是考察络和试剂脱除硫铁化合物适用性的重要指标。因此需要找到合适的方法，跟踪比较硫铁化合物脱除前后木材的微观形貌、化学组成的变化。

5.1 饱水木材降解程度的表征方法

通常饱水木材降解程度的表征方法可以分为解剖学方法、物理方法和化学方法[1]。解剖学方法通过观察木材横向切面、纵向切面和弦向切面的薄片，分析细胞壁、纹孔等结构的变化，从而判断木材的降解程度。同时还可以通过观察微生物的活动痕迹，判断造成木材的降解的主要微生物是真菌还是腐蚀菌、隧道菌、孔洞菌等细菌。物理方法则通过测定饱水木材的物理参数如最大含水率、基本密度、残余基本密度、收缩率等参数，与相同树种的气干木材相比较，从而判断木材的降解程度。化学方法则通过化学分析的方法，测定木材中灰分、热水抽提物、氢氧化钠抽提物、α-纤维素、综纤维素、木质素等化学成分的含量，与健康木材的相关参数进行比较，来判断木材的降解程度。此外红外光谱、热裂解气相色谱/质谱等一些仪器分析方法也用于木材降解程度的表征[2]。

5.1.1 饱水木材降解程度表征的解剖学方法

解剖学方法是常用的传统木材降解程度的表征方法。国外有大量报道通过解剖观察表征饱水木材降解特征的文献，国内由于制样技术和专业人员的限制，在考古饱水木材降解程度表征方面应用该方法的文献报道较少。

欧洲从17世纪开始就陆续开展了植物解剖学研究，20世纪有大量的木材解剖学著作问世。20世纪早期则应用电子显微镜开展了超微结构的研究[3]。对于细菌和真菌导致木材腐朽所形成的微观结构特征做了详尽的研究[4~7]。我国在30年代开始木材构造的系统研究，主要集中于木材构造的研究[3,8]。采用解剖学方法揭示木材腐朽特征的中文文献较少[9~11]。涉及考古木材方面，主要集中于树种鉴定[12,13]。

将微生物腐蚀导致的木材显微结构特征应用于饱水考古木材，可以通过解剖观察表征饱水木材降解特征[14~16]。国内相关研究最早见于鲍甫成先生发表的关于长沙马王堆椁室木材的研究，通过木材的解剖结构说明了马王堆一号墓椁室木材耐腐蚀的原因[17]。其他在考古饱水木材降解程度表征方面应用该方法的文献报道集中发表于近些年。崔新婕等在海门口遗址木质遗存的研究中，通过光学显微镜及电镜研究了木材的腐蚀状况，并按照解剖结构将木材的腐蚀程度分为四级[18]。王亚丽采用扫描电镜观察了南澳Ⅰ号木材的降解情况[19]。董梦好则通过电子显微镜和光学显微镜观察了木材中微生物活动的痕迹[20]。

木材在长期储存和使用过程中，常受到真菌或细菌、蛀蚀性害虫、海生钻木动物等的危害，造成不同程度的分解变质或腐朽[21]。细菌和真菌在木材中的活动会留下明显的痕迹。真菌相对体积较大，被真菌侵蚀的木材在薄片观察中可以观察到真菌的菌丝、孢子（图5-1）[1]。

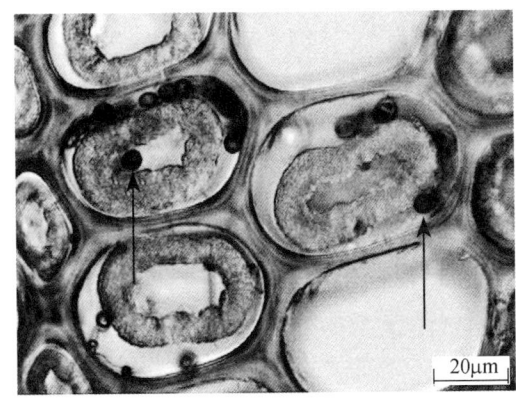
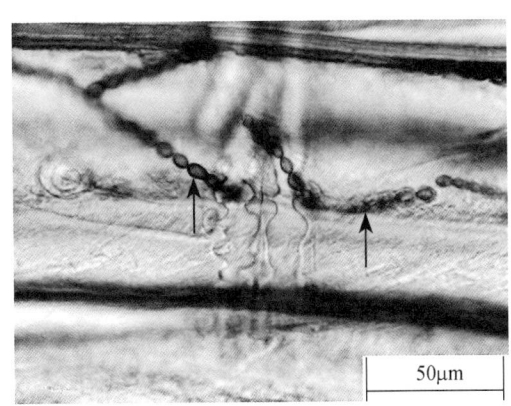

（a）降解的次生壁和胞间层之间真菌的孢子　　　（b）细胞腔内的一串真菌的孢子

图5-1 细胞壁中真菌的活动痕迹[1]

相对于真菌的体积，细菌的体积要小得多，因而活动留下的痕迹更为细微，需要在更高的放大倍数下观察到（图5-2）[1,22]。

通过对细胞壁形态的直观观察，也可以判断木材的降解程度。对于木材的横切

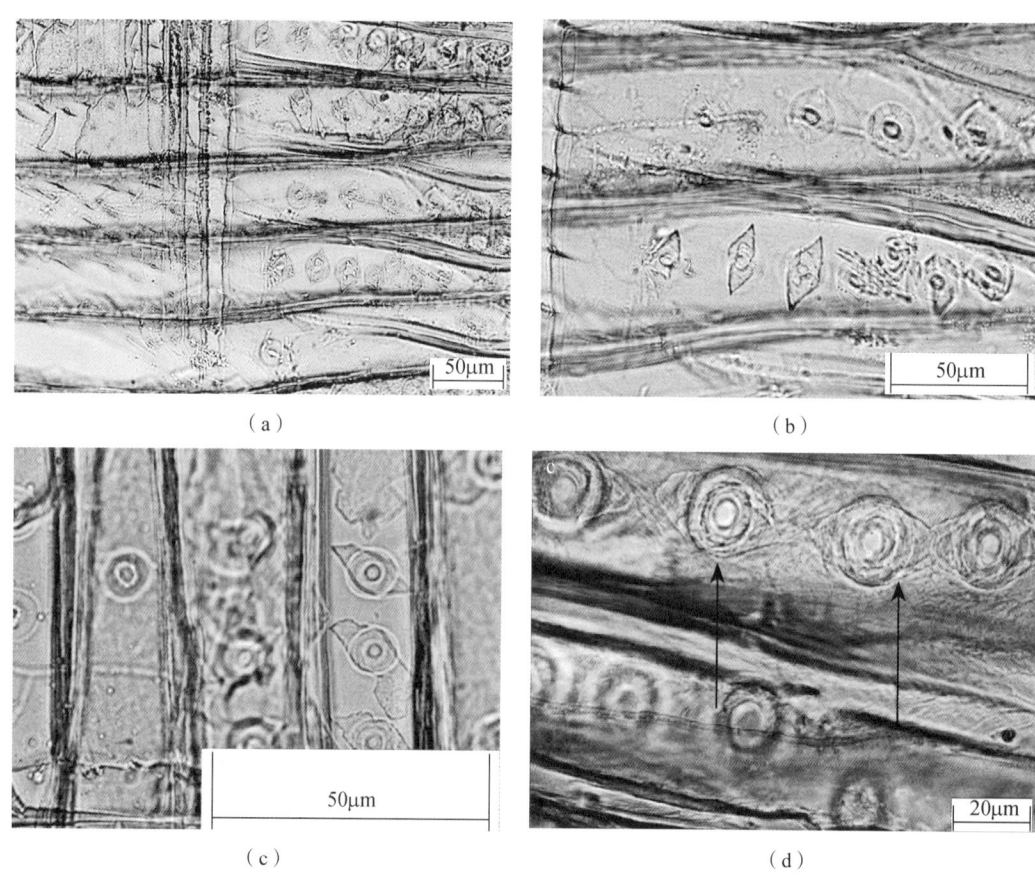

图 5-2 木材中细菌活动的痕迹[1,22]

图（a）～（c）具缘纹孔周围细菌腐蚀所导致的锥形的腐蚀； 图（d）网隙状的纹孔周围典型的腐蚀菌的痕迹

面，在低倍数下观察晚材部分的细胞形态，考察细胞壁完好程度，进而判断木材的降解程度（图 5-3）。

木材细胞壁中的纤维素具有结晶性，因而在正交偏光下呈现明显的双折射现象，而饱水木材中纤维素大量降解，正交偏光下的双折射现象减弱甚至消失。因而通过对正交偏光显微镜下木材切片的双折射程度的观察也可以判断木材的降解程度（图 5-4）。

根据木材显微结构的状态，可以对木材的降解程度进行分级[22]，见表 5-1。

表 5-1 根据木材显微形态对降解程度进行分级

降解程度	描述
0	无腐蚀现象
1	几乎没有腐蚀现象，只有极个别的细胞壁发生腐蚀，径向细胞壁几乎看不到腐蚀现象
2	在完好的细胞中间夹杂着降解的细胞壁，降解的细胞壁仅部分被腐蚀，少数情况下整个细胞壁发生降解，变为颗粒状物质
3	大部分细胞壁降解：通常细胞膜已经消失，在径向切片可以看到广泛分布的细菌或真菌腐蚀的痕迹
4	树种鉴定非常困难，通常 S2 层与胞间层分离。细胞壁变形严重，径向切片也可以观察到变形

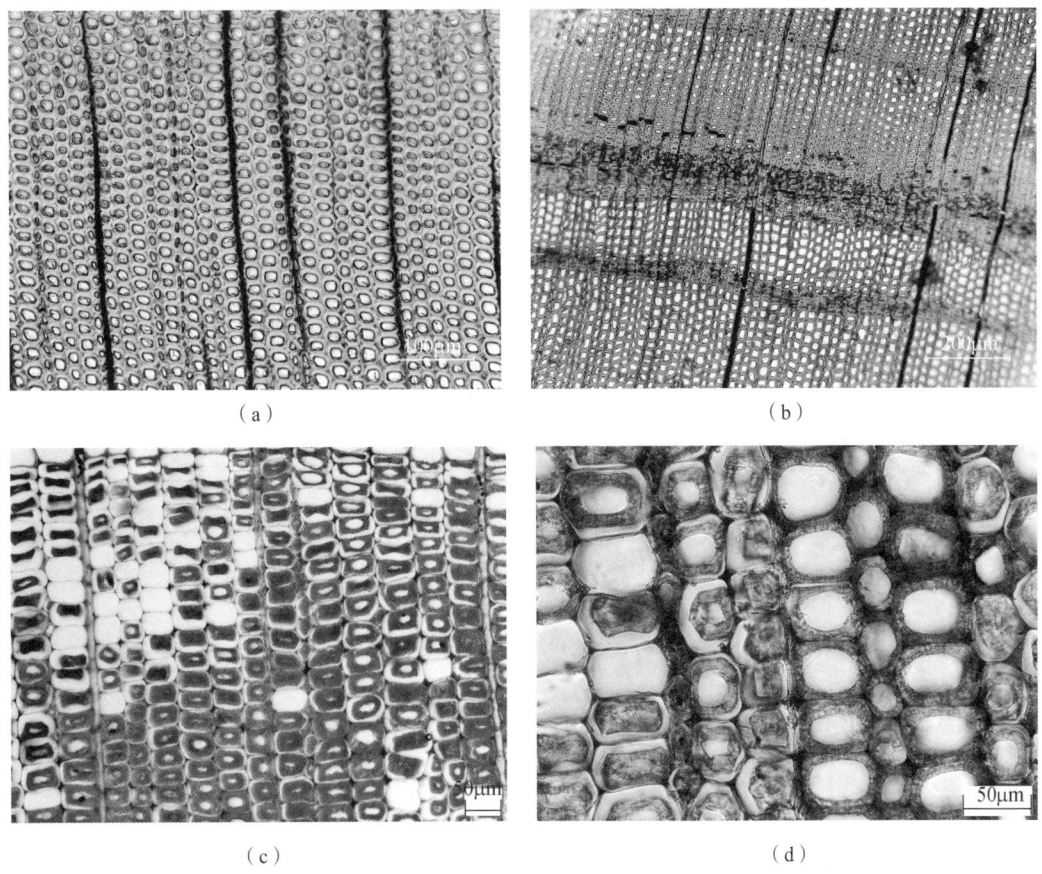

图 5-3 木材细胞壁显微照片

图(a)细胞壁基本完好,晚材部分的视场内没有被破坏的细胞壁,木材降解程度很低; 图(b)视场内有带状的细菌侵蚀痕迹,部分细胞壁被破坏,呈中度降解; 图(c)视场内有一半左右的细胞壁破坏,部分细胞壁已经从胞间层剥离,部分细胞壁从胞间层脱落,降解较严重; 图(d)严重降解的细胞壁局部,细胞膜消失

5.1.2 饱水木材降解程度表征的物理参数

常用的饱水木材降解程度表征的物理参数包括最大含水率、基本密度、残余基本密度、平衡含水率、尺寸变化率等[23~25]。其计算公式分别如下所示:

(1) 最大含水率 (maximum water content, MWC) 是最为常用的饱水木材降解程度表征参数。

$$\mathrm{MWC} = \frac{M_\mathrm{w} - M_0}{M_0} \times 100\% \tag{5-1}$$

式中, M_w 为饱水质量 (waterlogged mass); M_0 为干燥后质量 (dry mass)。

(2) 基本密度 (basic density): (BD g/cm³)。

$$\mathrm{BD} = \frac{M_0}{V_\mathrm{w}} \times 100\% \tag{5-2}$$

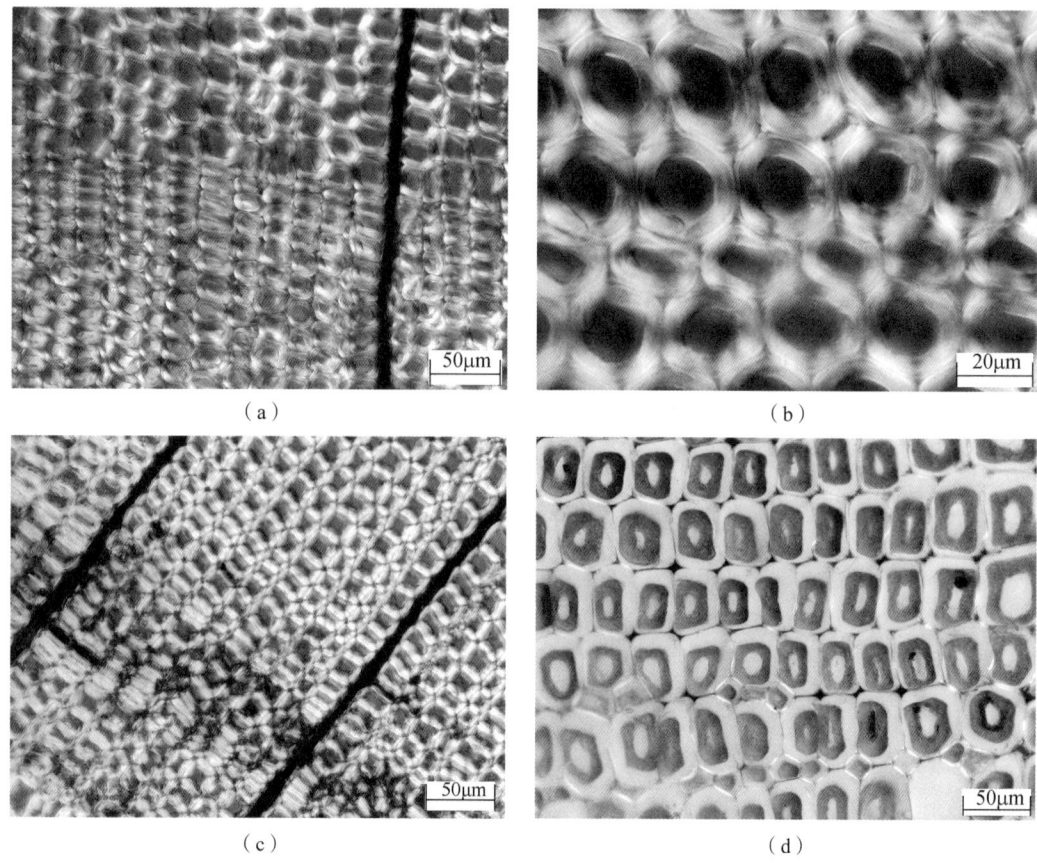

图 5-4 木材切片的正交偏光显微照片

图（a）基本完好的细胞壁，纤维素结晶结构没有被破坏，视场内全部呈现双折射； 图（b）呈现双折射的细胞壁；
图（c）部分细胞壁部分结晶纤维素被破坏，局部呈现双折射； 图（d）细胞壁中结晶纤维素完全被破坏，细胞壁无双折射，仅胞间层部分呈现双折射

式中，M_0 为干燥后质量（dry mass）；V_w 为饱水体积（volume of M waterlogged）（排水法测量）。

（3）残余基本密度（residual basic density）：（RBD%）。

$$\text{RBD} = \frac{\text{BD}_w}{\text{BD}_{\text{fresh wood}}} \times 100\% \tag{5-3}$$

（4）平衡含水率（equilibrium moisture content）：（MC%）。

$$\text{MC} = \frac{M_{\text{RH}} - M_0}{M_0} \times 100\% \tag{5-4}$$

式中，M_{RH} 为环境试验箱平衡后质量（weight after climatic chamber）（20℃，65%RH）；M_0 为干燥后质量（dry mass）。

（5）尺寸变化率（dimensional variation）：（ΔV%）。

$$\Delta V = \frac{V_{\text{wet}} - V_{\text{treat}}}{V_{\text{wet}}} \times 100\% \tag{5-5}$$

式中，V_{wet} 为饱水体积（volume of waterlogged）；V_{treat} 为处理后体积（volume after treatment）。

5.1.3 饱水木材降解程度表征的化学方法

表征木材的降解程度最为直接的方法是测定木材中各种化学组分含量的变化[23]。

如第 2 章所述正常阔叶树材和针叶树材中，纤维素的含量通常为 42%±2%，阔叶树材的木质素含量在 18%~25%，针叶树材的木质素在 25%~35%。除了这些主要的多糖外，阔叶树材和针叶树材中还含有少量的果胶物质、淀粉和结构尚不清楚的半纤维素。热水浸提物通常含有单宁、色素、生物碱（主要为其盐类）、可溶性矿物、淀粉、果胶质及一些糖类；1%NaOH 浸提物中，除了包含更多的热水浸提物外，还有蛋白质、氨基酸，部分纤维素和木质素，以及少量油脂、蜡、树脂和香精油等。灰分代表木材中无机组分的含量，一般包括多种呈氧化态物质的矿物元素。一般来说，木材的灰分较低，含量一般不超过 0.5%[26]。

对于饱水考古木材，化学成分往往变化较大。

在湿环境下，木材的各个组分都受到一定程度的侵蚀。已有的数据表明，多糖相对于木质素更容易受到侵蚀。从不同的遗址采集的样品都具有一些共性的显微特征，如 S2 层的选择性降解、木材细胞壁双折射现象的消失和胞间层相对完好，都验证了这一结论。

饱水木材 1% 氢氧化钠抽提物的量要高于健康木材。由于氢氧化钠抽提物抽出的是可溶的多糖、降解的纤维素，因此在强碱中溶解性的变化很好地反映了受微生物和环境影响的程度。饱水木材热水抽提物的量也高于健康木材。碱抽提物和热水抽提物量的增加，表明饱水木材中大量的低分子量多糖发生了降解。

考古木材的灰分通常很高，有些情况比健康木材高 20 倍。对于所有的考古木材来所，灰分高是一个普遍现象，在一些情况下，可以观察到泥土的颗粒沿着裂缝或微裂隙进入木材中，因此在测定灰分的时候要考虑埋藏中的污染。

一般来说，考古发掘的木材多糖含量降低，木质素含量升高。降解严重的时候，几乎所有的多糖都降解了。很多情况下，在严重降解的区域和轻微降解的区域之间有一个明显的分界线。因此外层降解严重的区域，由于多糖的降解，综纤维素与木质素的比值明显降低，而在内部降解不严重的部位，化学组分与健康木材的差别不大。

详细的化学分析表明，对于严重降解的样品，纤维素的降解程度比半纤维素更为显著。半纤维素则是在木材降解的最初阶段更易于被侵蚀。研究表明，纤维素的降解主要归因于微生物的作用，而半纤维素的降解则是木材在发生非微生物作用的水解的时候，会被严重降解。但是也有半纤维素比纤维素降解严重的案例，这与木材埋藏的环境，以及木材本身的状况有一定关系。因此在考察考古木材降解的过程中也需要考虑埋藏环境。

众所周知，由于多糖含量的降低，木质素的相对含量提高。虽然微生物不会大量降解木质素，但是研究表明木质素也会发生反应，并存在一定程度的降解。饱水考古木材的微结构研究也表明木质素发生了一定变化。染色强度的降低、胞间层电子密度的损失，以及胞间层的破坏都表明了木质素的变化。考古木材中分离的木质素磨碎后，采用紫外、红外、核磁进行分析，结果表明甲氧基基团和紫丁香基含量减少，甲氧基含量的减少是软腐菌对于木质素降解的首要特征。脱甲氧基的过程会导致紫丁香基比愈创木基更易于被软腐菌攻击。此外还观察到，相对于香草基的木质素，软腐菌对紫丁香基木质素选择性地去除。这些研究表明，在降解过程中，愈创木基木质素相对于紫丁香基木质素更为稳定。此外，长期埋藏过程中，侧链的降解和芳基的缩合反应也会导致香草基含量的降低。

总之，多糖的降解，热水和碱抽提物的增加，丁香基含量的降低，甲氧基团的减少都在某种程度上与饱水木材的老化相关。

木材中化学成分测试的方法通常参照造纸行业标准[27]，见表2-2。国内大部分树种健康木材的化学成分的数据都可以在手册中检索到[21]，通过与健康木材的化学成分进行比较，可以了解饱水考古木材纤维素含量减少的程度，从而判断木材降解程度。表2-4[21]列出了松属一些现代种的化学成分。该方法的缺点是样品用量比较大，测试过程复杂。

5.1.4 饱水木材降解程度的仪器分析方法

近年来，用于高分子材料表征的仪器分析方法也用于木材降解程度的表征。近红外光谱[28~32]和红外光谱[33~42]是考古饱水木材表征最常用的仪器分析方法。凝胶渗透色谱也用于分析饱水木材中降解成分分子量的变化[43~45]。热裂解气相色谱/质谱[44,46,47]、核磁共振[45,48,49]、热分析[50]等方法也用于考古木材木质素和纤维素降解程度的表征。

在木材研究领域，傅里叶变换红外光谱（FT-IR）主要是用于木材结构、化学成分、木材腐朽、木材鉴别等方面的研究。与常规化学成分分析相比，红外分析作为一种无损分析技术，既能真实反映出土木材化学结构和化学成分，又不会造成出土木材化学结构和化学成分破坏，灵敏度也较高。每一种化合物有其特有的红外吸收光谱，可根据谱带的数目、位置、形状和强度随化合物和聚集态的不同而变化的特点，确定该化合物或官能团是否存在。纤维素的红外敏感基团是羟基，半纤维素含有乙酰基、羟基等红外敏感基团，木素分子含有甲氧基（CH_3O）、羟基（OH）、羰基（C=O）、碳碳双键（C=C）和苯环等多种红外敏感基团，通过FT-IR分析这些基团的有无、位置和形状、强度的变化就可分析对应的纤维素、半纤维素、木质素的官能团和结构的变化，从而表征其腐朽情况。

常用木材表征方法的特点及优缺点见表5-2[1]。

5.2 红外光谱半定量方法研究木材降解程度

木材中的纤维素可以被微生物分解，能够分解纤维素的微生物很多，包括真菌、细菌和放线菌等。微生物分解纤维素依赖于菌体产生的酶，纤维素酶是一系列水解酶，可以把纤维素分解成单个葡萄糖或是由两个葡萄糖分子组成的纤维二糖。好气性微生物水解纤维素产生的葡萄糖一部分用于细胞物质合成，另一部分被氧化为二氧化碳和水。厌气性微生物分解则会累积乙酸、乙醇、乳酸、丁酸等。半纤维素的分解进行较快，能够分解纤维素的微生物大多能分解半纤维素，微生物也是通过酶的作用将半纤维素分解为戊糖和己糖，然后进一步代谢。能够分解木质素的微生物主要是木材腐朽菌，还有极少数是细菌和放线菌。典型的木质素分解菌是白腐菌，能够把木质素一直降解为二氧化碳和水。而其他细菌和真菌对木质素的降解都是不彻底的，只能部分改变木质素分子结构，其主要特征是甲氧基含量降低[51]。由木材中主要化学成分降解特征可知，木材降解过程中官能团的变化主要是羟基、羧基数量增多，甲氧基数量减少，而木质素苯环骨架变化较小。

红外光谱具有用量少、测试快速、实验条件简单等特点，可被用于木材中化学成分的定性和定量表征[33~43]。即使考古木材中存在盐分，也可以避开盐分取样。如果采取反射方式测试，测试后的样品还可以进行其他分析。通过化学方法分析出土木材化学成分的变化，表明木材降解过程中，木质素的苯环结构很稳定，降解程度很低，所以苯环在1505cm^{-1}附近的碳骨架振动纯吸收峰强度可以作为参比基准，而多糖（纤维素、半纤维素）特征谱带发生变化，因此二者相对强度发生变化。可以通过红外光谱中木质素特征谱带的强度与多糖特征谱带的相对强度的变化表征木材的降解程度。本部分从方法学角度进行了探讨，分析了硫铁化合物脱除过程中木材样品红外光谱的变化，对硫铁化合物脱除过程中木材本体的变化进行了评估。

5.2.1 红外光谱定量分析的理论依据

红外光谱定量分析的理论基础是比尔-朗勃特定律（Beer-Lambert）[52]。当一束

表 5-2 各类分析方法的优缺点总结[1]

	分析方法	样品尺寸	优点	缺点
显微观察	总体特征	—	可以进行树种鉴定；可以通过染色方法定性分析微生物攻击的深度及腐朽程度	观察范围在毫米范围内，视场有限
	光学显微镜	≥2mm	易于操作，不需要昂贵的仪器	饱水木材样品需要冷冻切片或是固定后切片
	扫描电子显微镜	≥2mm	可以观察到样品的高分辨三维形貌	饱水木材样品需要保护性脱水并喷涂导电层；分辨率与表面结构及制样过程有关，仪器设备昂贵
	环扫电镜	—	不需要特殊的样品制备过程就可以获得三维图像，不会破坏木材的解剖结构	细节图像效果不如扫描电镜；分辨率与样品表面结构及制样过程有关，仪器设备昂贵
	透射电镜	超薄切片	可以获得高分辨的二维图像	样品需要复杂的前处理过程，制样时间长，仪器设备非常昂贵
物理分析	总体特征	—	通过与同树种的健康木材比较可以定量评估木材的降解程度	所需样品质量不少于100mg
	最大含水率（MWC）	饱水木材样品质量≥100mg	最为常用的参数，操作容易，实验条件简单；可以在现场进行	当测量结果不可靠时，会导致错误的结果（如存在大量沉积物的情况）；用于测试的样品必须为最大含水状态
	基本密度（BD）	饱水木材样品质量≥100mg	非常容易测量，实验装置简单	当测量结果不可靠时，会导致错误的结果（如存在大量沉积物的情况）
	残余基本密度（RBD）	—	非常容易测量，实验装置简单	结果还受到健康木材基本密度的影响，以及变形和开裂，测量无法进行；健康木材的基本密度应取文献中的平均值
	收缩率（径向、切向、弦向）	毫米级的样品须按照木材的各个方向切成规整的样块	可以了解木材是否仍具有各向异性	如果木材样品出现塌陷，以及变形和开裂，测量无法进行
化学分析	总体特征	—	测试较为容易，所需设备不昂贵	测量非常慢，耗费时间；需要经验
	残余木质素和综纤维素含量	≥250mg 干木材粉末样品	可以详细描述木材组织残余的化学组成	由于采用质量测量方法，需要较大量的饱水木材样品，重度腐朽的样品测量综纤维素的方法不够精确，最好进行差分分析
	综纤维素/木质素比值	—	虽然采用重量法，但是结果不受灰分的影响	如综纤维素测量值或木质素测量值存在误差，这个误差在二者的比值中仍旧存在
	灰分	≥250mg 干木材粉末样品	测量容易进行，设备不昂贵	高温反应下生成的挥发性化合物不能评估

平行单色光照射到溶液时，光的一部分被吸收，称为吸收光 I_a，一部分透过溶液称为透射光 I，另一部分被器皿反射，称为反射光 I_r。若入射光为 I_0，则 $I_0=I_a+I+I_r$。一般情况下，器皿反射光恒定，且可以减小到最小值，则 $I_0 \approx I_a+I$。

朗勃特定律：一束一定波长的单色光通过一定浓度的均匀溶液时，光的吸收强度与液层（光吸收层）厚度 b 和入射光强度成正比：

$$\lg I_0/I = a_1 b$$

比尔定律：一束一定波长的单色光通过一定厚度且均匀的可吸收光的溶液时，则溶液的浓度增加 dc，通过溶液后光的强度减弱 $-dI$，则 $-dI$ 与透射光强 I 和 dc 成正比：

$$\lg I_0/I = a_2 c$$

两定律合并，称为比尔 - 朗勃特定律：

$$\lg I_0/I = abc$$

透射光的强度 I 与入射光的强度 I_0 之比称为透光度，用 T 表示，其值不大于 1，常用百分数表示，即 $\%T$，$T=I/I_0$。透光度的倒数的对数即 $\lg 1/T$，即 $\lg I_0 - I$ 称为吸光度，常用 A 表示：

$$A = \lg(1/T) = abc$$

上述式中系数 a_1、a_2 合并为 a，称为吸光度系数。若 b 以 cm 为单位，c 以 mol/L 为单位，则 a 称为摩尔吸光系数，单位为 L/(mol·cm)。

实验证明，不同浓度的同一物质在相同波数处具有相同的吸收系数。对于每一种物质，不同的波数处吸光度系数不同。比尔 - 朗勃特定律具有加和性，对已有几个组分的混合物来说，如果每个组分都符合比尔定律，那么任意波数处的总吸光度是各个组分在这个波数处的吸光度的加和。

5.2.2 木材红外光谱解析

图 5-5 为典型的健康木材红外光谱。根据文献报道[34,37,43]，对谱图中的特征谱带分别进行解析，结果见表 5-3。

表 5-3 木材红外光谱解析

序号	波数/cm^{-1}	官能团	官能团解析
1	3400	O—H	羟基伸缩振动（O—H）
2	2997	C—H	C—H 伸缩振动
3	1738/1734	C=O	木聚糖乙酰基非共轭 C=O 伸缩振动（半纤维素）
4	1650		O—H 吸收和 C—O 共轭振动
5	1596	C=C	木质素芳香环骨架

续表

序号	波数/cm^{-1}	官能团	官能团解析
6	1505/1511	C=C	木质素芳香环骨架
7	1462	C—H, C=C	C—H弯曲振动（木质素、聚糖中的CH$_2$，木质素的苯环碳骨架振动）
8	1425	C—C	苯环/碳氢化合物中C—H变形振动
9	1367	C—H	纤维素和半纤维素中C—H弯曲振动
10	1330/1320	C—C, C—O, C—H	纤维素C—H振动和丁香基衍生物C—O振动
11	1268	C—O—C	愈创木基环呼吸振动，木质素中的C—O伸缩，愈创木芳香甲氧基基团的C—O连接
12	1244	C—O	丁香基环和木质素及葡聚糖的C—O伸缩振动
13	1158	C—O—C	纤维素和半纤维素C—O—C伸缩振动
14	1122	—	芳香骨架和C—O伸缩
15	1048	C—O	纤维素和半纤维素、木质素中仲醇和脂肪醚C—O伸缩振动
16	898	C—H	纤维素C—H弯曲振动

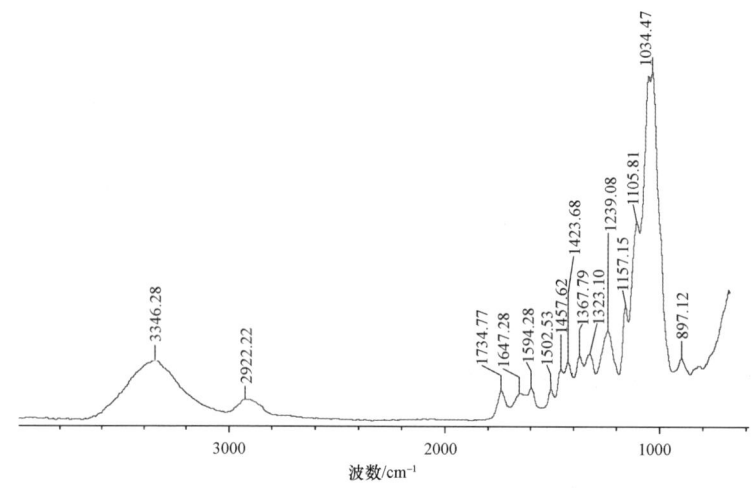

图 5-5 典型的健康木材红外光谱

5.2.3 红外光谱方法的建立

1. 特征谱带的选择

为比较不同树种之间木材红外光谱的差异，采集了饱水考古木材中常见树种，包括柏木、杉木、松木的红外光谱，对比健康木材与腐朽木材之间的差异。采用尼高力 NEXUS 670 红外光谱仪采集谱图。为避免溴化钾压片方法所带来的组分及纤维素结晶度的变化，采用反射方式采集红外光谱，OMNI 采样器，锗晶体，单次反射，光谱采集范围：670～4000cm^{-1}，光谱分辨率 4cm^{-1}，扫描次数 32 次。

所有红外谱图均经过平滑和扣背底处理。采用 OMNIC 软件的面积积分功能计算选定谱带的峰面积。相同树种的健康木材样品及腐朽木材样品红外光谱见图 5-6。

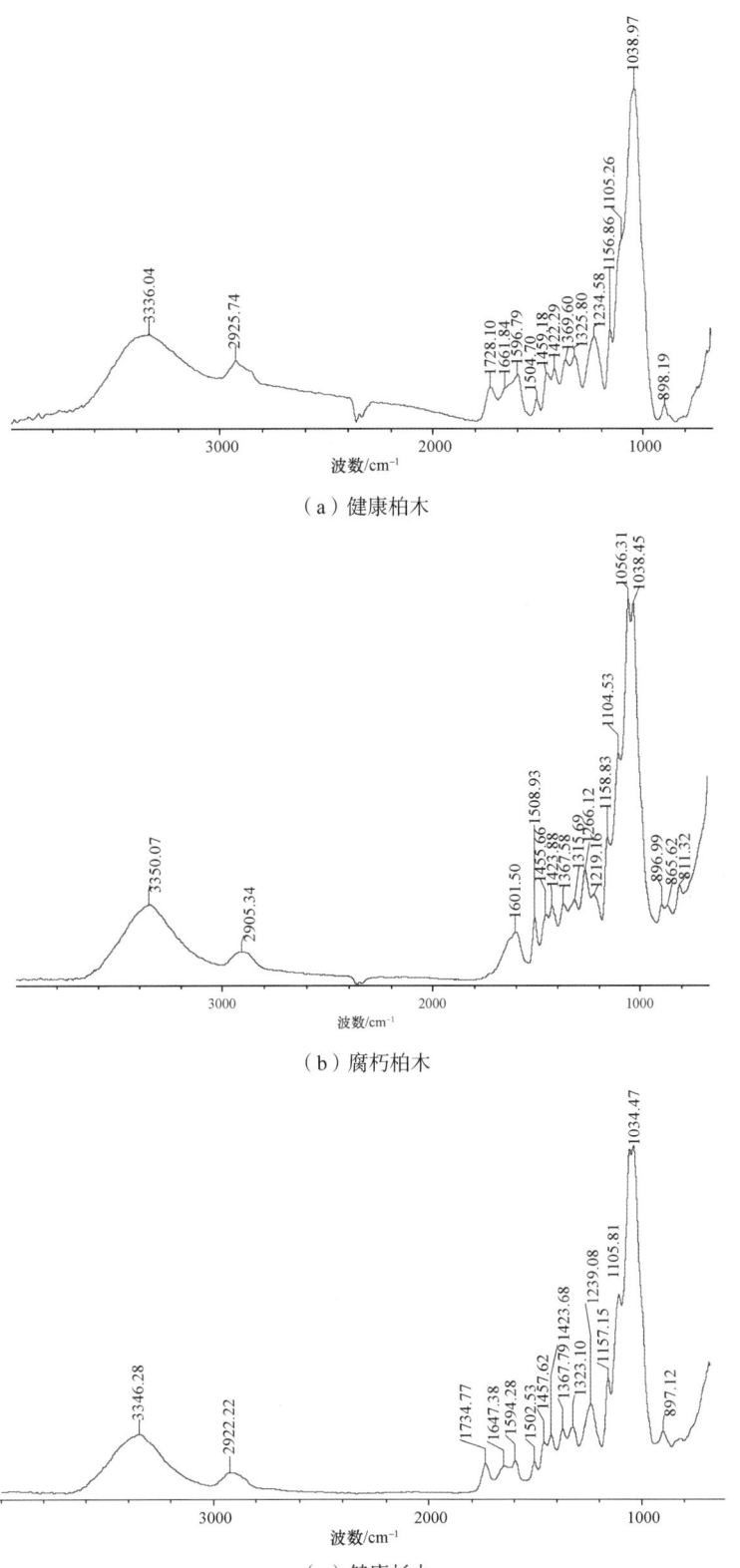

(a) 健康柏木

(b) 腐朽柏木

(c) 健康杉木

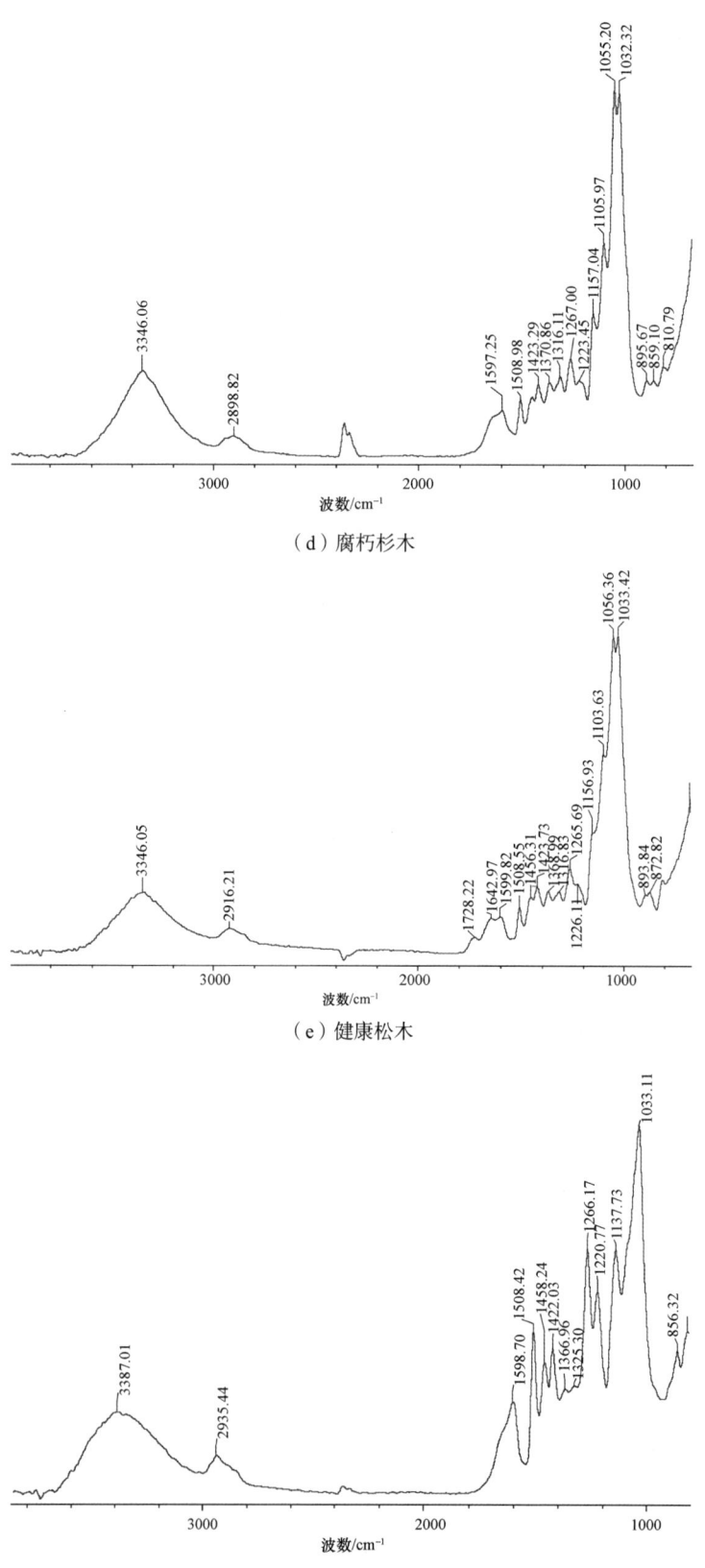

(d) 腐朽杉木

(e) 健康松木

(f) 腐朽松木

图 5-6 国内饱水考古木材常见树种健康木材及腐朽木材红外光谱

由图中的红外谱图可以看出,健康木材之间红外光谱没有明显差别。在所有不同树种健康木材的红外光谱中,位于 1505cm^{-1} 左右的木质素芳香环骨架的伸缩振动谱强度均低于 1365cm^{-1} 附近的纤维素和半纤维素 C—H 弯曲振动谱带的强度。对比同一树种的健康木材与腐朽木材,可以看到,在不同树种的腐朽木材红外光谱中,位于 1505cm^{-1} 左右的木质素芳香环骨架的伸缩振动谱带明显增强,位于 1365cm^{-1} 附近的纤维素和半纤维素 C—H 弯曲振动谱带明显减弱。895cm^{-1} 附近的纤维素 C—H 弯曲振动则基本消失。由此说明,在考古饱水木材中,由于埋藏过程中纤维素、半纤维素发生了降解,而木质素则相对稳定,在红外光谱中位于 1505cm^{-1} 左右的木质素芳香环骨架的伸缩振动谱带和位于 1365cm^{-1} 附近的纤维素和半纤维素 C—H 弯曲振动谱带的相对强度发生了变化。根据比尔 - 郎伯定律,可以将二者强度的比值作为表征木材降解程度的参数。

2. 可靠性分析

为确定该参数的重复性和稳定性,对多个木材样品的红外光谱进行了多次重复采集,分析了数据的标准差和变异系数。

标准差是总体所有单位标志值与其平均数的离差之平方平均数。标准差具有具体的计量单位(有量纲),因而会受到所采用的计量单位不同或计量单位变化的影响。变异系数(离散系数)是一类相对数形式的变异指标,将变异指标与平均指标进行对比所得到的结果。由于对比的分子与分母项的计量单位相同,两者相约后得到一个无量纲的数,因而变异系数完全排除了计量单位对计算结果的影响。这里采用了标准差系数来表征数据的离散程度[53]:

$$V_\sigma = \frac{\sigma}{\bar{x}} \times 100\%$$

式中,V_σ 为标准差系数;σ 为标准差;$\bar{x}$ 为平均值。

分别测试了 6 种健康木材和 9 种腐朽木材的红外光谱。木材样品红外光谱的叠加见图 5-7。对于每个样品,采集十次以上红外光谱谱图。对 1505cm^{-1}(I_{1505})处和 1365cm^{-1}(I_{1365})处的谱带分别积分计算特征谱带峰面积,计算 I_{1505} 与 I_{1365} 的比值,求每组数据 I_{1505}/I_{1365} 的平均值,比较健康木材和腐朽木材之间 I_{1505}/I_{1365} 的差异。同时计算每组 I_{1505}/I_{1365} 标准差和变异系数,考察数据的离散程度,结果见表 5-4。

由数据结果可知,健康木材的 I_{1505}/I_{1365} 值均很低。健康杉木和柳木的 I_{1505}/I_{1365} 均低于1,健康柏木的 I_{1505}/I_{1365} 值在 1 左右,而健康松木的 I_{1505}/I_{1365} 在 2 左右。而腐朽木材 I_{1505}/I_{1365} 值明显升高,松木最为明显,所有松木样品的 I_{1505}/I_{1365} 均在 10~20。说明松木中纤维素和半纤维素流失较为严重。腐朽杉木的 I_{1505}/I_{1365} 值略有增加,都在 2 左右,对比健康杉木的 I_{1505}/I_{1365} 值,纤维素和半纤维素也有一定程度的流失。定陶汉墓的柏木

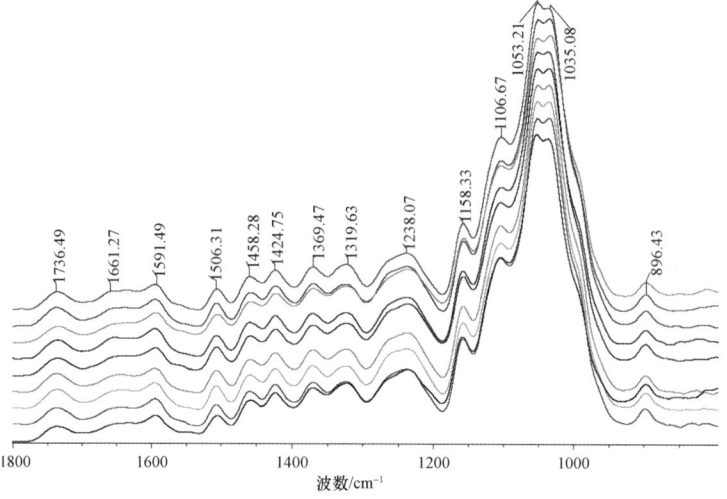

（a）1# 健康柳木

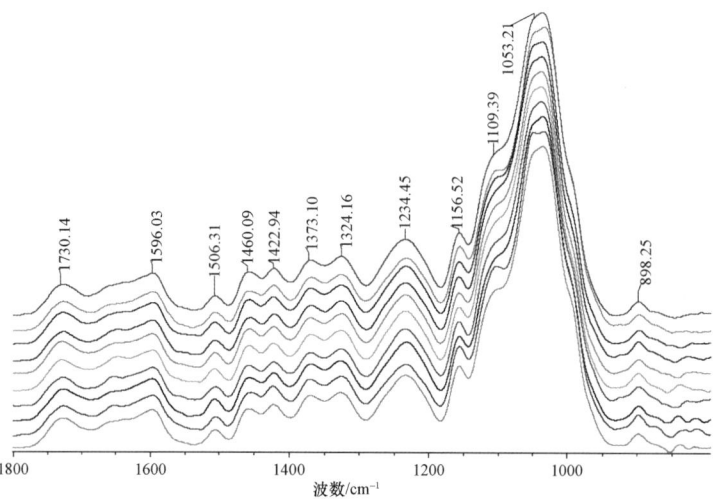

（b）2# 健康柏木 1

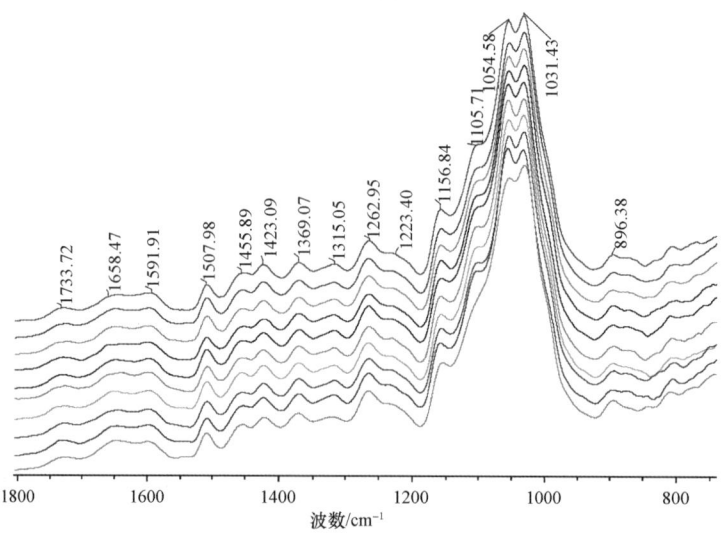

（c）3# 健康柏木 2

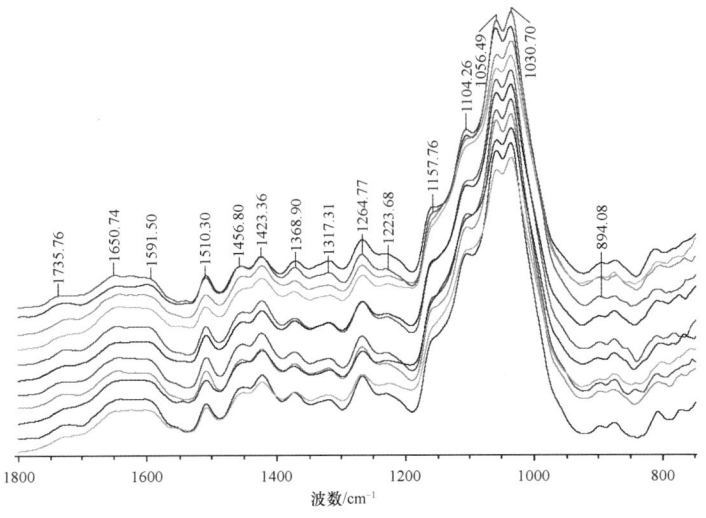

(d) 4# 健康马尾松

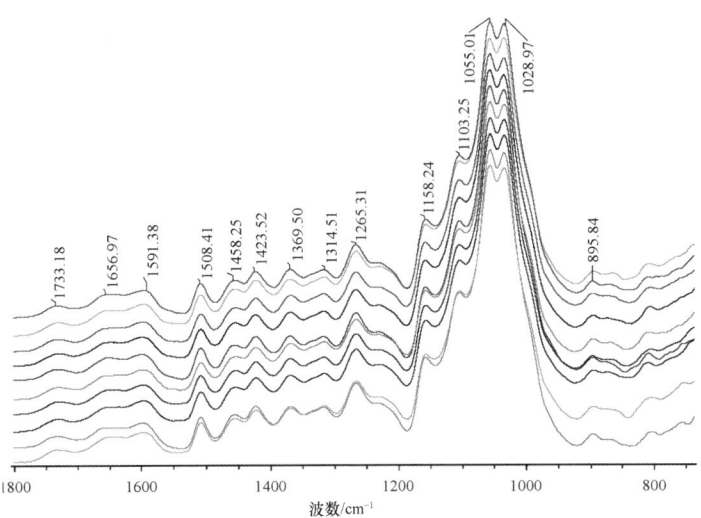

(e) 5# 健康红松

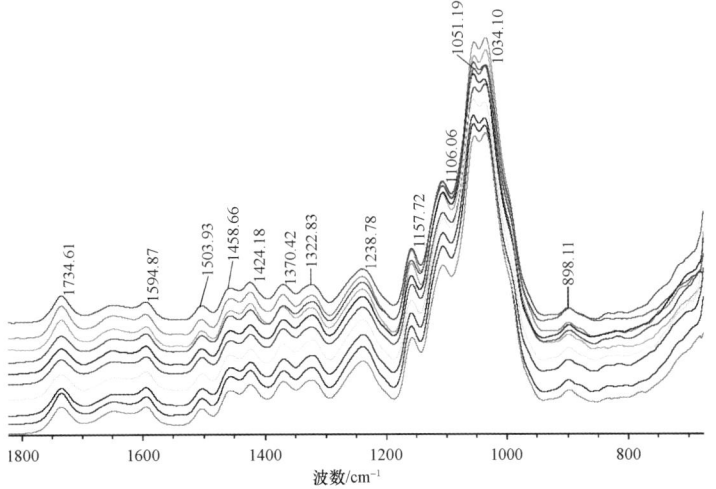

(f) 6# 健康杉木

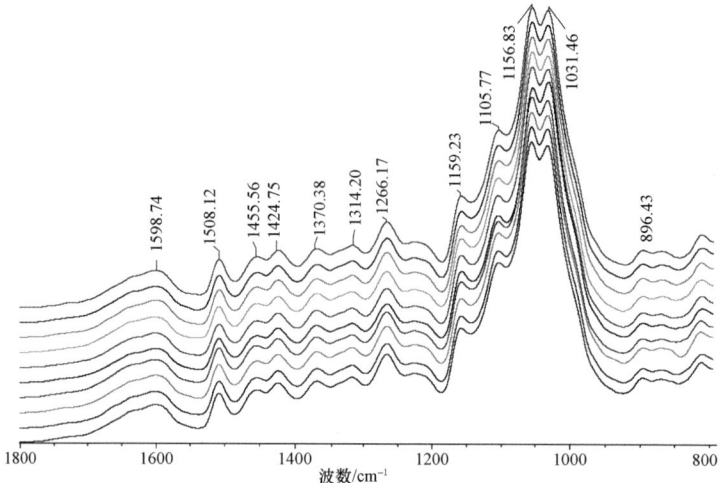

(g) 7# 定陶汉墓柏木

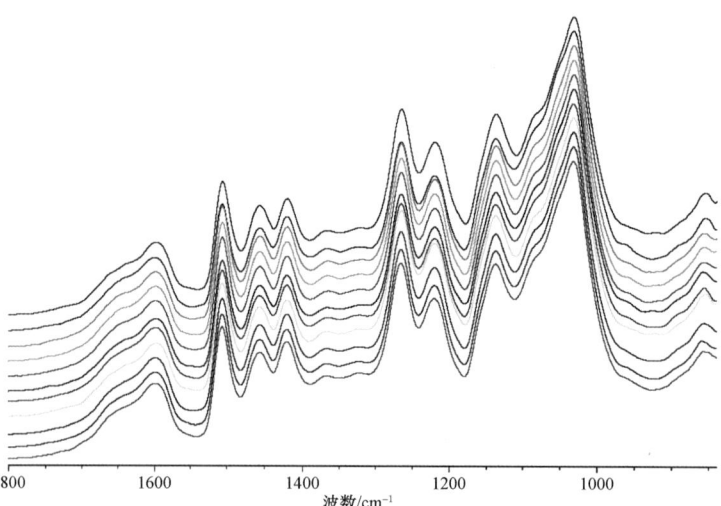

(h) 8# 南海Ⅰ号松木 1

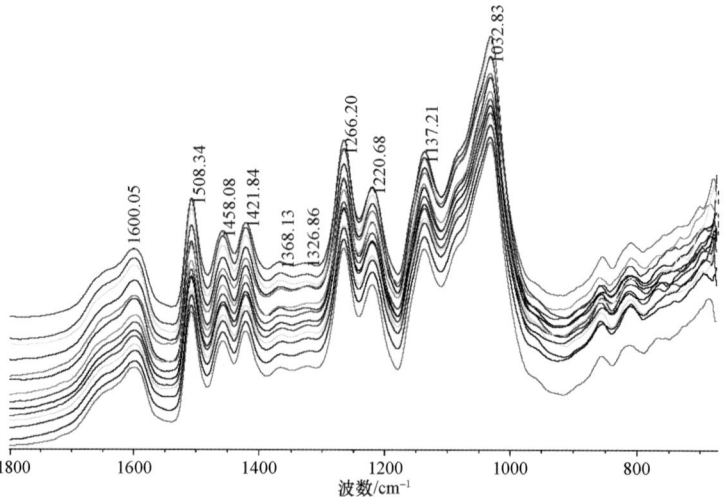

(i) 9# 南海Ⅰ号松木 2

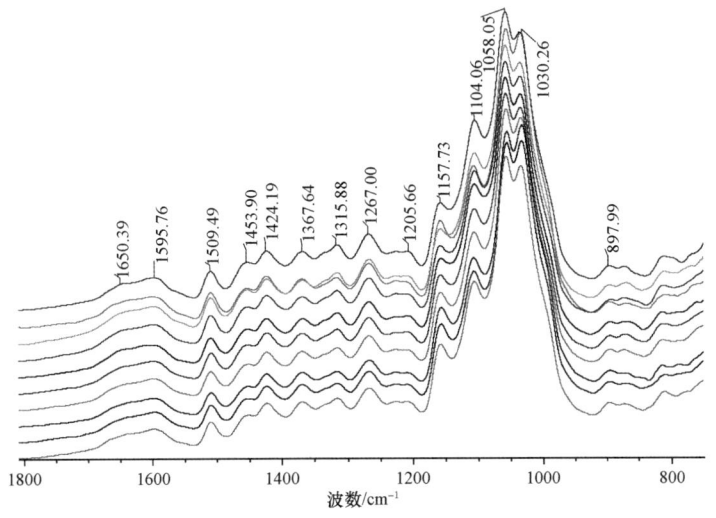

(j) 10# 南海Ⅰ号松木3

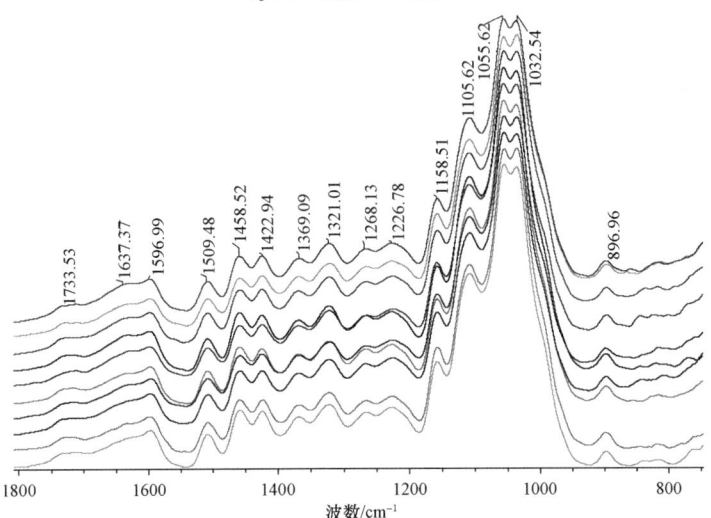

(k) 11# 泉州樟木

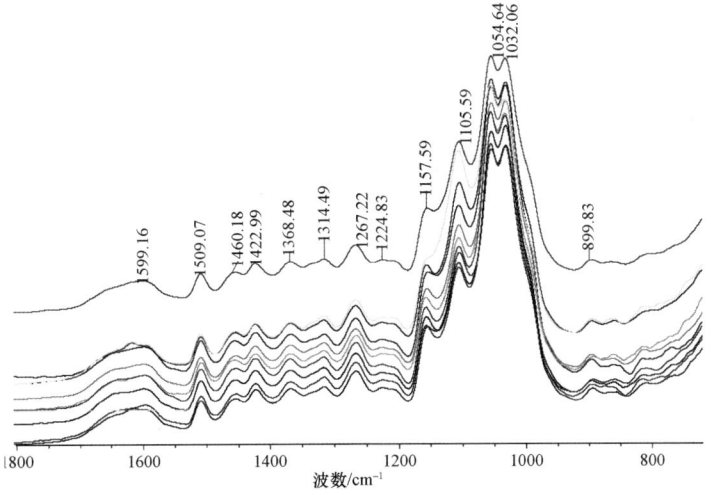

(l) 12# 泉州杉木3

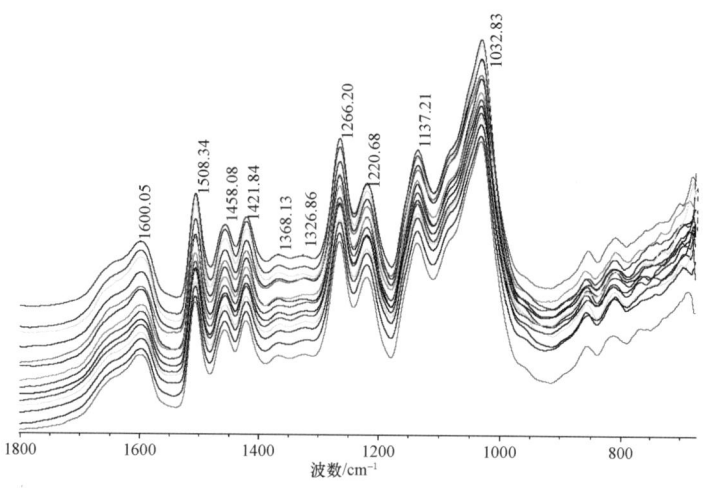

(m) 13# 泉州杉木1

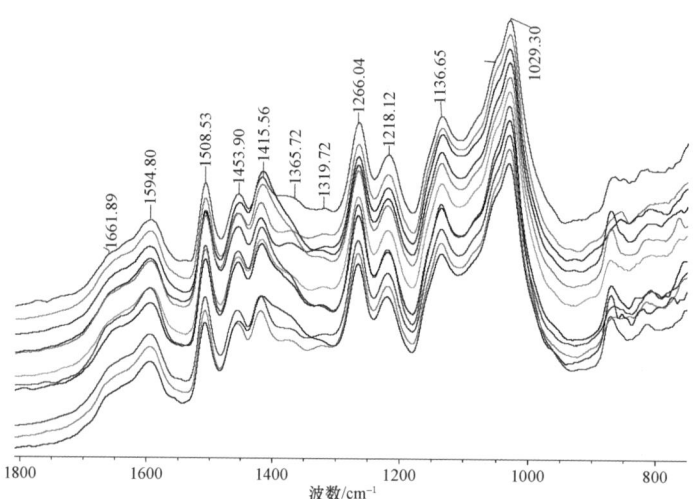

(n) 14# 泉州松木1

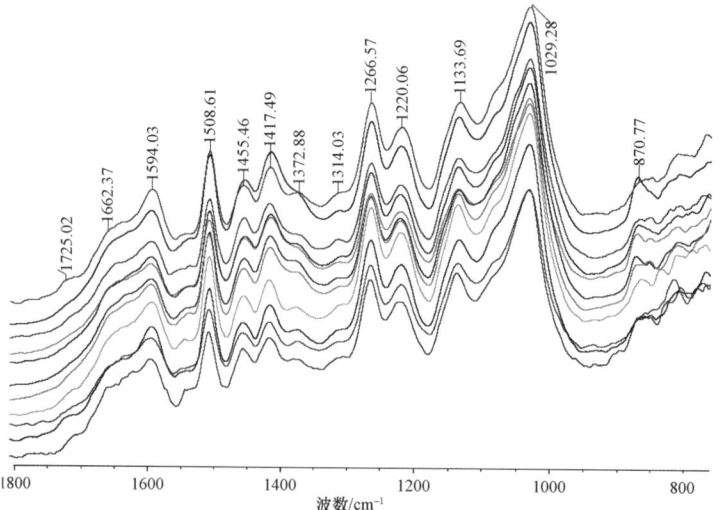

(o) 15# 泉州松木2

图5-7 木材样品红外光谱结果

表 5-4 木材样品特征谱带分析结果

样品	1# 健康柳木			2# 健康柏木 1			3# 健康柏木 2			4# 号健康马尾松			5# 号健康红松		
参数	I_{1505}	I_{1365}	I_{1505}/I_{1365}	I_{1505}	I_{1365}	I_{1505}/I_{1365}	I_{1505}	I_{1365}	I_{1505}/I_{1365}	I_{1505}	I_{1365}	I_{1505}/I_{1365}	I_{1505}	I_{1365}	I_{1505}/I_{1365}
1	0.0529	0.0478	1.11	0.0282	0.0338	0.84	0.0418	0.0318	1.32	0.0512	0.0256	2.00	0.0738	0.0405	1.82
2	0.0388	0.0367	1.06	0.0312	0.0391	0.80	0.0485	0.0318	1.53	0.0346	0.0188	1.84	0.0794	0.0418	1.90
3	0.0547	0.0479	1.14	0.0147	0.0230	0.64	0.0471	0.0290	1.62	0.0326	0.0158	2.06	0.0745	0.0422	1.77
4	0.0651	0.0546	1.19	0.0292	0.0312	0.93	0.0372	0.0293	1.27	0.0237	0.0095	2.48	0.0843	0.0463	1.82
5	0.0647	0.0503	1.29	0.0178	0.0216	0.82	0.0461	0.0337	1.37	0.0333	0.0177	1.88	0.0828	0.0490	1.69
6	0.0589	0.0448	1.32	0.0247	0.0286	0.86	0.0529	0.0347	1.53	0.0301	0.0118	2.54	0.0743	0.0495	1.50
7	0.0666	0.0550	1.21	0.0318	0.0365	0.87	0.0359	0.0271	1.32	0.0458	0.0174	2.63	0.0704	0.0369	1.91
8	0.0505	0.0419	1.21	0.0197	0.0257	0.77	0.0622	0.0420	1.48	0.0443	0.0172	2.58	0.0853	0.0508	1.68
9	0.0671	0.0529	1.27	0.0331	0.0378	0.87	0.0298	0.0269	1.11	0.0420	0.0198	2.13	0.0828	0.0496	1.67
10	—	—	—	0.0352	0.0411	0.86	0.0531	0.0349	1.52	0.0405	0.0175	2.31	0.0861	0.0442	1.95
11	—	—	—	—	—	—	0.0661	0.0400	1.65	0.0287	0.0126	2.29	—	—	—
$\bar{x}$		1.19859			0.82669			1.42827			2.24858			1.77061	
σ		0.08509			0.08011			0.16569			0.28568			0.13755	
V_σ		0.07099			0.0969			0.11601			0.12705			0.07768	

样品	6# 健康杉木			7# 定陶汉墓柏木			8# 南海 I 号松木 1			9# 南海 I 号松木 2			10# 南海 I 号松木 3		
参数	I_{1505}	I_{1365}	I_{1505}/I_{1365}	I_{1505}	I_{1365}	I_{1505}/I_{1365}	I_{1505}	I_{1365}	I_{1505}/I_{1365}	I_{1505}	I_{1365}	I_{1505}/I_{1365}	I_{1505}	I_{1365}	I_{1505}/I_{1365}
1	0.0410	0.0561	0.73	0.1333	0.0663	2.0106	0.1881	0.0117	16.08	0.1299	0.0077	16.87	0.1778	0.0099	17.96
2	0.0391	0.0526	0.74	0.1176	0.0603	1.9503	0.2536	0.0137	18.51	0.1707	0.0098	17.42	0.1569	0.009	17.43
3	0.0512	0.0661	0.77	0.1314	0.0661	1.9879	0.2897	0.0148	19.57	0.2182	0.0109	20.02	0.1865	0.0098	19.03
4	0.0466	0.0542	0.86	0.1395	0.0618	2.2573	0.2798	0.0164	17.06	0.1848	0.0081	22.81	0.1988	0.0097	20.49
5	0.0575	0.0771	0.75	0.1228	0.0517	2.3752	0.2008	0.0116	17.31	0.1979	0.0097	20.40	0.1845	0.01	18.45

续表

样品参数	6# 健康杉木			7# 定陶汉墓柏木			8# 南海I号松木1			9# 南海I号松木2			10# 南海I号松木3		
	I_{1505}	I_{1365}	I_{1505}/I_{1365}	I_{1505}	I_{1365}	I_{1505}/I_{1365}	I_{1505}	I_{1365}	I_{1505}/I_{1365}	I_{1505}	I_{1365}	I_{1505}/I_{1365}	I_{1505}	I_{1365}	I_{1505}/I_{1365}
6	0.0501	0.0610	0.82	0.1274	0.0585	2.1778	0.239	0.013	18.38	0.1489	0.0094	15.84	0.1634	0.0082	19.93
7	0.0417	0.0545	0.77	0.131	0.0557	2.3519	0.2166	0.0107	20.24	0.2272	0.0133	17.08	0.2569	0.0115	22.34
8	0.0515	0.0620	0.83	0.1323	0.0529	2.5010	0.2901	0.0146	19.87	0.1585	0.0081	19.57	0.2616	0.0132	19.82
9	0.0646	0.0815	0.79	0.1287	0.0527	2.4421	0.2893	0.0162	17.86	0.1997	0.0107	18.66	0.2619	0.0144	18.19
10	0.0561	0.0722	0.78	0.1279	0.0549	2.3297	0.2914	0.0167	17.45	0.1978	0.009	21.98	0.27	0.0142	19.01
11	0.0579	0.0709	0.82	—	—	—	0.2595	0.0137	18.94	—	—	—	0.2969	0.0152	19.53
$\bar{x}$		0.78642			2.23837			18.29727			19.06561			19.65041	
σ		0.03876			0.19779			1.29088			2.29764			1.67619	
V_σ		0.04928			0.08836			0.07055			0.12051			0.0853	

样品参数	11# 泉州樟木			12# 泉州杉木3号			13# 泉州杉木1			14# 泉州松木1			15# 泉州松木2		
	I_{1505}	I_{1365}	I_{1505}/I_{1365}	I_{1505}	I_{1365}	I_{1505}/I_{1365}	I_{1505}	I_{1365}	I_{1505}/I_{1365}	I_{1505}	I_{1365}	I_{1505}/I_{1365}	I_{1505}	I_{1365}	I_{1505}/I_{1365}
1	0.0439	0.0164	2.67	0.061	0.0271	2.25	0.0633	0.0301	2.10	0.6552	0.0379	17.29	0.0761	0.0061	12.48
2	0.0774	0.0303	2.55	0.082	0.0421	1.95	0.0676	0.0393	1.72	0.2580	0.0163	15.83	0.0279	0.0021	13.33
3	0.0581	0.0255	2.28	0.0822	0.0409	2.01	0.0704	0.044	1.60	0.1427	0.0091	15.65	0.0762	0.0062	12.31
4	0.0792	0.0344	2.30	0.0787	0.0335	2.35	0.0751	0.0424	1.77	0.1369	0.0069	19.87	0.0535	0.0048	11.11
5	0.0786	0.0346	2.27	0.0818	0.0429	1.91	0.0759	0.0429	1.77	0.7599	0.0499	15.23	0.0885	0.0056	15.86
6	0.0898	0.0380	2.36	0.095	0.0476	2.00	0.0774	0.0416	1.86	0.9300	0.0623	14.93	0.1115	0.0088	12.64
7	0.0471	0.0204	2.31	0.0759	0.0363	2.09	0.0807	0.0377	2.14	0.7325	0.0438	16.72	0.1104	0.0075	14.80
8	0.0799	0.0349	2.29	0.0467	0.0243	1.92	0.0929	0.0399	2.33	0.7993	0.0420	19.03	0.0894	0.0067	13.38
9	0.0853	0.0385	2.22	0.0988	0.0507	1.95	0.0774	0.0442	1.75	0.9520	0.0522	18.24	0.6259	0.0404	15.49
10	0.0525	0.0245	2.14	0.1011	0.0525	1.93	—	—	—	0.1361	0.0076	17.91	0.0769	0.0046	16.58

续表

样品	11# 泉州樟木			12# 泉州杉木 3 号			13# 泉州杉木 1			14# 泉州松木 1			15# 泉州松木 2		
参数	I_{1505}	I_{1365}	I_{1505}/I_{1365}	I_{1505}	I_{1365}	I_{1505}/I_{1365}	I_{1505}	I_{1365}	I_{1505}/I_{1365}	I_{1505}	I_{1365}	I_{1505}/I_{1365}	I_{1505}	I_{1365}	I_{1505}/I_{1365}
11	0.0851	0.0374	2.28	—	—	—	—	—	—	—	—	—	—	—	—
$\bar{x}$		2.33402			2.03474			1.8938			17.06863			13.79855	
σ		0.15112			0.15163			0.2403			1.68098			1.78829	
V_σ		0.06475			0.07452			0.12689			0.09848			0.1296	

第 5 章 硫铁化合物脱除过程对木材本体的影响

I_{1505}/I_{1365}值与健康柏木的I_{1505}/I_{1365}相比略有增加,说明降解程度较为轻微。由于没有采集到健康樟木的样品,无法与腐朽樟木进行对比。但腐朽樟木的I_{1505}/I_{1365}值均大于2,说明降解程度较为轻微。总体来说,腐朽柏木、杉木和樟木的I_{1505}/I_{1365}值略有变化,松木的I_{1505}/I_{1365}值变化最为明显。这一结果也与直观的松木易于腐朽的概念相符合。

对于数据的统计结果表明,大部分数据的变异系数在10%以下,个别数据的变异系数超过10%。说明数据的离散程度较低,光谱的重复性好,数据可靠。可以利用I_{1505}/I_{1365}这一参数对木材腐朽程度进行表征。此外,从统计结果可以看到健康木材数据的离散程度均较低,腐朽木材数据的离散程度偏高,这与样品测试的具体操作具有一定关系。对于腐朽的木材样品,特别是腐朽程度较高的松木样品,采用OMINI采样器进行反射式采集红外光谱时,样品容易破碎,对于实验结果有一定影响。可以通过改进实验技术来避免这一问题。例如,对于降解严重易于破碎的样品可以采用溴化钾压片法进行测试,以避免反射方法所带来的误差,或者在测试时对表面进行找平,采用适当的压力,尽量使样品保持原状。

5.2.4 红外光谱方法分析硫铁化合物脱除过程中木材降解程度

采用红外光谱中木质素和纤维素/半纤维素的特征谱带强度比值I_{1505}/I_{1365}作为参数,考察了硫铁化合物脱除过程中木材本体的变化。

华光礁Ⅰ号样品XHI-174块自2011年3月起,开始在实验室进行硫铁化合物脱除实验。采用二乙三胺五乙酸(浓度12.5mmol/L)中性溶液浸泡脱除硫铁化合物,室温避光保存。自2011年3月至2017年5月取样的红外光谱见图5-8。特征谱带强度数据见表5-5。以I_{1505}/I_{1365}对时间作图,见图5-9。

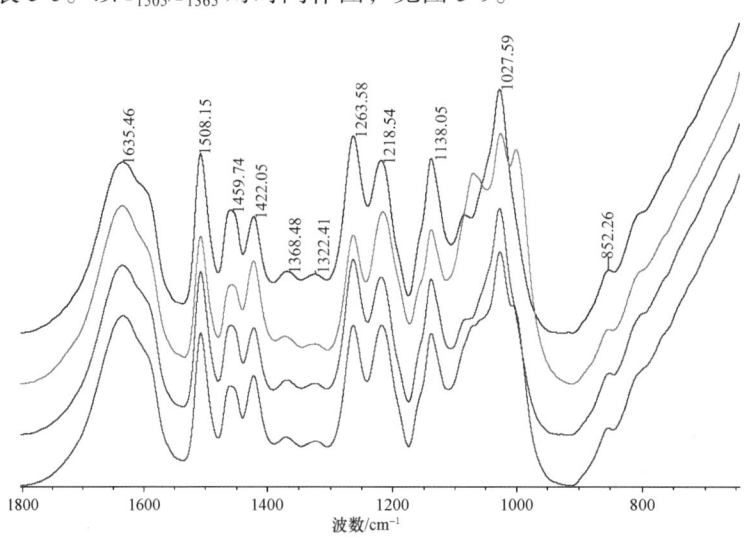

(a) XHI-174-20110324

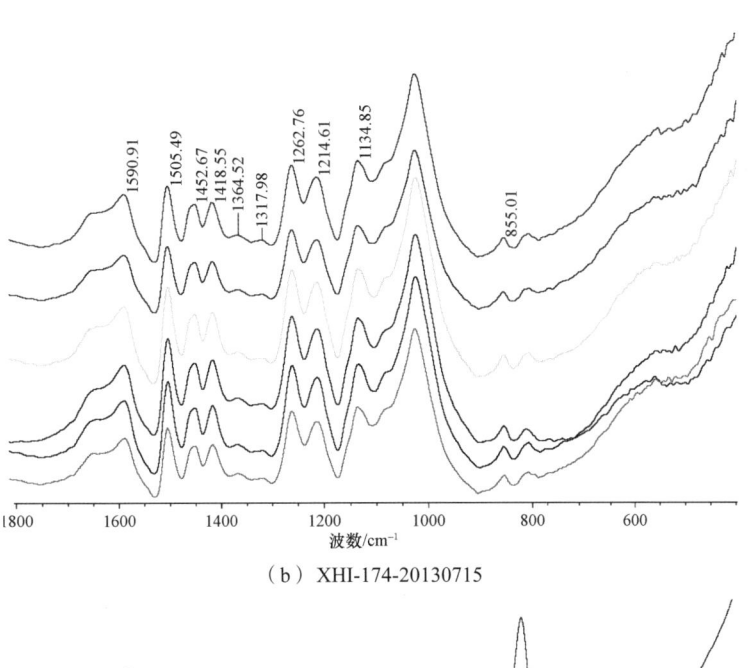

(b) XHI-174-20130715

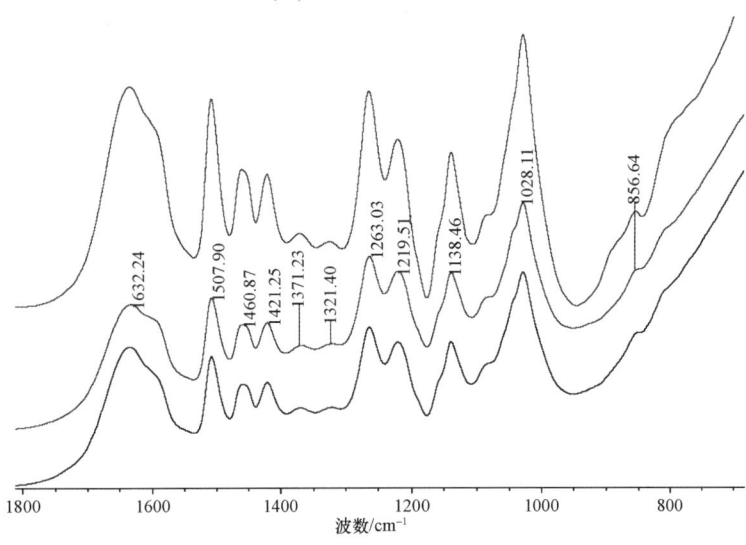

(c) XHI-174-20140807

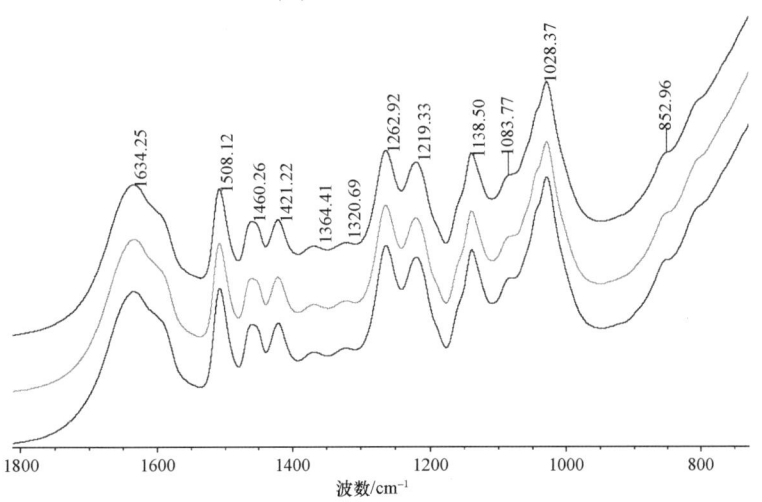

(d) XHI-174-20150930

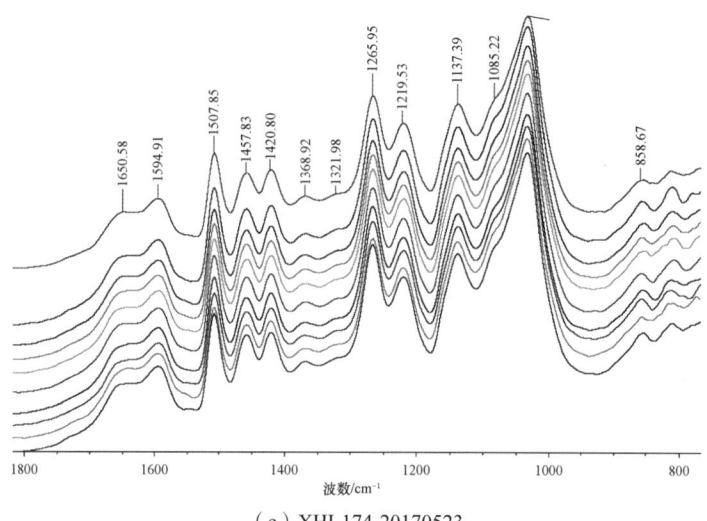

（e）XHI-174-20170523

图 5-8 华光礁Ⅰ号样品 XHI-174 硫铁化合物脱除过程中红外光谱

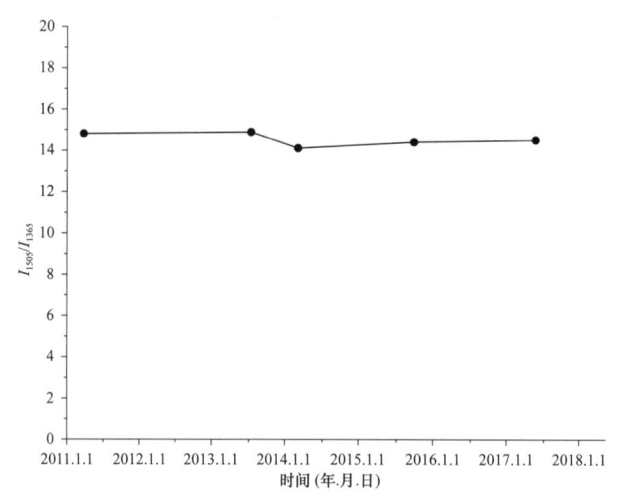

图 5-9 华光礁Ⅰ号样品 XHI-174 红外光谱
I_{1505}/I_{1365} 对时间作图

由特征谱带强度比数据可知，在 6 年的硫铁化合物脱除过程中，特征谱带强度比值没有明显变化，说明木材没有发生明显降解。在实验室可控环境下，溶液 pH 严格控制在中性，同时排除了微生物的活动和光照的影响，说明硫铁化合物脱除溶液本身基本不会引起木材的降解。如果控制使用条件，硫铁化合物脱除试剂本身对于木材本体来说是安全的。

此外，还对华光礁Ⅰ号保护现场的木材样品进行了分析。样品 XHI-25、XHI-96、XHI-319、XHI-383、XHI-484 为 2009 年采集样品，XHI-99-P1150235、XHI-S-P1150193、XHI-S-P-1150198 为 2016 年采集样品。在脱盐池中采用 10mmol/L EDTA 二钠＋10mmol/l H_2O_2 溶液脱除硫铁化合物约 32 个月。这些样品红外光谱见图 5-10，特征光谱强度数据见表 5-6。

表 5-5 华光礁Ⅰ号样品 XHI-174 硫铁化合物脱除过程中红外光谱特征谱带强度数据

样品参数	20110324			20130715			20140307			20150930			20170523		
	I_{1505}	I_{1365}	I_{1505}/I_{1365}	I_{1505}	I_{1365}	I_{1505}/I_{1365}	I_{1505}	I_{1365}	I_{1505}/I_{1365}	I_{1505}	I_{1365}	I_{1505}/I_{1365}	I_{1505}	I_{1365}	I_{1505}/I_{1365}
1	2.3490	0.1730	13.58	0.5220	0.0365	14.30	1.7054	0.1257	13.57	2.0120	0.1360	14.79	0.2712	0.0186	14.58
2	1.8407	0.1105	16.66	0.5399	0.0371	14.55	1.8818	0.1235	15.24	1.8530	0.1350	13.73	0.2305	0.0155	14.87
3	2.0233	0.1344	15.05	0.5463	0.0345	15.83	1.6503	0.1218	13.55	1.8760	0.1270	14.77	0.1811	0.0135	13.41
4	2.1540	0.1540	13.99	—	—	—	—	—	—	—	—	—	0.2785	0.0184	15.14
$\bar{x}$		14.81932			14.89624			14.11791			14.43057			14.49937	
σ		1.37467			0.82245			0.96942			0.61034			0.76033	
V_σ		0.09276			0.05521			0.06867			0.04229			0.05244	

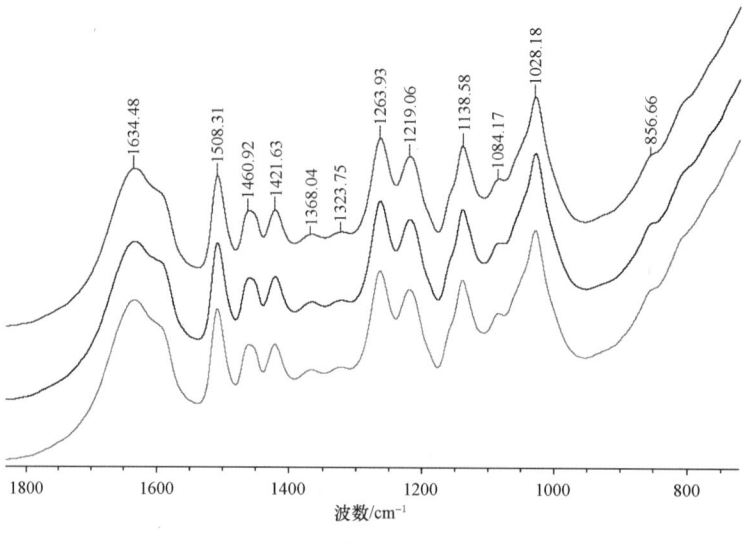

(a) XHI-25

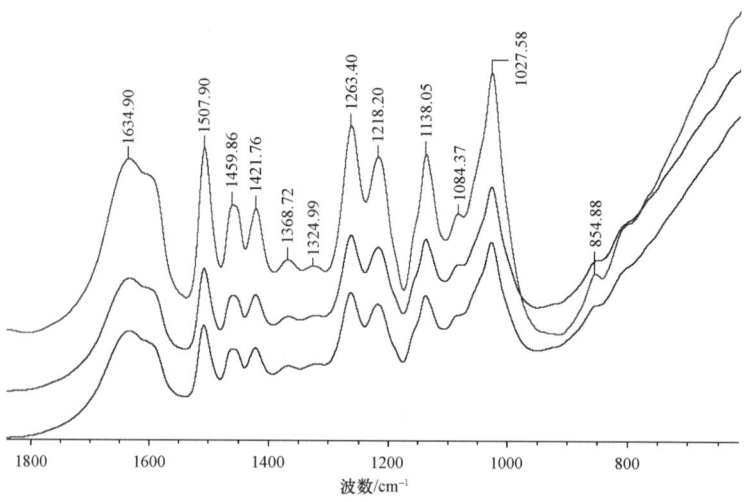

(b) XHI-96

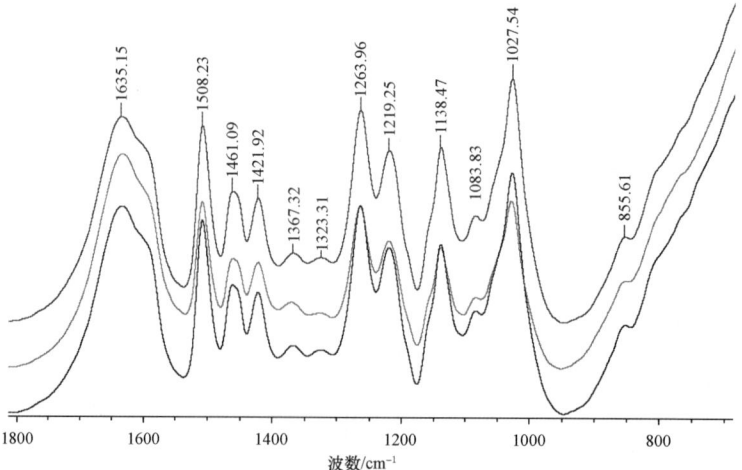

(c) XHI-319

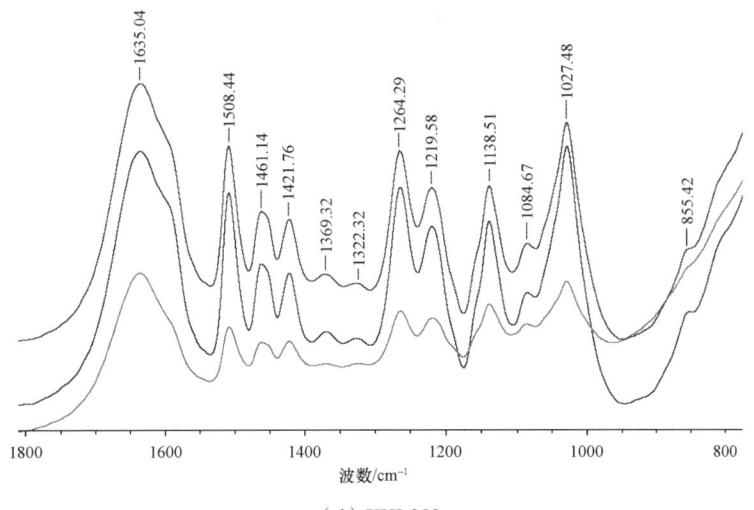

(d) XHI-383

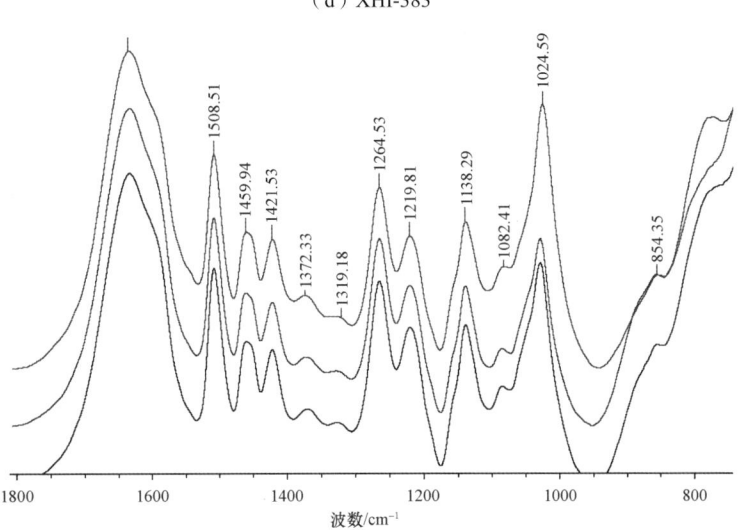

(e) XHI-484

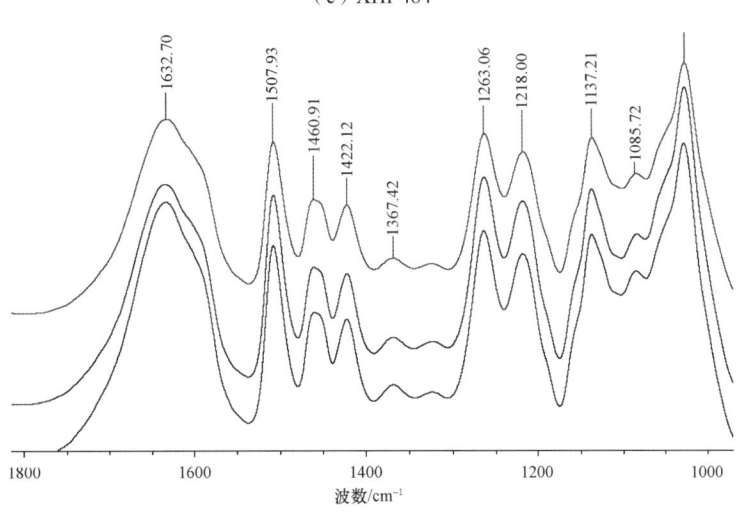

(f) XHI-99-P1150235

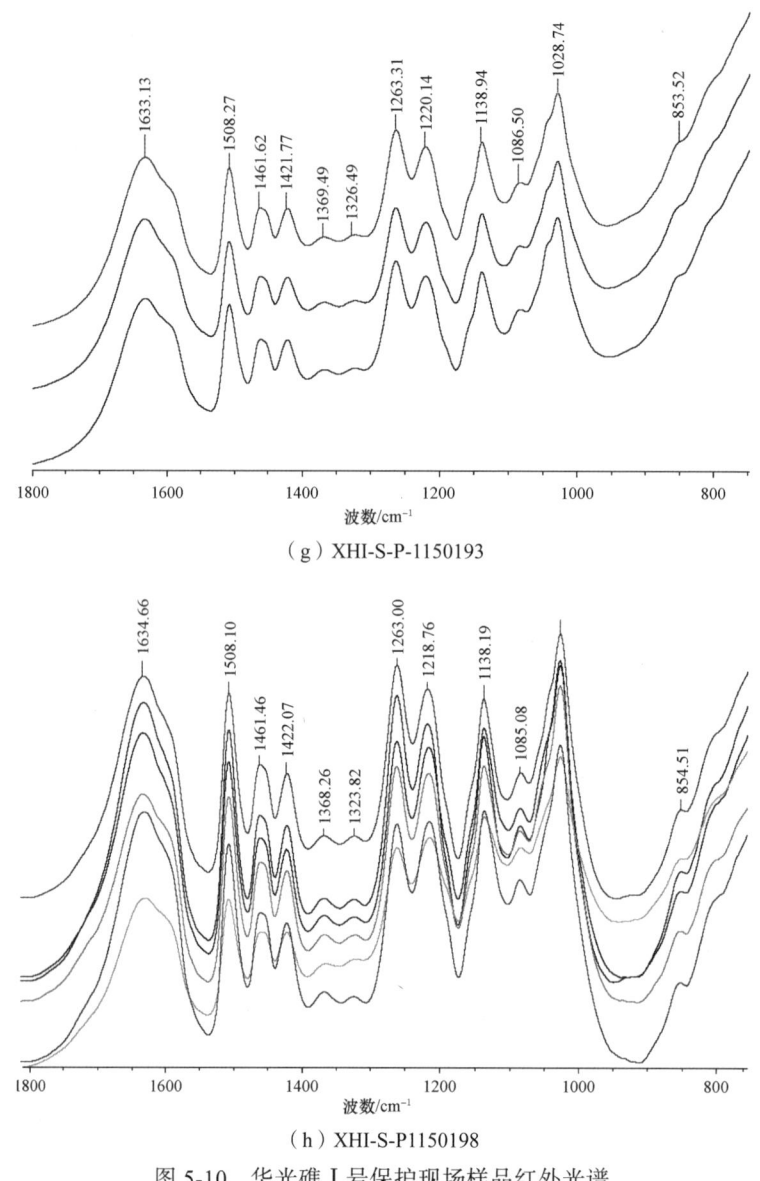

（g）XHI-S-P-1150193

（h）XHI-S-P1150198

图 5-10　华光礁 I 号保护现场样品红外光谱

从红外光谱特征谱带的强度比值可见，木材的降解程度相当，变化不显著。但由于这是不同样品之间数据的比较，不是同一样品在不同时间段内的数据，因此只能从一定程度上说明，在现场硫铁化合物脱除过程中木材降解不显著。更为确切的结果还需在现场针对统一木材样品不断取样进行监测。

针对华光礁 I 号保护现场样品的木材样品，还采用化学方法分析了木材的化学成分。结果见表 5-7。

由表 5-7 中可以看出 2# 样品的综纤维素和 α- 纤维素的含量有所上升，而 7# 和 9# 样品中的综纤维素和 α- 纤维素含量明显下降。分析其原因，目前木材中纤维素含量测试方法通常采用克贝法或硝酸 - 乙醇法。无论是采取克贝法还是采用硝酸 - 乙醇

表5-6 华光礁Ⅰ号保护现场样品硫铁化合物脱除过程中红外光谱特征谱带数据

样品参数	XHI-25 I_{1505}	XHI-25 I_{1365}	XHI-25 I_{1505}/I_{1365}	XHI-96 I_{1505}	XHI-96 I_{1365}	XHI-96 I_{1505}/I_{1365}	XHI-319 I_{1505}	XHI-319 I_{1365}	XHI-319 I_{1505}/I_{1365}	XHI-383 I_{1505}	XHI-383 I_{1365}	XHI-383 I_{1505}/I_{1365}
1	1.8700	0.1340	13.96	2.0610	0.1810	11.39	2.0940	0.1690	12.39	1.6115	0.1169	13.79
2	1.8830	0.1470	12.81	2.3050	0.1990	11.58	2.1670	0.1680	12.90	1.8451	0.1300	14.19
3	1.9820	0.1610	12.31	2.1900	0.1850	11.84	1.7269	0.1581	10.92	1.6834	0.1203	13.99
$\bar{x}$			13.0251			11.6025			12.07073			13.99057
σ			0.84326			0.22619			1.02607			0.20391
V_σ			0.06474			0.01949			0.08501			0.01457

样品参数	XHI-484 I_{1505}	XHI-484 I_{1365}	XHI-484 I_{1505}/I_{1365}	99-P-115-235 I_{1505}	99-P-115-235 I_{1365}	99-P-115-235 I_{1505}/I_{1365}	S-P-1150193 I_{1505}	S-P-1150193 I_{1365}	S-P-1150193 I_{1505}/I_{1365}	S-P-1150198 I_{1505}	S-P-1150198 I_{1365}	S-P-1150198 I_{1505}/I_{1365}
4	1.5544	0.1292	12.03	2.0150	0.1690	11.92	1.8865	0.1463	12.89	2.0422	0.1484	13.76
5	1.5845	0.1475	10.74	2.1470	0.1820	11.80	1.8351	0.1328	13.82	2.2620	0.1670	13.54
6	1.6187	0.1468	11.03	1.8717	0.1735	10.79	1.6610	0.1280	12.98	2.0196	0.1578	12.80
$\bar{x}$			11.26663			11.50333			13.23			13.36667
σ			0.67701			0.62067			0.51293			0.50292
V_σ			0.06009			0.05396			0.03877			0.03763

法，都是将木材中的木质素溶出，将残余物作为纤维素，称取质量进行计算[13]。但由于华光礁木材中含有大量的灰分（50%左右），而这些灰分在木质素溶解去除过程中并不能被去除，仍旧存留在残余物中，因此对残余物的质量带来正误差，导致硫铁化合物脱除前，纤维素测定值偏高。硫铁化合物脱除后，大量无机盐分被去除，灰分大大降低，溶出木质素后，残余物的质量也相应降低，纤维素的测定值降低但更接近于真实值。而对健康木材来说，灰分含量通常不超过0.5%，含量极低，影响微乎其微。以上分析说明，针对灰分含量非常高的饱水考古木材，化学分析方法分析木材中化学成分的含量会带来较大的误差。在具体测试过程中，应考虑采取相应的方法来减小这一误差。

表 5-7 华光礁 I 号保护现场样品化学成分分析结果

样品	时间	灰分	木质素	综纤维素	α-纤维素	半纤维素	1%NaOH 抽出物
2#	0 个月	35.53	69.94	20.69	4.05	16.64	60.97
	24 个月	19.10	63.30	32.53	8.06	24.47	43.56
7#	0 个月	51.42	39.40	32.72	5.34	27.38	41.84
	24 个月	6.01	76.31	14.54	3.97	10.57	68.44
9#	0 个月	49.15	51.97	41.17	5.79	35.38	45.20
	24 个月	33.28	45.52	27.75	4.68	23.07	55.20

5.3 解剖学观察评判硫铁化合物脱除对木材本体的影响

饱水木材切片通过徒手冷冻切片方法制备。采用如图5-11所示冷冻切片装置在载玻片上滴上丙三醇溶液，将饱水木材冷冻切片迅速转移至丙三醇液滴中，防止水分蒸发导致切片干缩。盖上盖玻片，放在显微镜下观察。采用徕卡显微镜DM LB 2，配有起偏片和检偏片。

华光礁 I 号样品切片的显微照片如图5-12～图5-16所示。

XHI-25 横切面可以看到细胞壁扭曲，一些细胞壁已经从胞间层剥离。偏光下只有胞间层呈现双折射。细胞壁表面不光滑，有细菌腐蚀的痕迹。部分管胞中充满黄色的沉积物颗粒。纹孔非常模糊，部分纹孔被沉积物的小颗粒覆盖。

XHI-96 横切面可见细胞腔已经从胞间层剥离，大量的细胞壁的截面呈现深褐色。偏光下仅胞间层呈现双折射。部分管胞中填充了黄色沉积物颗粒。纹孔非常模糊，木射线被破坏。

XHI-319 横切面可以观察到细胞壁扭曲，部分细胞壁由胞间层剥离。偏光下仅胞间层呈现双折射。管胞中填充了大量黄色沉积物颗粒。纹孔非常模糊，几乎无法辨识。

XHII-383 横切面可见明显的黑色、黄色沉积物。细胞壁与胞间层脱离，偏光下仅胞间层呈现双折射。管胞和木射线中充满了黄色、黑色的沉积物。纹孔非常模糊，周围有非常精细的条纹状痕迹，为细菌腐蚀的痕迹。可见真菌菌丝（图 5-15（d））。

XHII-484 横切面在偏光下仅胞间层呈现双折射，细胞壁表面粗糙，有细菌腐蚀的精细条纹。管胞中填充黄褐色颗粒物。径向切面可见纹孔非常模糊。

总体来说，2009 年采集的华光礁 I 号木材初始样品均呈重度腐朽，按照表 5-1 对于腐朽程度的分级，华光礁 I 号木材样品的腐朽程度为 3 级或 4 级。细胞壁中的纤维素流失严重，结晶结构基本被破坏。细胞壁与胞间层剥离，部分细胞壁变形，一旦失水，细胞壁将无法支撑自身结构，发生坍缩。木材样品中有明显细菌活动的痕迹，说明木材在海底埋藏过程中，主要的腐朽原因为细菌的新陈代谢。同时有个别样品中发现了真菌的菌丝，说明木材在打捞之后，暴露在空气中的过程中，遭受了真菌的侵蚀。同时木材中沉积了大量的无机盐，根据之前的研究，其中呈现黄褐色的颗粒应为硫铁化合物的颗粒。

在华光礁 I 号保护现场，采用 10mmol/L EDTA 二钠＋10mmol/L H_2O_2 溶液脱除硫铁化合物，2016 年采集现场脱盐池内样品进行了解剖学分析。

华光礁 I 号木材样品 XHI-P-1150179 较为致密，是唯一一个细胞壁在偏光下呈现双折射的样品，说明纤维素降解程度较低，结晶结构没有被完全破坏。从一个侧面反映，在海洋考古木船大量的木构件中，木材降解程度不均匀。木材中仍有一定量的沉积物，颜色呈黑色（图 5-17）。

华光礁 I 号木材样品 XHI-99-P1150235 横切面可见木射线中仍然存在黑色沉积物，偏光显微镜下仅胞间层呈明显的双折射，说明细胞壁中的纤维素结晶结构均被破坏。细胞壁表面呈黑色，但没有明显的颗粒状沉积物（图 5-18）。

华光礁 I 号木材样品 XHI-S-P1150198 横截面有明显的细菌腐蚀的痕迹，部分细胞壁与胞间层剥离，细胞壁表面覆盖少量黑色颗粒（图 5-19）。

5.4 基本密度评估硫铁化合物脱除前后木材的变化

国内饱水木材研究方面，表征木材腐朽程度最为常用的物理参数为最大含水率。国内木材学领域 1991 年颁布的木材密度测定方法（GB 1933—1991），测试基本密度的标准只规定了通过制备标准体积试样，称重后计算密度的方法。由于饱水木材非

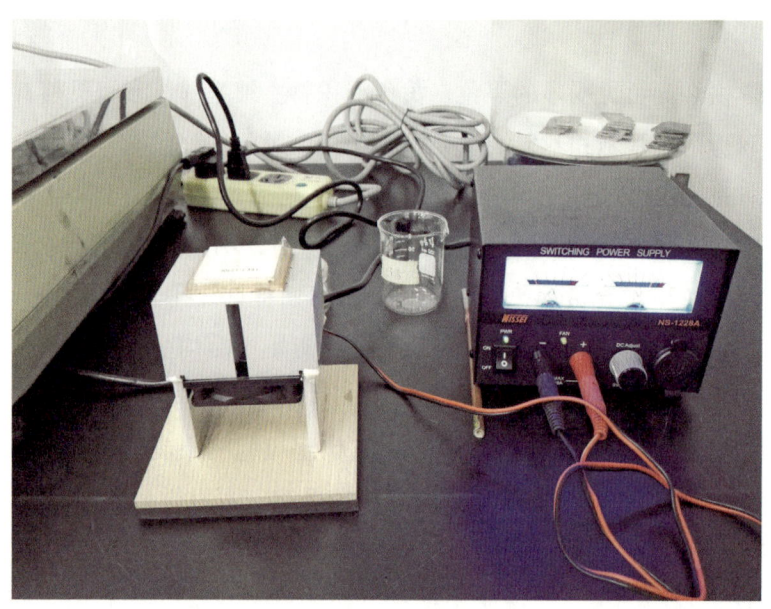

图 5-11 徒手冷冻切片装置

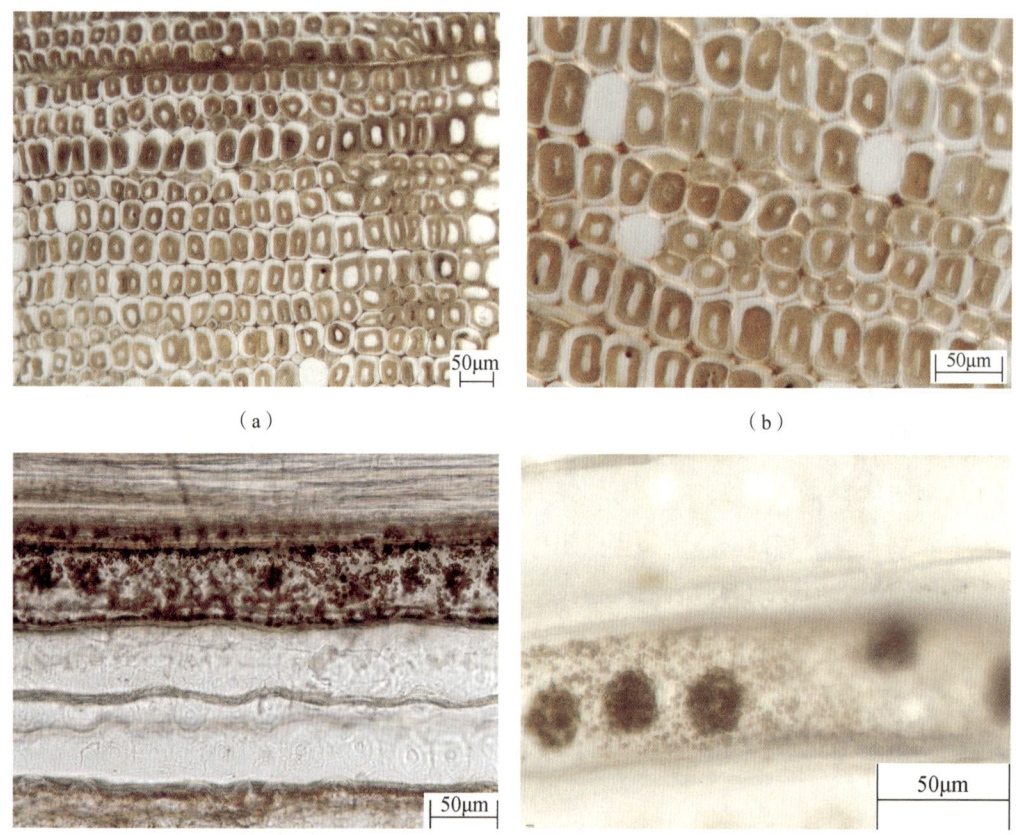

图 5-12 XHI-25 显微照片

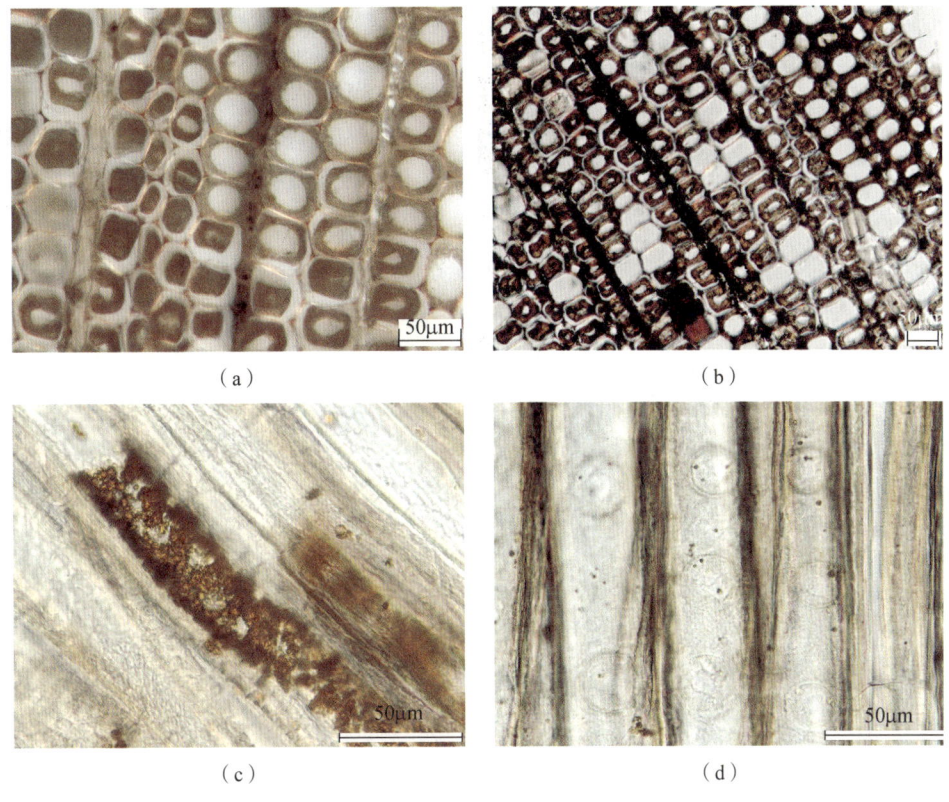

图 5-13 XHI-96 显微照片

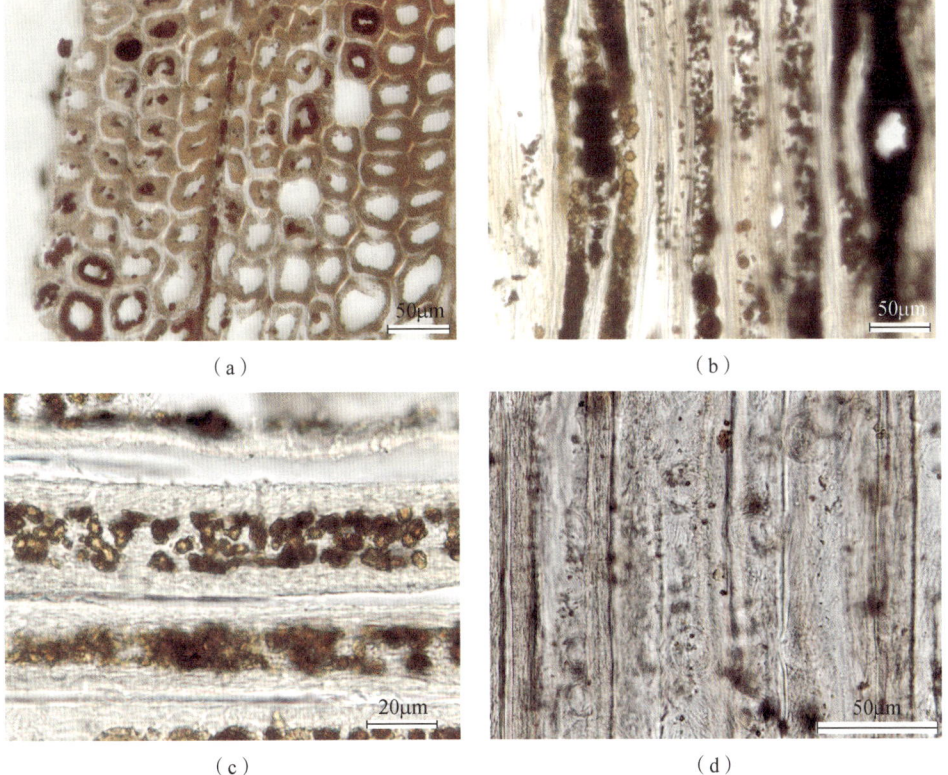

图 5-14 XHI-319 显微照片

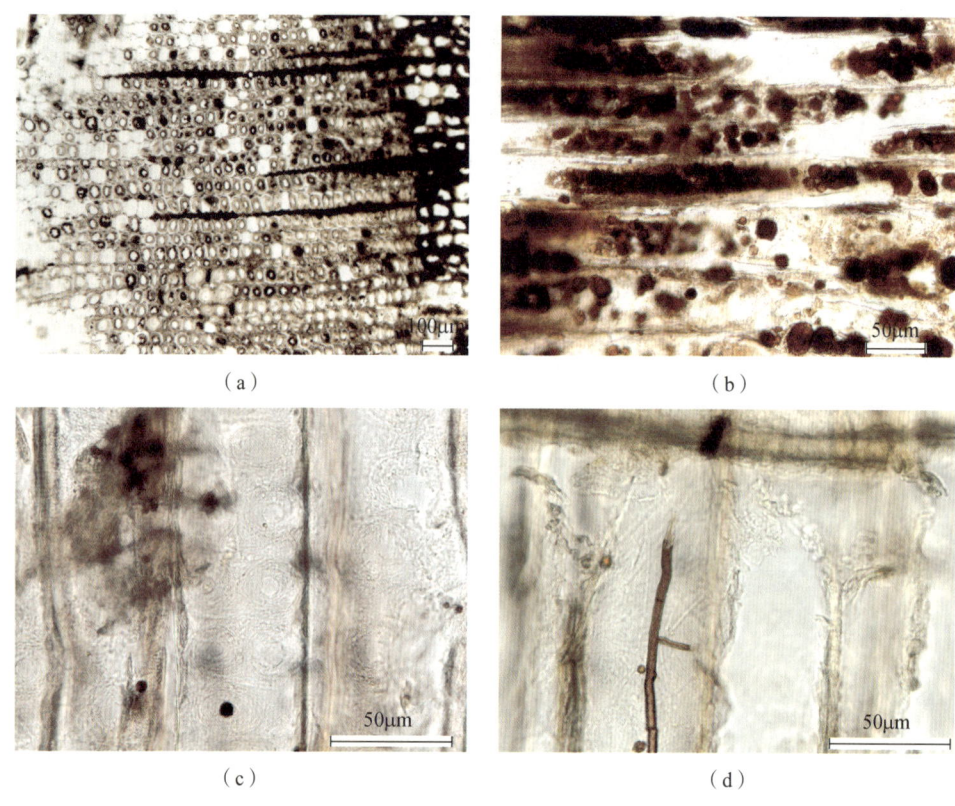

图 5-15　XHI-383 显微照片

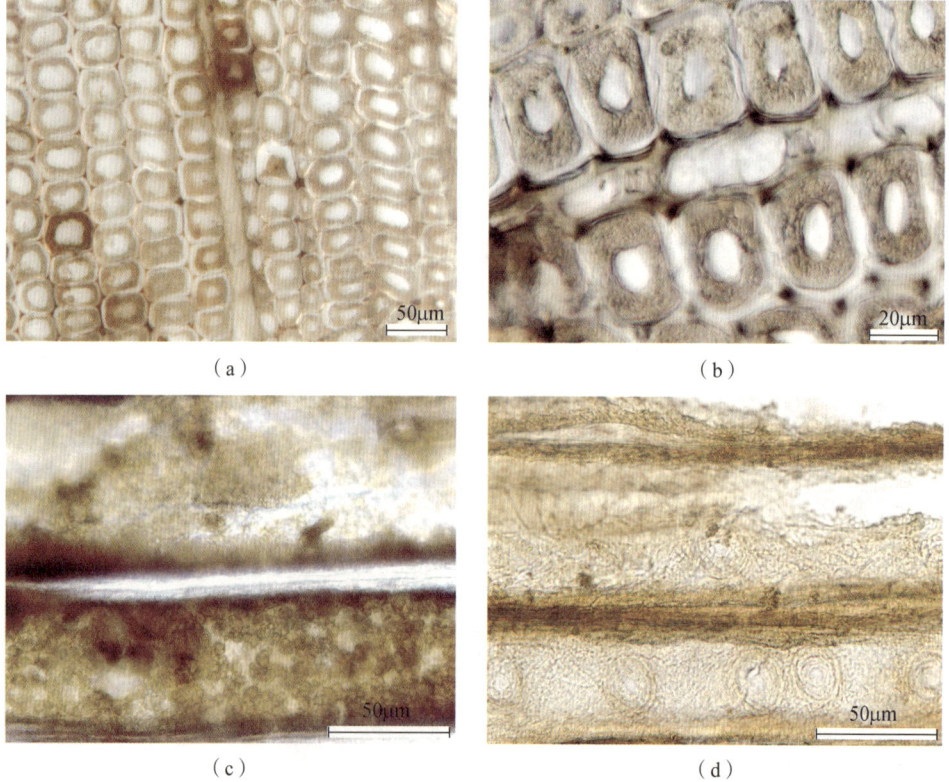

图 5-16　XHI-484 显微照片

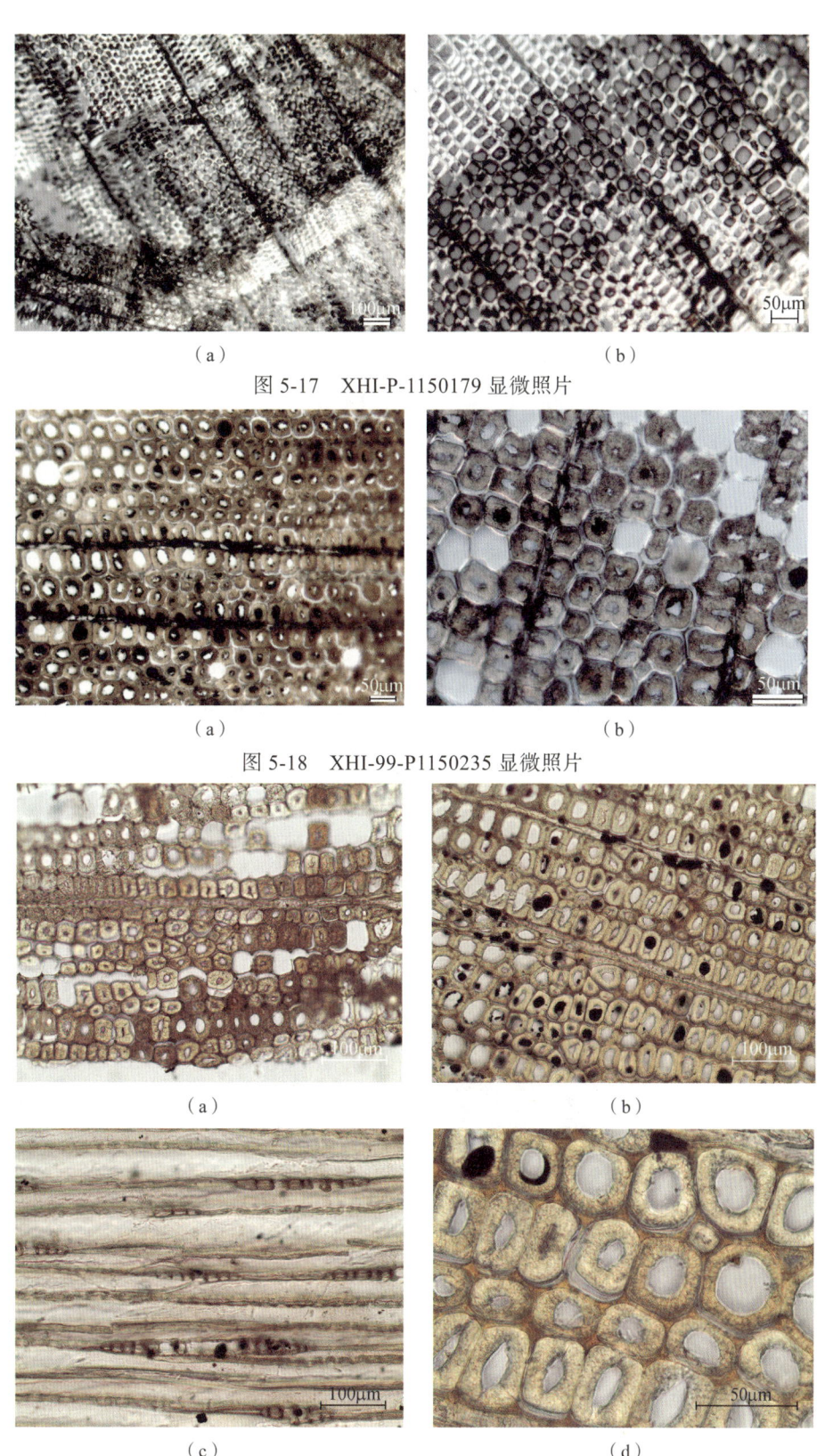

图 5-17 XHI-P-1150179 显微照片

图 5-18 XHI-99-P1150235 显微照片

图 5-19 XHI-S-P1150198 显微照片

常难于制备成规则的形状,限制了基本密度这一参数在国内饱水木质文物保护领域的应用。而国外一直采用排水法测试体积,对于形状不规则的饱水木材试样也可以准确测量体积,因而基本密度一直作为表征木材降解程度的基本参数。2009年颁布的新标准(GB/T 933—2009)将排水法列入了标准,有利于今后在饱水木质文物保护中使用基本密度这一参数表征木材降解程度。

木材的密度与最大含水率 x_M 具有一定关系[见式(5-6)]。其中 g 为绝干密度,1.53 为木材的实质密度。从物理学角度密度和含水率两个参数是可以互相替代的,但对于饱水木材来说,含水率已经远远超过理论最大含水率,因而无法与健康木材含水率进行比较,而国内各个树种的基本密度都可以从手册上检索[21],通过比较测得的基本密度和健康木材的基本密度,可以更为准确地判断木材的降解程度:

$$x_M(\text{theorotical}) = \frac{1-g/1.53}{g} \times 100\% \qquad (5\text{-}6)$$

由于没有市售的标准排水法测体积设备,自制了排水法测量体积的装置,如图 5-20 所示。在橡胶塞一头固定一根针,将橡胶塞固定于铁架台上,饱水木材样品可以固定在针尖上。下方放一天平(天平精度由测试样品的大小决定),天平上放置装有部分水的小烧杯。吸干样品表面水分,将样品固定在针尖上,没入水中 1~2cm,称取样品没入水中前后的质量变化,即为木材样品的饱水体积 [V_m(cm^3)]。将木材样品烘干至恒重,称取质量即为绝干质量 m_0(g)。绝干质量除以饱水体积即为木材饱水状态下的基本密度 ρ(g/cm^3),如式(5-7)所示:

(a)

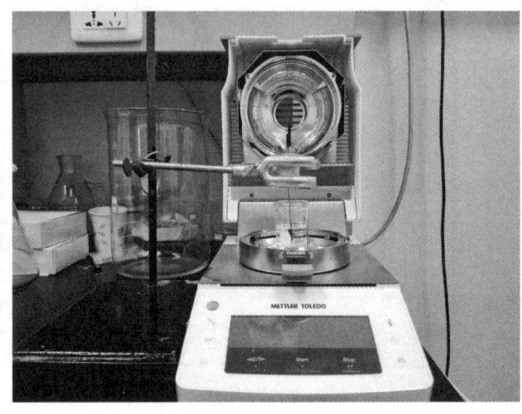
(b)

图 5-20 排水法测量体积装置

$$\rho = \frac{m_0}{V_m} \qquad (5\text{-}7)$$

式中,m_0 为绝干质量(g);V_m 为饱水体积(cm^3)。

测定了华光礁Ⅰ号样品的基本密度,所取样品为松属,我国松属木材基本密度为 0.42~0.45g/cm³，取其平均值 0.435g/cm³ 作为基准，计算残余基本密度。结果见表 5-8。

表 5-8 基本密度测试结果

样品	饱水质量/g	体积/cm³	绝干质量/g	含水率/%	基本密度/(g/cm³)	残余基本密度/%
XHI-25-2009	0.200	0.179	0.030	566.7	0.1676	37.8
XHI-96-2009	0.528	0.490	0.093	467.7	0.1898	42.2
XHI-319-2009	0.444	0.396	0.105	322.9	0.2652	57.8
XHI-383-2009	0.098	0.086	0.020	390.0	0.2326	51.1
XHI-484-2009	0.369	0.326	0.071	419.7	0.2178	48.9
XHI-P1150235	0.591	0.516	0.148	299.3	0.2869	65.9
XHI-P1150193	0.682	0.587	0.097	603.1	0.1652	38.0
XHI-N-P1150179	0.828	0.758	0.175	373.1	0.2309	53.1
XHI-S-P1150158	0.803	0.743	0.126	537.3	0.1696	39.0
XHI-424-20140606	0.089	0.08	0.015	493.3	0.1875	43.1
XHI-174-20130715	0.477	0.434	0.135	253.3	0.3111	71.5
XHI-174-20150630	0.113	0.110	0.018	527.8	0.1636	37.6

由基本密度测试结果可知，华光礁Ⅰ号样品的基本密度均降低，约为健康松木基本密度的 50% 左右，说明木材降解严重。

值得注意的是，XHI-174 样块为采用 12.5mmol/L 二乙三胺五乙酸中性溶液脱除硫铁化合物试验样块。脱除硫铁化合物之前，2013 年所取样品其残余基本密度为 71.51%，样品表面覆盖大量沉积物，经过两年左右的硫铁化合物脱除试验，2015 年所取样品的残余基本密度大大降低，为 37.62%。

考察海洋出水木质文物中常见无机化合物的密度[54]（表 5-9），可以看到，即使与健康木材相比较，无机化合物的密度也远远大于木材密度。对于发生腐朽，基本密度降低的饱水木材来说，基本密度与所含盐分的密度相差更大。因而当木材中含有大量沉积物时，沉积盐分的存在对于饱水木材的基本密度测试结果有很大影响，大量无机沉积物的存在使得基本密度测试结果出现正向偏差，在实验过程中要考虑校正。

表 5-9　海洋出水木材中常见无机化合物密度

化合物	$CaCO_3$	CaF_2	$CaSO_4 \cdot 2H_2O$	FeS_2	FeS	NaCl
密度/(g/cm^3)	2.710	3.18	2.32	5.0	4.74	2.165

同时也可以看到，硫铁化合物脱除试剂具有明显效果，可以脱除木材中大部分无机沉积物，使得饱水木材的基本密度测试结果降低，更接近真实值。这一结果可以与前面所述沉积物对于木材化学成分含量测试结果的影响相互印证。

5.5　硫铁化合物脱除过程对木材本体的影响

本部分采用红外光谱、木材解剖学观察、基本密度等方法研究了硫铁化合物脱除过程中，络和试剂对于木材本体的影响。

位于 $1505cm^{-1}$ 左右的特征谱带代表木质素芳香环骨架的伸缩振动，位于 $1365cm^{-1}$ 附近的特征谱带代表纤维素和半纤维素 C—H 弯曲振动。根据比尔郎伯定律，可以以二者的强度比值代表木质素和多糖在木材样品中的相对含量。采用统计学方法考察了这一方法的可行性和可靠性。结果表明，这一参数具有稳定性和可靠性，红外方法可以较为准确地表征同一木材样品本体不同时期的降解程度。

采用这一方法对硫铁化合物脱除溶液长时间浸泡的木材样品进行分析，结果表明，即使浸泡脱除时间长达 6 年，木材中木质素与纤维素/半纤维素的相对含量基本无变化，说明在华光礁Ⅰ号保护中所采用的硫铁化合物脱除试剂二乙三胺五乙酸和乙二胺四乙酸本身对木材本体降解程度的影响非常小，中性硫铁化合物脱除试剂对于木材本体来说是安全的，脱除试剂本身并不会引起木材的严重降解。在控制硫铁脱除溶液 pH，控制环境光照、微生物活动的情况下，采用络合试剂浸泡方法脱除木材中的硫铁化合物不会导致木材进一步发生降解。

对华光礁Ⅰ号饱水木材样品进行了切片分析，观察了横切面、径切面和弦切面的微观结构。从细胞壁的形态、细胞壁与胞间层分离的程度、纹孔的形态、正交偏光下双折射的强度、木材细胞中无机沉积物的量与状态等角度剖析了华光礁Ⅰ号木材样品的腐朽程度，对比了硫铁化合物脱除前后木材显微解剖结构的差异，并评估了硫铁化合物脱除的程度。

采用木材显微结构剖析的方法分析了华光礁Ⅰ号木材的降解程度。按照表 5-1 对于腐朽程度的分级，表明华光礁Ⅰ号木材样品均为重度降解，降解程度为 3/4 级。细胞壁中的纤维素流失严重，结晶结构基本被破坏。细胞壁与胞间层剥离，部分细胞壁变形，一旦失水，细胞壁将无法支撑自身结构，发生坍缩。木材样品中有明显的细菌活动的痕迹，说明木材在海底埋藏过程中，主要的腐朽原因为细菌的新陈代谢。同时有个别样品中发现了真菌的菌丝，说明木材在打捞之后，暴露在空气中的过程中，遭受了真菌的侵蚀。

根据对几个硫铁化合物脱除溶液浸泡后木材样品的解剖学分析，在采用硫铁化合物脱除试剂脱除硫铁化合物后，木材细胞壁没有发生明显变化。木材中原来沉积的大量硫铁化合物明显减少，说明硫铁化合物脱除试剂有明显效果。但木材细胞中仍有部分无机盐存在，颜色由原来的黄色变为黑色。推测在使用10mmol/L EDTA二钠＋10mmol/L H_2O_2 脱除硫铁化合物的过程中，原来还原性的二价铁可能已经被氧化，转变为三价铁。这一推测还需要更多的实验进行验证。在后续的保护过程中应注意黑色沉积物对木材自身颜色的影响。

测试了华光礁Ⅰ号木材样品硫铁化合物脱除前后的基本密度和残余基本密度，通过与健康松木基本密度的对比，残余基本密度约为50%。说明华光礁Ⅰ号样品的基本密度均大大降低，木材降解程度很高。硫铁化合物的脱除会导致木材基本密度测试值的降低，其主要原因为木材中大量的沉积盐分使得基本密度的测试值出现正偏差。而硫铁化合物脱除后，木材样品基本密度测试结果大大降低。说明对于沉积盐含量非常高的饱水木材样品，传统的化学分析方法分析木材的各个化学组分的含量会带来较大误差，木材含水率测定及基本密度的测定都会受到沉积盐含量的影响。因此在评估木材腐朽程度的时候，要考虑大量沉积盐带来的误差。同时也可以看到，硫铁化合物脱除试剂具有明显效果，可以脱除木材中大部分无机沉积物，使得饱水木材的基本密度测试值更接近真实值。

参 考 文 献

[1] Macchioni N, Pizzo B, Capretti C, et al. How an integrated diagnostic approach can help in a correct evaluation of the state of preservation of waterlogged archaeological wooden artefacts. Journal of Archaeological Science, 2012, (39): 3255-3263

[2] Łucejko J J, Modugno F, Colombini M P. Analytical instrumental techniques to study archaeological wood degradation. Applied Spectroscopy Reviews, 2015, 50: 584-625

[3] 周崟. 木材构造研究史的综述. 木材工业, 1990, 4 (3): 46-50

[4] Boutelje J B, Bravery A F. Observation on the bacteria attack of piles supporting a Stockholm building. Journal of International Wood Science, 1968, 20:47-57

[5] Greaves H. Micromorphology of the bacterial attack of wood. Wood Science and Technology, 1996, 3: 150-166

[6] Singh A P, Kim Y S. Biodegradation of wood in wet environments: A review. in Proceeding of the 28th Annual Meeting Whistler, Canada, 1997

[7] Kim Y S, Singh A P. Micro-morphological characteristics of wood biodegradation in wet environments: A review. IAWA Journal, 2000, 21 (2):135-155

[8] 何天相. 中国木材解剖研究的回顾与展望. 广东林业科技, 1991,（1）: 1-4

[9] 金一民. 木材腐烂的亚显微结构观察. 林业科技, 1982,（1）: 61-64

[10] 李永敬, 金重为, 邰飚生. 白腐菌对柏木腐朽过程的扫描电镜研究. 电子显微学报, 1988,（3）: 41

[11] 陈敏忠, 王传槐, 甘习华, 等. 白腐菌云芝腐朽杨木的超微结构研究. 南京林业大学学报, 1996, 20（1）: 48-52

[12] 林金国, 张苏炜, 梁一池, 等. 福建漳浦前湖湾海底古森林木材解剖. 植物资源与环境学报, 2001, 10（1）: 38-43

[13] 靳桂云, 王春燕, 孙梁红, 等. 木材鉴定在考古学中的应用. 海岱考古, 2007: 484-493

[14] Kim Y S, Singh A P, Nilsson T. Bacteria as important degraders in waterlogged archaeological woods. Holzforschung, 1996, (50) :389-392

[15] Blanchette R A. A review of microbial deterioration found in archaeological wood from different environments. International Biodeterioration& Biodegradation, 2000, (46) :189-204

[16] Björdal C G, Daniel G, Nilsson T. Depth of burial, an important factor in controlling bacterial decay of waterlogged archaeological poles. International Biodeterioration& Biodegradation, 2000, (45) :15-26

[17] 江西木材工业研究所. 长沙马王堆一号汉墓椁室木材物理力学性质的研究. 林业科技, 1973,（2）: 1-5

[18] 崔新婕, 邱坚, 高景然. 利用荧光偏光技术对古木进行腐朽等级判定及加固程度的辨析. 文物保护与考古科学, 2016,（4）: 48-53

[19] 王亚丽. 利用扫描电镜研究"南澳Ⅰ号"出水古木的降解. 中南林业科技大学学报, 2013, 33（6）: 48-54

[20] 董梦妤. 古建筑和出土饱水木材鉴别与细胞壁结构变化. 北京: 中国林业科学研究院, 2017

[21] 成俊卿. 木材学. 北京: 中国林业出版社, 1985

[22] Macchioni N, Pizzo B, Capretti C,et al. New wooden archaeological finds from Herculaneum: The state of preservation and hypothesis of consolidation of the material from the house of the relief of Telephus. Archaeometry, 2016, 58 (6) :1024-1037

[23] Uçar G, Yilgör N. Chemical and technological properties of 300 years waterlogged wood (Abies bornmülleriana M). HolzalsRoh-und Werkstoff, 1995, 53: 129-132

[24] Passialis C N. A comparison of two methods for determining the basic density of small irregular samples of old waterlogged wood. HolzalsRoh-und Werkstoff, 1998, 56: 91-92

[25] McConnachie G, Eaton R, Jones M. A re-evaluation of maximum moisture content data for assessing the condition of waterlogged archaeological wood. e-PRESERVATION Science, 2008, 5: 29-35

[26] 科尔曼ＦＦＰ, 科泰ＷＡ. 木材学与木材工艺学原理: 实体木材. 北京: 中国林业出版社, 1991

[27] 石淑兰, 何福望. 制浆造纸分析与检测. 北京: 中国轻工业出版社, 2009

[28] Sandak A, Sandak J, Zborowska M,et al. Near infrared spectroscopy as a tool for archaeological

wood characterization. Journal of Archaeological Science, 2010, (37) : 2093-2101

[29] Inagaki T, Mitsui K, Tsuchikawa S. Near-infrared spectroscopic investigation of the hydrothermal degradation mechanism of wood as an analogue of archaeological objects. Part I: Softwood. Applied Spectroscopy, 2008, 62(11): 1209-1215

[30] Inagaki T, Mitsui K, Tsuchikawa S. Near-infrared spectroscopic investigation of the hydrothermal degradation mechanism of wood as an analogue of archaeological objects. Part Ⅱ: Hardwood. Applied Spectroscopy, 2009, 63(7): 753-758

[31] Inagaki T, Mitsui K, Tsuchikawa S. Near-infrared spectroscopic monitoring of the water adsorption/desorption process in modern and archaeological wood. Applied Spectroscopy, 2008, 62(8):860-865

[32] Yonenobu H, Tsuchikawa S. Near-infrared spectroscopic comparison of antique and modern wood. Applied Spectroscopy, 2003, 57(11):1451-1453

[33] Pandey K K, Pitman A J. FTIR studies of the changes in wood chemistry following decay by brown-rot and white-rot fungi. International Biodeterioration& Biodegradation, 2003, (52): 151-160

[34] 邓启平，李大纲，张金萍．FTIR 法研究出土木材化学结构及化学成分的变化．西北林学院学报，2008，23（2）：149-153

[35] Pizzo B, Alves A, Macchioni N,et al. Characterization of waterlogged wood by infrared spectroscopy. https://www.researchgate.net/publication/242658080_Characterization_of_waterlogged_wood_by_infrared_spectroscopy

[36] Gelbrich J, Mai C, Militz H.Chemical changes in wood degraded by bacteria. International Biodeterioration& Biodegradation, 2008, (61):24-32

[37] Pizzo B, Pecoraro E, Macchioni N. A new method to quantitatively evaluate the chemical composition of waterlogged wood by means of attenuated total reflectance fourier transform infrared (ATR FT-IR) measurements carried out on wet material. Applied Spectroscopy, 2013, 67 (5): 553-562

[38] Genestar C, Palou J. SEM-FTIR spectroscopic evaluation of deterioration in an historic coffered ceiling. Anal Bioanal Chem, 2006, 384: 987-993

[39] Almkvist G, Norbakhsh S, Bjurhager I, et al. Prediction of tensile strength in iron-contaminated archaeological wood by FT-IR spectroscopy-a study of degradation in recent oak and Vasa oak. Holzforschung, 2016 , 70 (9): 855-865

[40] Pizzo B, Pecoraro E, Alves A,et al. Quantitative evaluation by attenuated total reflectance infrared (ATR-FTIR) spectroscopy of the chemical composition of decayed wood preserved in waterlogged conditions. Talanta, 2015, 131: 14-20

[41] Schwanninger M, Rodrigues J C, Pereira H,et al. Effects of short-time vibratory ball milling on the shape of FT-IR spectra of wood and cellulose. Vibrational Spectroscopy, 2004, 36: 23-40

[42] Derkacheva O, Sukhov D. Investigation of lignins by FTIR spectroscopy. Macromol Symp, 2008, 265: 61-68

[43] Zoia L, Salant A I, Orlandi M.Chemical characterization of archaeological wood: Softwood Vasa and hardwood. Journal of Cultural Heritage, 2015, (16): 428-437

[44] Colombini M P, Łucejko J J, Modugno F,et al. A multi-analytical study of degradation of lignin

in archaeological waterlogged wood. Talanta, 2009, (80): 61-70

［45］ Salanti A, Zoia L, Tolppa E L, et al. Characterization of waterlogged wood by NMR and GPC techniques. Microchemical Journal, 2010, (95): 345-352

［46］ Łucejko J J, Zborowska M, Modugno F, et al. Analytical pyrolysis vs. classical wet chemical analysis to assess the decay of archaeological waterlogged wood. Analytica Chimica Acta, 2012, (745): 70-77

［47］ Tamburini D, Łucejko J J, Zborowska M, et al. Archaeological wood degradation at the site of Biskupin (Poland):Wet chemical analysis and evaluation of specific Py-GC/MS profiles. Journal of Analytical and Applied Pyrolysis, 2015, 115: 7-15

［48］ Bardet M, Gerbaud G, Giffard M, et al. ^{13}C high resolution solid state NMR for structural elucidation of archaeological wood. Progress on Nuclear Magnetic Resonance Spectroscopy, 2009, (55): 199-214

［49］ Bardet M, Foray M F, Maron S, et al. Characterization of wood components of Portuguese medieval dugout canoes with high-resolution solid-state NMR. Carbohydrate Polymers, 2004, (57): 419-424

［50］ Cavallaro G, Donato D I, Lazzara G, et al. A comparative thermogravimetric study of waterlogged archaeological and sound woods. J Therm Anal Calorim, 2011, (104):451-457

［51］ 池玉杰. 木材腐朽与腐朽菌. 北京：科学出版社，2003

［52］ 吴瑾光. 近代傅里叶变换红外光谱技术及应用（上）. 北京：科学技术文献出版社，1994：670

［53］ 黄文良，曾五一. 统计学原理. 北京：中国统计出版社，2000

［54］ 李梦龙. 化学数据速查手册. 北京：化学工业出版社，2003

第 6 章 研究结果的评述与展望

海洋出水木质文物在水下埋藏期间，深海的硫酸盐还原菌等厌氧菌在分解有机质进行新陈代谢的过程中，利用海水中的硫酸根、三价铁作为电子受体，将硫酸根还原为硫或硫化氢，三价铁还原为二价铁。硫化氢或硫与二价铁结合或者与沉船上的铁钉、铁炮、铁锅等各种铁制品反应，生成以黄铁矿（FeS_2）为代表的还原态的硫铁化合物。这些还原态的硫铁化合物往往沉积在木材的管胞等毛细结构内。

还原态的硫铁化合物在有水存在时极易发生氧化，生成硫酸，促进木材中本已受到破坏的纤维素发生进一步降解。Fe^{2+}/Fe^{3+}之间的氧化还原反应会对硫铁化合物的氧化及有机质的降解起到催化作用。此外，随着硫铁化合物的逐步氧化，单位分子体积发生膨胀，一旦失水析出，会对纤维产生应力破坏。

著名的瑞典沉船瓦萨号、英国沉船玛丽·罗斯号和澳大利亚海域沉船巴塔维亚等由海水中打捞的木船上都出现了硫铁化合物引发的盐分沉积、酸化等问题。可以说，海洋出水木质文物中的硫铁化合物已经成为威胁海洋出水木质文物，特别是木船的重要因素，也是国际上饱水有机质文物保护领域备受关注的热点问题。大量的样品分析表明，在我国已经发掘的海洋出水木船，如近年的华光礁Ⅰ号、南海Ⅰ号、南澳Ⅰ号、宁波小白礁Ⅰ号，以及20世纪70年代发掘的泉州湾宋代海船中均存在程度不等的硫铁化合物。这些硫铁化合物的存在与海洋环境密切相关，初始状态应该是还原态的硫铁化合物，但随着木质文物打捞出水，在水和氧的作用下，由还原态的硫和铁转化为中间价态的硫和铁，最终会氧化生成氧化态的硫和铁的化合物。

针对硫铁化合物引起的木材酸化问题，世界各国研究人员展开了大量研究，提出了一些解决方法，主要有三种思路：第一种是采用碱性试剂中和生成的酸；第二种是采用螯合试剂（EDTA，EDMA等）与铁离子形成稳定的配合物，去除铁离子。第三种是采用聚合物将硫铁化合物包裹起来，延缓其氧化反应。除此以外，还需要控制饱水木质文物存放的微环境。由于国内目前海洋出水的木船数量较少，而且大部分未开展可溶盐脱除、填充加固、脱水干燥等常规的饱水木质文物保护步骤，使得硫铁化合物络合试剂脱除法具有充分的可行性，因此目前研究着重于采用有效的络合试剂溶解木材中沉积的硫铁化合物。

本书对国内海洋出水木船中的硫铁化合物的特征进行了总结，研究了二乙三胺五乙酸（DETPA）和乙二胺四乙酸对于硫铁化合物脱除的有效性，将海洋出水木质文物硫铁化合物脱除过程与湿法冶金中的浸出过程相关联，初步归纳了不同硫铁化合物脱除溶液的动力学特征，并据此给出硫铁化合物脱除过程中提高脱除率手段的建议。从木材本体中硫铁化合物的含量、脱除溶液中铁元素的含量、木材本体中残余的硫和铁元素的含量三个层面开展研究，建立了系统评价硫铁化合物脱除效果的评价体系。其中定量X射线衍射方法分析木材中无机盐含量的方法国内外未见报道。建立了采用半定量红外光谱方法评价木材降解程度的系统方法，对该方法的可靠性和稳定性进行了统计分析。通过该方法，以及木材解剖学分析、基本密度分析等方法对硫铁化合物脱除过程中对木材本体产生的影响进行了分析，评估了硫铁化合物脱除试剂的安全性。

以上研究解决了硫铁化合物脱除过程中的一些基础问题，也回答了一直以来对于硫铁化合物脱除试剂安全性的疑问。研究的结论与实际保护过程密切相关，其中建立的方法在海洋出水木质文物保护过程中的病害评估、硫铁化合物脱除试剂筛选、硫铁化合物脱除过程条件选择将起到重要作用。

在研究过程中，建立了一些新的方法，引入了一些新的手段。这些方法除应用于木质文物硫铁化合物脱除过程的研究外，还可以应用于其他文物保护研究领域，如湿法冶金浸出动力学理论除应用于木材中硫铁化合物脱除过程外，还可以应用于其他文物的脱盐过程；X射线衍射定量分析方法可用于多种成分文物样品的定性、定量分析；红外光谱、显微观察、基本密度测定等方法均可以用于表征各类饱水木材降解程度。

自2009年接触海洋出水木质文物保护以来，中国文化遗产研究院的出水文物保护团队一直面临着硫铁化合物及铁的其他化合物对有机质文物威胁的问题。尝试使用了二乙三胺五乙酸、乙二胺四乙酸等用络和试剂脱除有机质文物特别是木质文物中的铁，并将研究的结果实际应用于海洋出水木质文物及其他有机材质文物的保护。除了在华光礁Ⅰ号、小白礁Ⅰ号船板的保护过程中使用了EDTA，还在南海Ⅰ号沉船发掘的有机质文物的保护过程中使用了DETPA脱除硫铁化合物。在南海Ⅰ号考古发掘现场处理了一些有机质文物的硫铁化合物脱除，如草绳、竹绳节、骨环、漆盘等。此外在南海Ⅰ号现场还使用了EDTA处理了大量的木板，见图6-1～图6-32。

根据应用的实际情况，对DETPA和EDTA进行如下比较。

DETPA对于铁的络和效率高，对铁络和效果最优时的pH为6～8，EDTA则为

1~6，因此使用 DETPA 溶液对于有机材料的损害相对较小，但 DETPA 相对较贵，成本高，小型器物使用可以。大量的木质文物如大块的船板可以采用 EDTA 脱除大量的铁，再使用 DETPA 脱除剩余的铁。

无论是使用 DETPA 还是使用 EDTA，都需要对器物表面进行清理，尽量采用机械法去除表面大量的凝结物。这样可以节约成本，提高效率。如果长时间浸泡，可采取相应措施增加浸泡溶液的流动性，如轻微地搅拌，或者使用流水，以提高脱除效率。

在室温环境下使用络和试剂溶液浸泡，不易滋生微生物。如果做好密封，在室温条件下，可以不使用防腐剂，降低了对环境和人体的危害。DETPA 对于铁的络和能力非常高，浸泡至少半年以上才能达到饱和。为了节约起见，应尽量控制溶液的环境，使之不滋生微生物，尽量延长 DETPA 的使用时间。

但是实际的应用表明，络和试剂仍有局限性。尽管延长时间可以增加脱除的量，但是到后期脱除效率逐渐降低，无论是理论上还是实践上都不可能将铁完全脱除。铁的存在对有机质文物始终是威胁。因此后续的填充加固、脱水干燥及保管过程还需要尽量控制环境，降低铁的活性。

海洋出水木质文物的保护具有复杂性和长期性，其中的硫铁化合物问题更加剧了保护的难度。随着针对海洋出水木质文物中硫铁化合物的研究的深入开展，一些问题将得以解决，但同时可能带来新的问题。例如，木材中的硫铁化合物分布非常不均匀，采取络合试剂溶液浸泡的方式脱除硫铁化合物将导致铁的迁移，在实际的保护实施过程中，应根据实际情况采取相应的实施方法加以避免。此外虽然硫铁化合物脱除溶液本身不会加剧木材本体的降解，但在长期浸泡过程中，对于环境的控制提出了更高的要求。这些问题都是在实际保护过程中要切实加以考虑的。

此外，围绕海洋出水木质文物中的硫铁化合物问题，还有诸多基础性问题需要解决，如何寻找更为高效的硫铁化合物脱除试剂，如何将硫铁化合物脱除与后续的填充加固过程相衔接。随着国内海洋出水木质文物保护工作的不断深入，针对这些问题的研究也将继续开展。

伴随海洋考古的发展，未来可能还有更多的古代木质沉船和木质文物被发掘，因此在后续的保护处理过程中如何对硫铁化合物进行控制，需要认真思索和不断试验，针对文物具体状况提出适宜的技术方法和解决方案，尽量延长海洋出水木质文物的保存时间。

图 6-1　草绳 1# 初始状态

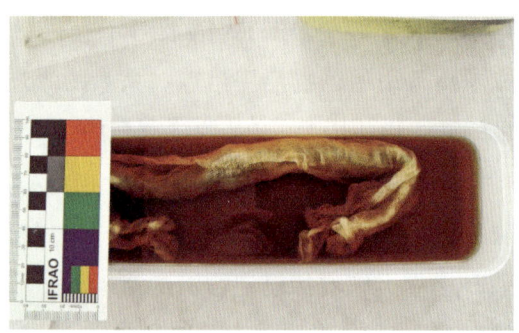

图 6-2　草绳 1# 浸泡在 DETPA 溶液中

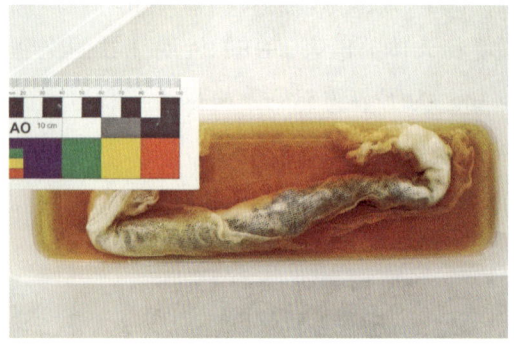

图 6-3　草绳 1# 浸泡 2 个月后更换 DETPA 溶液

图 6-4　草绳 1# 浸泡约 10 个月

图 6-5　草绳 2# 初始状态

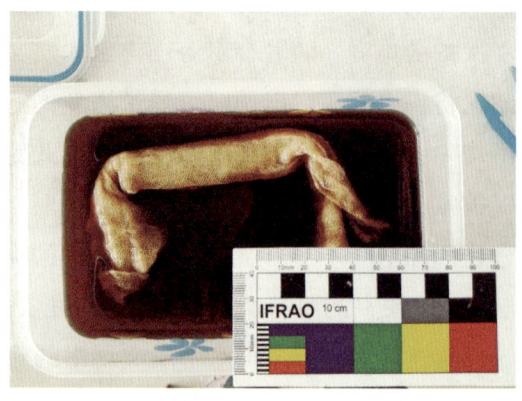

图 6-6　草绳 2# 浸泡 DETPA 溶液

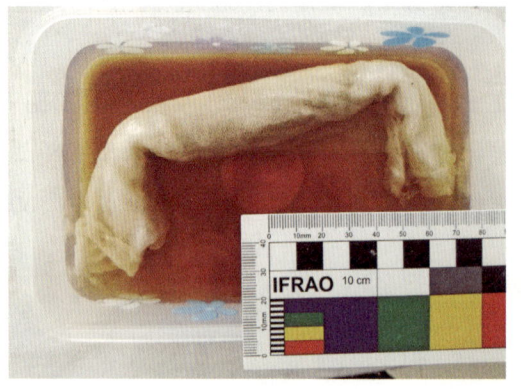

图 6-7　草绳 2# 浸泡 2 个月后更换 DETPA 溶液

图 6-8　草绳 2# 浸泡 5 个月后更换 DETPA 溶液

图 6-9　竹绳节初始状态

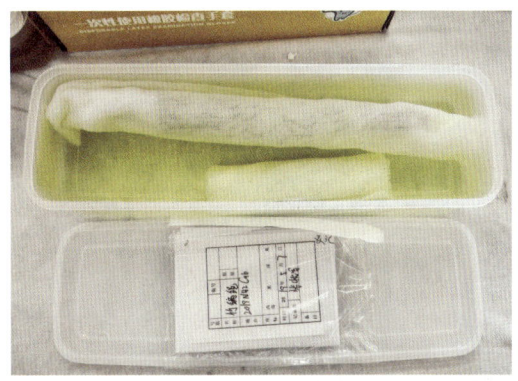

图 6-10　竹绳节浸泡 DETPA 溶液

图 6-11　竹绳节 1# 浸泡 8 个月后

图 6-12　竹绳节 2# 浸泡 8 个月后

图 6-13　草绳 3#

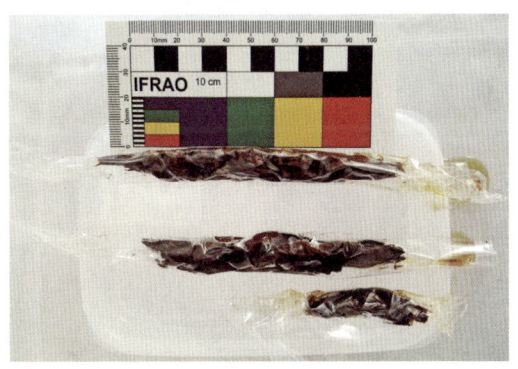

图 6-14　草绳 3# 浸泡 DETPA 溶液

图 6-15　草绳 3#（a）干燥后

图 6-16　草绳 3#（b）干燥后

图 6-17　骨环初始状态

图 6-18　DETPA 溶液清洗骨环表面后

图 6-19　木盘初始状态

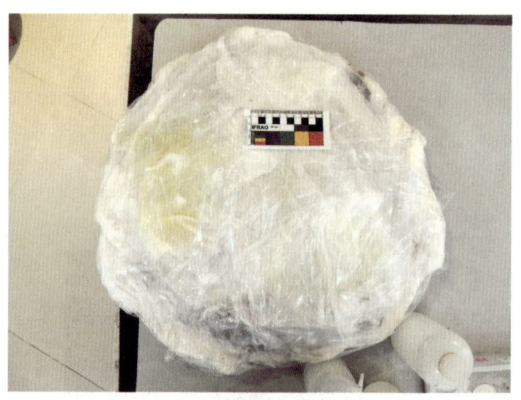

图 6-20　木盘表面用 DETPA 溶液贴敷

图 6-21　木盘表面用 DETPA 溶液贴敷后

图 6-22　木盘浸泡 DETPA 溶液 4 个月后

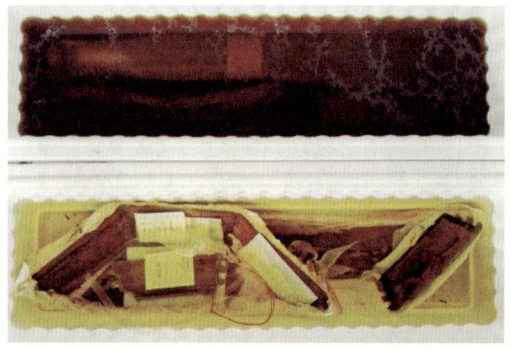

图 6-23　漆盘用 DETPA 溶液浸泡

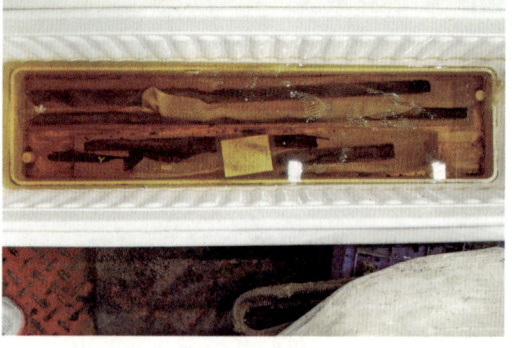

图 6-24　竹条用 DETPA 溶液浸泡

图 6-25 漆盘 1#DETPA 溶液浸泡 5 个月

图 6-26 漆盘 2#DETPA 溶液浸泡 5 个月

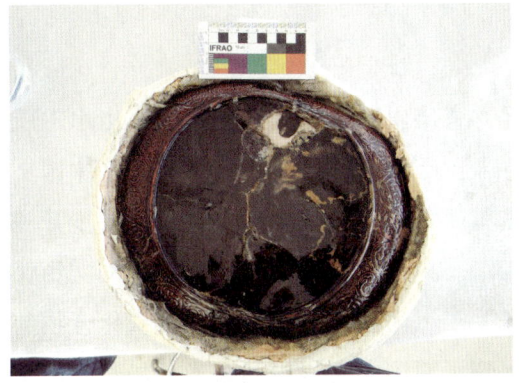
图 6-27 漆盘 3# 表面初始状态

图 6-28 漆盘 3# 表面的含铁凝结物

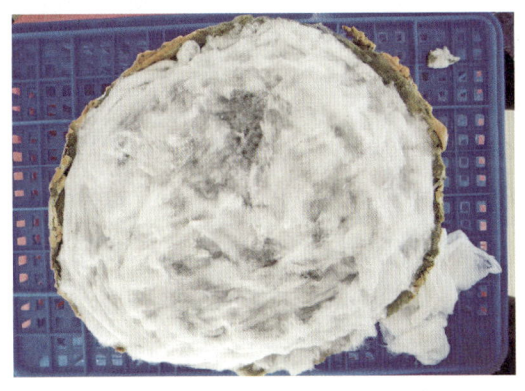
图 6-29 漆盘 3# 表面贴敷 DETPA 溶液

图 6-30 漆盘 3# 表面贴敷 DETPA 溶液后

图 6-31 浸泡在 EDTA 溶液中的木板

图 6-32 浸泡在 EDTA 溶液中的木板

后 记

本书是在国家文物局"文物保护科技优秀青年研究计划"课题"海洋出水木质文物硫铁化合物脱除方法研究"结题报告基础上撰写的。自2009年以来，在中国文化遗产研究院"中央级公益性科研院所基本科研业务费"课题的支持下，初步开展了海洋出水木质文物中硫铁化合物的研究工作；2014年，受到国家文物局"文物保护科技优秀青年研究计划"的资助，开展了关于海洋出水木质文物中硫铁化合物的系统研究。本项研究的开展与顺利结项，得到了原国家文物局刘曙光副局长、国家文物局博物馆与社会文物司（科技司）罗静司长、中国文化遗产研究院柴晓明院长和乔云飞副院长、原中国文化遗产研究院马清林副院长和詹长法副院长的大力支持。在此致以诚挚谢意！

研究开展过程中，课题组成员中国文化遗产研究院李乃胜研究员、张治国研究员（现国家文物局水下文化遗产保护中心水下文物保护所副所长）、田兴玲副研究员、张亦弛副研究员、刘婕女士、吴娜女士（现在中国国家博物馆工作），以及中国科学院化学研究所康宏亮副研究员等通力合作，保证了研究工作的顺利开展。北京化工大学硕士研究生李椰、中央民族大学硕士研究生顾旭垚参与了本研究的工作。课题进行过程中得到了浙江省博物馆郑幼明研究员、中国文化遗产研究院葛琴雅副研究员、成倩研究员的支持与协助。

"海洋出水木质文物硫铁化合物脱除方法研究"课题的执行和结项及本书的出版得到了中国文化遗产研究院文物保护修复所李黎所长、科研与综合业务处党志刚副处长、原丁燕处长、财务处陈欣处长等中国文化遗产研究院同仁，以及国家文物局科技司科技与信息处施晨艳处长、孔祥芝女士的支持和帮助。

在课题申请和开展的整个过程中，得到了故宫博物院李化元研究员和泉州海外交通史博物馆李国清研究员的悉心关怀与帮助。

在此一并致以诚挚谢意！

华光礁Ⅰ号样品的采集及相关实验得到了海南省博物馆高文杰主任、叶帆副主任、包春磊副主任及符燕女士的支持与帮助；泉州湾宋代海船样品的采集得到泉州海外交通史博物馆费利华主任、曾国强老师、林永峰老师、吴耿烽老师等的支持与帮助；南海Ⅰ号和南澳Ⅰ号样品的采集得到了广东省文物考古研究所崔勇研究员、国家文物局水下文化遗产保护中心孙键研究员，以及广东海上丝绸之路博物馆各位同仁的支持与帮助；菏泽元代古船样品的采集得到出土木漆器保护国家文物局重点科研基地（荆州文物保护中心）吴顺清研究员和山东省文物保护修复中心吴双成副研究员的支持与帮助。在此表示衷心感谢！

本书第5章的大部分工作是本人在国家留学基金委支持下，赴意大利国家研究委员会林木研究所（CNR-IVALSA）[现生物经济研究所（IBE）]访学期间完成，在此对国家留学基金委和IVALSA的Nicola Macchioni教授、Lorena Sozzi女士、Simona Lazzeri女士、Elisa Pecoraro博士和Benedetto Pizzo博士等表示感谢！

本书所涉及的树种鉴定由中国林业科学研究院木材工业研究所张立非研究员、姜笑梅研究员和许明坤老师完成；离子色谱和ICP测试得到北京师范大学郑爱华老师和郭敬华老师的支持，在此表示感谢！

本书2.1.4节中XPS分析部分由浙江省博物馆刘东坡和马丹撰写；4.2节及4.3.2节由中国文化遗产研究院张治国、田兴玲、刘婕和李乃胜撰写；中国科学院化学研究所康宏亮参与撰写了3.2.3节。

本书初稿承蒙山东大学马清林教授（原中国文化遗产研究院副院长、研究员）和北京科技大学郭宏教授（原中国文化遗产研究院研究员）审阅，在此致以诚挚谢意！

感谢本书的编辑雷英女士在书稿出版过程中付出的心血和努力。

借此机会向所有在我的学习和工作中给予帮助的师长、同学和同事表示感谢。

感谢我的家人给予我的支持。

囿于本人的学识，不妥之处在所难免，欢迎同行和读者予以批评指正。

沈大娲

二〇二〇年六月